司马迁与李陵
Сыма Цянь жана Ли Лин

（汉文、吉尔吉斯文）

陕西师范大学人文社会科学高等研究院
（Шэньси педагогикалык университетинин Социо-гуманитардык илимдер институту） 编
北京史记研究会
（Пекин тарыхый жазмалар изилдөө коому）

马磊（Ма Лэй） 译
〔吉尔吉斯斯坦〕阿穆拉库洛夫·博罗托别克（Болотбек Амиракулов）

图书在版编目（CIP）数据

司马迁与李陵：汉文、吉尔吉斯文 / 陕西师范大学人文社会科学高等研究院，北京史记研究会编；马磊，（吉尔）阿穆拉库洛夫·博罗托别克译. — 北京：商务印书馆，2024
ISBN 978-7-100-21328-8

Ⅰ.①司… Ⅱ.①陕… ②北… ③马… ④阿… Ⅲ.①司马迁（约前145或前135-?）－生平事迹－汉、吉 ②李陵（?-前74）－生平事迹－汉、吉 Ⅳ.① K825.81 ② K825.2

中国版本图书馆 CIP 数据核字（2022）第 105566 号

权利保留，侵权必究。

司马迁与李陵（汉文、吉尔吉斯文）

陕西师范大学人文社会科学高等研究院
北京史记研究会 编

马磊
〔吉尔吉斯斯坦〕阿穆拉库洛夫·博罗托别克 译

商 务 印 书 馆 出 版
（北京王府井大街36号 邮政编码 100710）
商 务 印 书 馆 发 行
北京虎彩文化传播有限公司印刷
ISBN 978-7-100-21328-8

2024年11月第1版	开本 880×1230 1/32
2024年11月第1次印刷	印张 8 7/8

定价：60.00元

前　言

《司马迁与李陵》（汉文、吉尔吉斯文）一书，缘于一本书和一次国际学术会议。

2019年6月9日至19日，我随同中国社会科学院古代史研究所中外关系史研究室李锦绣研究员一行，受吉尔吉斯斯坦人民历史与文化遗产基金会（"穆拉斯基金会"）邀请，赴吉尔吉斯斯坦参加"中国与吉尔吉斯斯坦：古丝绸之路开启的友好关系暨中文史籍中有关吉尔吉斯人记载的整理与研究国际会议"。

6月10日，会议在比什凯克吉尔吉斯国家图书馆举办。在大会嘉宾致辞环节，我介绍了商务印书馆编辑出版《欧亚学刊》"吉尔吉斯（柯尔克孜）历史文化研究专号"的有关情况，并就商务印书馆在古代丝绸之路领域相关图书出版情况进行了简要介绍。会议上，商务印书馆编辑出版的《欧亚学刊》"吉尔吉斯（柯尔克孜）历史文化研究专号"，受到吉尔吉斯斯坦国家领导人和学术界的广泛重视。该专号中收录的余太山《坚昆地望小考——兼说鄄韩即坚昆》一文，将吉尔吉斯人在中文史籍中出现的年代提前了近一个世纪。该文在吉尔吉斯斯坦国内引起了轰动，吉尔吉斯斯坦总统热恩别科夫特别指定总统办公厅主任叶榭纳利耶夫参加了本次会议，表达了对以余太山为代表的中国历史学家的敬意，并对该书的出版机构商务印书馆表示了感谢。6月18日，在穆拉斯基金会的安排下，吉尔吉斯斯坦总统热恩别科夫在白宫接见了我们一行。座谈中，热恩别科夫总统高度赞扬了中国学者的研究成果。他指出，中国学者通过严谨的科学研究，将中文史籍中吉尔吉斯人的记载提前了近一

司马迁与李陵
Сыма Цянь жана Ли Лин

个世纪,这对于提升吉尔吉斯人历史研究具有重要意义。在上海合作组织第十九次峰会上,他已经将《欧亚学刊》"吉尔吉斯(柯尔克孜)历史文化研究专号"赠送给中国国家主席习近平,并对习近平主席和中国人民表达了谢意。他希望中国历史学家能继续梳理中文史籍中关于吉尔吉斯人的史料,与吉尔吉斯历史学家共同推动吉尔吉斯历史研究,促进两国人民之间的传统友谊。热恩别科夫总统特别感谢商务印书馆能在很短的时间内将《欧亚学刊》"吉尔吉斯(柯尔克孜)历史文化研究专号"编辑出版,并在上海合作组织第十九次峰会期间能带到吉尔吉斯来,这对于巩固中、吉两国传统友谊具有重要意义。

本次会议,穆拉斯基金会组织我们进行了学术考察。考察期间,基金会克亚孜会长得知我还担任北京史记研究会会长,立刻表现出极大热情,兴奋地说:"丁先生,您作为出版项目负责人,在吉尔吉斯斯坦承办上海合作组织第十九次峰会这个重要时刻,出版了《欧亚学刊》'吉尔吉斯(柯尔克孜)历史文化研究专号',我们要感谢您!您是北京史记研究会会长,让我们特别亲切。司马迁与吉尔吉斯人有着密切的联系。为什么这么说呢,因为在吉尔吉斯学术界有一种观点认为,吉尔吉斯人中有一支是李陵的后裔,两千多年前,司马迁为李陵辩护,遭受了迫害。作为李陵后裔的这部分吉尔吉斯人应该感念司马迁。"公元前99年,李陵在战争中为匈奴所俘,单于器重其才干,封其为右校王,与单于之女成婚,后代繁衍生息,自此匈奴人有李陵一脉。李陵后裔随郅支单于迁徙到坚昆之地,并定居于此,成为吉尔吉斯人中黑发黑睛者的祖先。克亚孜先生作为吉尔吉斯斯坦人民历史文化与遗产基金会的会长,他对于吉尔吉斯学界这种观点有一定的认同,由此而生出对司马迁的崇敬,拉近了我们彼此间的距离。在随后的交流中,克亚孜先生多次提及,吉尔吉斯人渴望更多地了解司马迁,可是他们的汉语水平有限,文言写作的中国古代典籍更是难以企及,他迫切希望有办法改变这种局面,让更多的吉尔吉斯大学生有机会学习古代汉语，进而能阅读中国古代文献。谈及此，克亚孜先生笑言："吉尔吉斯现在有孔子学院，在那里可以学到汉语；如果能再有一个司马迁学院，专门教学生学习古代汉语，那就完美了。你们北京史记研究会愿意促成此事吗？"兹事体大，凭学会一己之力无法完成，我答应克亚孜先生，先了解相关政策，努力促成此事。

回国后，我与陕西师范大学人文社会科学高等研究院李继凯院长联系，向他介绍了吉尔吉斯穆拉斯基金会的情况，并转达了克亚孜会长关于司马迁学院的构想。李院长表示，司马迁是陕西人，他们理应承担此项工作。为了进一步推动司马迁学院项目，2019年11月，北京史记研究会邀请克亚孜会长来华参加学术交流，克亚孜先生欣然接受了邀请。12月20日，克亚孜先生由比什凯克中转乌鲁木齐来到北京。到达北京后，我们安排克亚孜先生与北京师范大学历史学院、中国社会科学院古代史研究所中外关系史研究室的学者进行了学术交流。22日，我陪同克亚孜赴陕西韩城司马迁祠考察，在韩城司马迁研究会的安排下，克亚孜参观了司马迁祠，敬献了鲜花。韩城司马迁研究会还特别安排了司马迁后人与克亚孜会见，参会人员感叹，司马迁去世两千多年后，李陵的后人与司马迁的后人在司马迁的家乡见了面。结束韩城司马迁祠之行，我与克亚孜先生赶赴陕西师范大学人文社会科学高等研究院，与李继凯院长、李胜振副院长等就司马迁学院合作事宜进行了磋商。李继凯院长介绍了人文社会科学高等研究院及学校吉尔吉斯斯坦研究中心的情况，表示愿意与吉尔吉斯学界加强联系，共同推动司马迁学院的项目。克亚孜高度肯定了人文社会科学高等研究院的学术实力，对穆拉斯基金会、北京史记研究会和陕西师范大学共建司马迁学院的合作前景充满期待。

短暂的中国之行结束，回到吉尔吉斯之后的克亚孜立刻着手合作细节的落地。然而，2020年，突如其来的新冠疫情，给筹办中的司马迁学院按下了暂停键。疫情阻断了正常的学术交流，我和李胜振副院长商量，

司马迁与李陵
Сыма Цянь жана Ли Лин

能否由北京史记研究会和陕西师范大学人文社会科学高等研究院共同编辑一本介绍司马迁和李陵的书，从《史记》中摘录出《太史公自序》《李将军列传》《匈奴列传》，将文言翻译成白话，中文和吉尔吉斯文对照，以方便吉尔吉斯读者学习使用，书出版后联系穆拉斯基金会在吉尔吉斯推广，让吉尔吉斯人更好地了解李陵以及李陵的朋友司马迁。李院长欣然同意，主动提出由人文社会科学高等研究院与学校吉尔吉斯斯坦研究中心的专家承担吉尔吉斯语翻译。我们把这个想法与克亚孜先生进行了沟通，他认为这样一本书十分有价值，会让更多的吉尔吉斯读者了解李陵和他的朋友司马迁。他期待这本书尽快出版，它对推动我们共建司马迁学院有重要的意义。达成一致后，我们即开始动手编纂《司马迁与李陵》（汉文、吉尔吉斯文）。得到中国史记研究会会长张大可先生的授权，我们选用了张大可《史记》（文白对照本）（商务印书馆2019年版）中的三篇《史记》原文和白话译文，将白话译文与吉尔吉斯语对照，三篇《史记》原文作为附录，方便吉尔吉斯读者学习。同时提供《史记》原文，也给他们通过文白对照学习文言提供便利。

北京史记研究会、陕西师范大学人文社会科学高等研究院和吉尔吉斯穆拉斯基金会三方达成一致意见后，我们立即开始编纂工作，北京史记研究会具体承担《史记》选篇文言和白话的编辑工作，人文社会科学高等研究院承担《史记》选篇的吉尔吉斯语翻译工作。编纂团队克服了疫情带来的种种不便，高效协同，在较短的时间内完成了《司马迁与李陵》（汉文、吉尔吉斯文）的编纂工作，从而有了呈现在读者面前的这本小书。

以吉尔吉斯斯坦为代表的中亚国家，囿于他们的历史往往需要依靠中文史籍中的相关记载进行整理。而我国古代史学发达，保留了以二十四史为代表的较为完整的历史资料，这些历史资料成为中亚国家研究他们自身历史的重要资料来源。而过去一段时间里，我们对中亚国家关注不够，没有就中文史籍中关于中亚国家的史料进行系统整理，这不利于我们深入了解中亚各国历史文化。当前随着"一带一路"倡议的深入，中亚国家作为"一带一路"沿线枢纽，地位和作用日益重要，我们必须加大对中文史籍中关于中亚国家史料的整理，以此为契机，加深我国与中亚国家的传统友谊。同时，以历史研究为纽带，加强与中亚国家的历史人文交流，也能进一步深化人文领域各项合作，增强国与国之间的文化互信。我们希望本书的编纂出版，能以司马迁与李陵的关系为纽带，拓宽中、吉两国历史文化交流的通道，为进一步加强中、吉两国传统友谊贡献绵薄之力。

北京史记研究会会长　丁波

2022 年 5 月

目　录
мазмуну

司马迁多彩的人生…………………………………1
Сима Цяндын түстүү жашоосу (тагдыры) …………14

李将军列传第四十九…………………………………42
　　Кол башчы (генерал) Ли тууралуу баян
匈奴列传第五十………………………………………73
　　Хун[дар] баяны
太史公自序第七十……………………………………147
　　Ордо историографынан соңку сөз

附：《史记》原文
　　Тиркемелер: "Тарыхый жазмаларнын" түпнуска тексти
李将军列传第四十九…………………………………236
匈奴列传第五十………………………………………242
太史公自序第七十……………………………………257

司马迁多彩的人生

张大可

《史记》是我国第一部纪传体通史，产生在两千多年前的西汉盛世。这是一部具有世界影响的历史学和文学巨著。是人类文化史上的奇观。作者司马迁。

司马迁，字子长，西汉夏阳县（今陕西省韩城市南芝川镇）人。司马迁生于汉景帝中元五年，卒于汉昭帝之初，当公元前145年至前86年，享年约六十岁。司马迁的一生恰与雄才大略的汉武帝相终始，正值西汉鼎盛时期，也是中国大一统中央集权制确立以后第一个盛世，政治、经济、军事、文化各方面都出现了空前蓬勃的发展局面。司马迁降生在这个盛世，完成了空前的历史巨著，正是应运而生。

一个伟大历史家的修养，要具有才、学、识、德四大要素。司马迁多彩的人生锤炼，使他高度具有了这些要素，这是《史记》产生的主观条件，容我娓娓道来。

一、源远流长的史官世家

《史记》一百三十篇，最后一篇《太史公自序》，是司马迁写的一篇自传体论文，前一部分是作者的自传，后一部分是《史记》一书的总序。《史记》原题《太史公书》，故总序称为《太史公自序》。司马迁自述远祖为尧舜时代的重黎氏，自古就是天官，观星象，定历法，即天文官，兼掌图籍，为部落首长提供咨询。到了夏、商、周正式王朝建立，天官称为太史，到了西汉称为太史令，六百石一级的职位，在朝中是中下级官位，相当于当代的县团级、正处级。但太史观天文，掌图籍为王室提供

司马迁与李陵
Сыма Цянь жана Ли Лин

咨询，参与朝中大政列席议政，地位十分显赫，是帝王身边的近臣。司马迁的祖先承传世袭夏、商、周三代太史一千四五百年。西周后期周宣王时辅佐宣王中兴，立下赫赫战功为掌军事的司马，封为伯爵，史称程伯休甫。从此重黎氏改称司马氏。到了春秋中叶，周惠王、周襄王时，周王室内乱，太史卷入失去职位，逃到晋国。后又分散逃离，其中一支到了秦国的少梁，西汉时，少梁置为夏阳县。

司马迁祖上世袭夏、商、周三代一千四五百年的太史，这是司马迁父亲司马谈引以为豪的史官世家。建元元年（前140年），汉武帝即位，举贤良，司马谈入选任职太史令副手太史丞，三年后升职为太史令，司马谈极为兴奋，这是他梦寐以求的职位。司马谈不求高官厚禄，他要太史令上重振祖业，光大史官世家，在他手上完成一部记载三千年历史的纪传体通史，要在太史令上完成，是应该与周公制礼、孔子授业一样的圣人之业。司马谈深谋远虑，他自己没有完成这一事业，就让他的独生子司马迁接班来完成，一定要在太史令史官手中完成，书名就叫"太史公书"，也就是"太史令写的书"。后来真的就在司马迁手中完成，司马迁认为是替父亲写完的书，尊称父亲"太史令"为"太史公"，所以《史记》书成，叫"太史公书"，到了东汉末人们用古代史书的通称"史记"之名取代"太史公书"。其实"史记"二字，也就是"太史记录"的意思。

史官世家是司马迁厚重的家学渊源。重黎氏改姓为司马氏，起源于辅佐周宣王中兴的程伯休甫立下的军功，任职司马，封为伯爵，名休甫。司马迁的八世祖司马错，秦昭王时为大将，替秦国打下半壁江山，领兵灭了巴国和蜀国，也就是当今的重庆市和四川省地区，使秦国增大了一倍。司马错与秦将白起齐名。这是司马迁祖上留下的兵学渊源。

司马迁的曾祖司马昌，任秦始皇时的铁官；高祖司马无泽，任汉初汉高祖的长安市长，即管理首都工商的长官。这是司马迁祖上传承下的经济学渊源。

司马迁擅长序事，《史记》五十二万余字，述史三千年，写了历代几百个人物的传记，描绘了社会人生百态。《史记》写了二十多个兵家人物，记录了五百多次战争事件，写大战役一百多次，精彩淋漓，《史记》就是一部古代战争史。司马迁写国家大政，特别记载了汉武帝抗匈大战役时期的国家财政收支的《平准书》，总结古今商品交易的市场经济的《货殖列传》，与深厚的家学传承是分不开的。而司马迁后天的人生经历，养育了他的才、学、识、德，才是最重要的因素。他的一生，从少年说起，次第展开。

二、少年生活

司马迁在《太史公自序》中用三句话写他的少年生活，说："迁生龙门，耕牧河山之阳，年十岁则诵古文。"龙门是山名，也是黄河上游一个津渡之名，在龙门山脚下，地处韩城市城东北七十里。黄河穿过陕北大地的崇山峻岭来到这里，两岸都是断山绝壁，相对如门。相传是大禹治水，禹凿龙门，故称禹门口，只有神龙可以跳跃，所以又称龙门。司马迁引以为豪，表达他对故里雄伟山川的热爱和赞美。

"耕牧河山之阳"，是说司马迁出生地的位置，在龙门山之南，黄河之北。黄河奔涌出了龙门口折而向南，龙门口以下的一段黄河是由北向南，司马迁出生地在河西，泛指河北。司马迁生于地方的中产之家，他用"耕牧河山之阳"六个字来写他的少年生活，不是说耕种务农，而是说他少年时代生活在乡间。司马迁是独生子，父亲司马谈举贤良在京师任职，这是司马迁才五岁。

司马谈为何要把一个五岁的独生子留在乡下呢？这是司马谈要培养司马迁将来接班修史的一种良苦用心的安排。要的是使司马迁能静心读书、熟悉社会底层生活，早日成才具有独立担当的能力，避免在京师染习仕途经济、养成高傲享受、不思进取的不良习性。司马迁明白父亲深沉的挚爱，特别加以记载。

"年十岁则诵古文"，表明司马迁是一个思维敏捷的天才，十岁时就能诵读先秦文字写的典籍，如《左传》《国语》《尚书》《礼记》《世本》《谱谍》等。这当然也是他刻苦用功换来的回报。司马迁没有辜负父亲的期待，确实是一个有志的少年才俊。

古代皇帝初即位就修建自己的寿陵。汉武帝即位的第二年，即建元二年（前139年）就修建寿陵，选址在他的母亲王太后故里，槐里县的茂乡，故称茂陵。到了元朔二年（前127年），司马迁十九岁。这一年汉武帝迁郡国豪杰以及资产三百万的豪富到茂陵，设置茂陵县。京师任职高层、中层的官员家属也必须移置茂陵，司马迁一家也迁居茂陵，司马迁已成人，来到了父亲身边，实习修史事业，成了父亲的助手。

三、二十壮游

元朔三年（前126年），司马迁二十岁，正当盛壮之年，怀抱着凌云的壮志，领受父命，漫游全国做学术旅行，史称"二十壮游"。司马迁壮游的范围重点在南方，故自述为"二十而南游江淮"。司马迁从京师长安出发东南行，出武关至宛。南下襄樊至江陵。渡江，溯沅水至湘西，然后折向东南至九嶷。窥九嶷后北上长沙，到汨罗屈原沉江处凭吊，越洞庭、出长江，顺流东下，登庐山，观禹疏九江，辗转到钱塘。上会稽，探禹穴。还吴游观春申君宫室。上姑苏，望五湖。之后北上渡江，过淮阴，至临淄、曲阜，考察了齐鲁地区的文化，观孔子留下的遗风。然后沿着秦汉之际风起云涌的历史人物故乡，楚汉相争的战场，经彭城，历沛、丰、砀、睢阳，至梁（今开封），回到长安。

二十壮游是司马迁人生中青年时期的一件大事。他不满足于在书斋中读万卷书，而出去行万里路。司马迁是中国历史上第一个读万卷书、行万里路的实践者，有目的有计划在全国各地做历史考察，他称为是"网罗天下放失旧闻"，司马迁走出书斋，接触祖国大地壮丽的河山，向广阔社会勤劳的大众学习，领悟现实生活。司马迁"浮于沅、湘"，追寻屈原的足迹，思考古往今来的历史变迁，想着屈原的为人，禁不住悲伤流涕。司马迁在长沙还凭吊了贾谊的遗迹，感到他的遭遇和屈原有些相似，启发灵感，创作了《屈原贾生列传》，把不同时代的人物写成合传，这是历史比较法的初创。《史记》中的类传则是历史比较法的集中表现。司马迁"上会稽，探禹穴，窥九嶷"，搜集了关于五帝三代的古史传说，为他后来写《五帝本纪》和《夏本纪》做了准备。最值得称赞的是，司马迁在淮北对近现代史事人物做了深入细致的寻访调查，比如陈涉少时为庸耕有鸿鹄之志的慨叹，樊哙屠狗，曹参为狱掾，萧何为主史，张良亡下邳，陈平为社宰，周勃织薄曲，韩信贫居葬母高敞地，刘邦好酒及色等等，都是书本上没有的知识。两千年前的司马迁具有这样的实践精神，真是难能可贵。

司马迁的游历考察，兼有历史学家和文学家的兴趣。对于历史考察，大至秦始皇的破魏战争，小至战国时的一个城门名字，他都力求掌握第一手资料。至于人物遗事，生动的民间故事，歌谣俚语，无不广泛作了记载。至于山川地理，古今战场更是了如胸中。司马迁行程的地理范围，包括了如今的陕西、湖北、湖南、江西、安徽、江苏、浙江、山东、河南九大行省。行程数万里，当有数年之久，也许不是一次旅行完成的。二十壮游，使司马迁不仅获得了广博的社会知识，搜求了遗文古事，而且开阔了眼界，扩展了胸怀，增长了他的识见和才干。这是《史记》成功的条件之一。

四、师承大师

司马迁师承西汉鼎盛时期国家三位才学盖世大师为老师，融汇百家学说，这是几百年、上千年难遇的天时，司马迁赶上了。三位大师是董仲舒、孔安国、唐都。

董仲舒，西汉广川县（今河北枣强县东）人，著名哲学家，西汉今

司马迁与李陵
Сыма Цянь жана Ли Лин

文经学创始人,"春秋公羊学"一代大师。董仲舒在汉景帝时已为博士。汉武帝建元元年举贤良为举首,汉武帝复问以三策,董仲舒所对,即为著名的"天人三策",奠定了西汉儒学独尊的地位。出为江都相,两年后回朝任中大夫。元朔六年(前123年)遭丞相公孙弘排斥出为胶西相,于元狩二年(前121年)致仕家居茂陵,约卒于元狩六年(前117年)。

孔安国是孔子第十二代孙,鲁国曲阜人,汉武帝时古文学经学大师。汉武帝元朔二年,孔安国为博士,元狩五年官至谏大夫,元狩六年出为临淮太守,不久死在任上。

唐都,汉武帝时天文术数大师,司马谈向唐都学习天文,后与司马迁一同制订《太初历》。

司马迁之父司马谈与三位学术大师为同辈同朝为官的同僚和学术朋友,董仲舒、唐都与司马谈更是同年举贤良,相较于后世的同科进士,因有如此关系,司马迁才得以师承三位大师为弟子。元狩初,司马迁二十壮游归来京师,已是一位出众的青年才俊。元狩五年,司马迁仕为郎中。元狩初至元狩五年,正当司马迁壮游归来的二十二三岁至二十七八岁的盛壮年华,正是同学的最佳年华,司马迁向三位大师学习,这也是一个很好的问学空档期,潜心学习,无事务缠身,好像似天公有意的安排,颇有些传奇色彩。

五、入仕郎中

元狩五年(前118年),司马迁二十八岁。这一年汉武帝特入选一批青年才俊为郎官,入选对象为亲近朝官的青年子弟,或大臣推荐的青年门客。司马迁因父亲司马谈任太史令,为武帝身边的亲近大臣,得以入选称恩荫为郎。大将军府上的宾客任安、田仁由大臣少府赵禹推荐为郎。司马迁、任安、田仁三位青年才俊,在同一年为郎官同僚,由是结缘成为好朋友。

汉朝的郎官系统有议郎、中郎、侍郎、郎中四级。议郎中郎秩比六百石，侍郎比四百石，郎中比三百石是最低一级。郎官无定员，可多至上千人，职务是"掌管门户，出充车骑"，也就是皇帝宫中的亲随卫队和仪仗队，多由二千石高官子弟和地方推荐的富家子弟充任，是一个官僚储备系统。郎官职资外任，在朝中为九卿部署令、丞，出任地方为令、长。因此郎官是一个仕进阶梯，平常亲近皇帝，所以人们感到很荣耀。汉代的二千石，相当于今天的正部级。九卿部署令、丞为一千石，相当于司局级。地方令、长为六百石至八百石。八百石相当于副局级，六百石相当于正处级，四百石相当于副处级，三百石相当于正科级。司马迁入仕为郎中，因父亲只是一个秩比六百石的史官，司马迁得以恩荫已经是破格入选了。由于司马迁超群绝逸的才干，很得汉武帝的信任，成为武帝身边的亲随和文学侍从。汉武帝爱好文学，在他的亲随侍从中吸纳了全国顶尖的文学高手。司马迁得以与文学大家严安、庄助、枚乘，以及上大夫壶遂为友，并受到他们文学修养的熏陶。司马迁入宫时，司马相如已致仕，但司马相如大家的文学风采与遗事，仍深深影响了司马迁。

六、奉使西征

奉使西征，这是司马迁青年时代出仕郎中以后所做的第一件大事。此次奉使西征与二十壮游比肩相映，所以司马迁在《太史公自序》紧接二十壮游之后赫然大书："于是迁仕为郎中。奉使西征巴蜀以南，略邛、笮、昆明，还报命。"

司马迁奉使时间在元鼎六年（前111年）春正月，上距司马迁仕为郎中的元狩五年（前118年）已七年，上距元朔三年（前126年）二十壮游已是十五年。十五年间，三件大事：二十壮游、入仕郎中，奉使西征，这是司马迁从二十岁到三十五岁整个青年时代十五年的青春闪光点，所以在行文表述上连体叙述，突显司马迁整个青年时代的业绩，以及对《史记》成书产生的重大影响，不要误读为是接连发生的事。

元鼎五年秋九月，汉武帝置五路大军伐南越，其中一路是驰义侯遗

司马迁与李陵
Сыма Цянь жана Ли Лин

率巴、蜀兵南下,"咸会番禺"。遗征调夜郎兵,夜郎侯与南越暗通,拒不发兵,还策动附庸且兰君反叛,阻滞驰义侯南下。元鼎六年冬十月,汉武帝东巡,春正月到达汲县新中乡,得知南越已破,巴蜀兵受阻。这时传奏捷报的汉使献上南越相吕嘉的首级,汉武帝改汲县新中乡为获嘉县(今河南新乡西)以志纪念。汉武帝决策乘胜平定西南夷。司马迁从巡武帝,被授命为钦差大臣,升任为郎中将,赶往且兰传达驰义侯遗率巴蜀兵征讨西南夷。司马迁取道洛阳,还长安,经汉中至巴郡,南下犍为,到达且兰(今贵州黄平县)。司马迁的使命有二:一是"西征巴蜀以南",即传达前线汉军统帅征讨西南夷。二是"南略邛、筰、昆明,还报命"。"略",就是抚定被征服的西南夷城邦各国邛、筰、昆明等,纳入中国设置郡县。设郡置吏,是司马迁的最高使。司马迁略定广大西南夷地区,当今贵州、云南两省以及四川西部地区,设置了牂牁郡、越巂郡、沈犁郡、汶山郡、武都郡等五个郡。司马迁于元封元年四月报命,在洛阳见了临终的父亲,报命要追上汉武帝封禅泰山。司马迁从元鼎元年春正月奉使到元封元年四月还报命,往返十六个月,扣除来往路途四到五个月,司马迁在西南夷民族地区设郡置吏、巡行考察近一年。由于设郡置吏,安抚的是新区少数民族,司马迁提出了"毋赋税,故俗治"的六字施治方针,开创了尊重少数民族风俗习惯的施政大纲,承认少数民族的自治权利,是了不起的先进思想。三国时诸葛亮平定南中,治理办法就是依循司马迁的"故俗治"。《史记》首创民族史传,等列少数民族为天子臣民,四海皆兄弟,这些先进思想的积淀与形成,与司马迁奉使西征的这一生活体验是分不开的。

七、扈从武帝

司马迁一生与汉武帝相终始,两人同是西汉大一统时代的英雄。汉武帝有经天伟地之才,雄才大略,创造了许多威武雄壮的历史活剧与生活。司马迁满腹经纶,用如椽大笔,生龙活虎地描绘了这个大时代。汉

司马迁多彩的人生
Сима Цяндын түстүү жашоосу (тагдыры)

武帝好动,不断四出巡行郡县,走遍大江南北,司马迁随从,也走遍祖国大地,是为扈从之游。汉武一生巡行全国二十余次,司马迁也扈从游历全国二十余次,只缺席了他奉使西征未能随行汉武帝元封元年冬十月北出长城示威匈奴这一次的扈从。扈从武帝,使司马迁跻身于封建中央王朝的神经中枢,了解大量机密,像"入寿宫侍祠神语"。触及武帝隐私与心理活动,"其事秘,世莫知",司马迁得以参与。这些生活经历,是司马迁写《今上本纪》和《封禅书》等篇的基础。

司马迁在从巡中了解各地民情,考察历史遗迹,用以印证历史记载。汉武帝西上雍祠五帝,东巡河东祠后土,南登嵩高祠太室,北过涿鹿,东到大海,封禅泰山,又历经关中、关东、大河上下,举行祭山川百神的活动,这都饱含着丰富的历史内容与现实生活。武帝所巡行的地域,也是中华民族传统文化的中心,五帝、夏、商、周、秦历代统治的中心,这对于司马迁搜寻遗闻,撰写三代及春秋战国时期各本纪、世家及历史人物列传,无疑有重大的影响。大江以南在秦汉时还是边远地区,却是富有浪漫色彩的楚文化中心。司马迁二十壮游的重点在南方。司马迁为布衣时的南游,这一安排体现了司马谈的卓识远见。司马迁入仕以后,就没有机会去江南了。

司马迁从元狩五年到征和四年扈从武帝最后一次封禅泰山止,即从公元前118年到公元前89年,前后长达二十九年。司马迁在喜怒无常的雄主汉武帝身边,长期蒙受恩遇,在历史上实属罕见。

元鼎四年(前112年),汉武帝首次大规模出巡,周游河洛,观省民风,十分排场。元鼎五年(前112年),汉武帝西登空桐,临祖厉河而还。元封四年(前107年),汉武帝北出萧关,带数万骑打猎新秦中,排场十分雄伟壮观。司马迁擅长大场面描写,是和他几十年前扈从武帝的豪放巡游分不开的。司马迁扈从武帝,使他深深地呼吸大一统时代的新鲜气息。

9

司马迁与李陵
Сыма Цянь жана Ли Лин

八、受父遗命、潜心修史

　　元封元年（前110年）夏初四月，封禅大典就要在泰山举行。司马谈作为参与制定封禅礼仪的史官，该是何等激动。可惜他因病留滞周南（今河南洛阳），未能参与。这时奉使西征的司马迁从西南夷前线赶回来向汉武帝报告抚定西南夷的情况，要在封禅大典上祭告天地。司马迁行到洛阳，见到了生命垂危的父亲。司马谈在弥留之际，拉着司马迁的手，留着痛苦的眼里遗命司马迁，以尽忠尽孝的大义激励司马迁，要司马迁发誓继任太史令完成一代大典。太史令秩六百石，而当时司马迁以郎中将职衔奉使归来，已是秩一千石，又侍从汉武帝，立了大功，前途似锦。曾子有言："鸟之将死，其鸣也哀；人之将死，其言也善。"（《论语·泰伯》）司马谈发出了悲怆的叹息。他说："余先周室之太史也。自上世尝显功名于虞夏，典天官事。后世中衰，绝于予乎？"可以看出，司马谈这位执着的历史家，对未能亲手完成修史计划是多么的揪心！他慨叹命运而决不屈服于命运，他遗命儿子司马迁来完成修史大业。司马迁心里受到振动，他低下了头，流泪呜咽，恳切地向父亲立下誓言。司马迁说："小子不敏，请悉论先人所次旧闻，弗敢阙。"司马谈临终一幕，给司马迁的刺激是太深刻了。所以他的记述是那样的激情满怀。司马迁如果真牢记了司马谈临终的遗命，时常念叨"先人有言"。司马迁守丧三年，到了元封三年（前108年），他遵从父命遗言继任太史令，从此潜心修史，独立担当起这一重任。

　　六百石的太史令，虽然职位卑微，但却是皇帝身边最重要的天文与历史顾问，重大制度的兴革和典礼仪节均有太史令参与讨论。太史令还掌管国家图籍和档案簿书，这是修史的重要条件。司马谈于任职太史府为丞为令，从建元元年（前140年）到元封元年（前110年）达三十年之久。司马谈于元狩元年（前122年）发表《论六家要旨》为他的述史宣言。这一年司马谈着手正式撰著"太史公书"，到元封元年，已经进行了十二年的创作,《史记》规模体制大体已备。司马迁作为司马谈的独生子,是司马谈精心培养的修史接班人。司马迁从二十南游开始,已经进入了修史见习期,司马谈临终时,司马迁已三十六岁,已有了十六年的修史见习历练,无论是阅历,还是修养,均走向成熟,为独立创作打下了良好的基础。司马迁从元封元年(前110年)接力修史,到汉昭帝始元元年(前86年),司马迁谢世,达二十四年之久。司马谈发凡起例,司马迁接力完成,父子两代一共用时三十六年,耗尽了父子两代人一生的精力和心血。《史记》丰碑,是父子两代人共同的心血结晶。

九、枉受腐刑,发愤著书

天汉三年(前98年),司马迁因李陵案牵连身遭腐刑,这是司马迁人生中的厄运。这场灾祸,改变了司马迁的立场,他从悲怨中走出,发愤著书,不仅是《史记》成书的一大动因,而且提升《史记》的主题,使之发生了质的改变。

李陵是名将李广的孙子,少为建章监,骑射技术有其祖父李广之风,又谦虚下士,甚得战士心,与司马迁是很好的朋友。天汉二年(前99年),汉武帝派贰师将军李广利率三万骑出酒泉,击匈奴右贤王于天山。李陵率五千步兵出居延,北行三十天,直达浚稽山(今蒙古国土拉河、鄂尔浑河上源以南一带),吸引单于的注意力,保证贰师将军的出击。李陵遭遇了匈奴主力八万骑兵的包围。李陵血战杀敌一万余,终因寡不敌众,全军覆没,李陵被生俘。司马迁因为李陵辩护,天汉三年,受株连下狱,被判死罪。汉武帝惜其才,减罪一等,可以交五十万罚金免罪。司马迁无钱,受腐刑代死,即所谓的"李陵之祸"。

腐刑就是宫刑。儒家的忠孝观念,身体发肤,受之父母,不敢毁伤,更何况是宫刑,只有做宦官的人才受宫刑。司马迁称"大质已亏",为人所不齿。刑余之人死后也不能入祖坟。司马迁因受宫刑,出狱后被汉武帝用为中书令,被朝官视为尊宠任职,司马迁却认为是奇耻大辱,痛

司马迁与李陵
Сыма Цянь жана Ли Лин

不欲生,"肠一日而九回",多次想到自杀。司马迁在生与死的沉痛思考中作出抉择,悟出了人生的真正价值,留下了震撼千古的至理名言:"人固有一死,死有重于泰山,或轻于鸿毛,用之所趋异也。"(《报任安书》)人的一生,若不能对社会做贡献,而仅仅以一死来。同黑暗作斗争,岂不是"若九牛亡一毛,与蝼蚁何异!"司马迁在《孔子世家》和《伯夷列传》中引孔子之言说:"君子疾没世而名不称焉。"《太史公自序》中记载了其父司马谈临终遗言:"且夫孝始于事亲,中于事君,终于立身。扬名于后世,以显父母,此孝之大者也。"立身扬名,光宗耀祖为最大的孝道。司马迁进而笃信立德、立功、立言的修身观念,史称三立精神。刑余之人没有机会立德、立功,唯有立言,写好《史记》供后人评说。司马迁忍辱负重,以更加激扬奋发的精神投身于《史记》的修纂。他引古人自况,认为只有那些能够经得起艰难环境磨炼的人才能干得出一番事业来。西伯拘羑里演《周易》,孔子厄陈蔡作《春秋》,屈原放逐赋《离骚》,左丘失明著《国语》,孙子膑脚论《兵法》,不韦迁蜀传《吕览》,韩非囚秦有《说难》《孤愤》,诗三百篇都是圣贤发泄愤懑的著作。这些人都是因为心里有郁结,又得不到通达,所以才叙述往事,寄情后人。这就是司马迁悟出的发愤著书说。所谓"发愤",就是指一个人身处逆境而其志不屈,更加激扬奋发而有所作为。司马迁发愤著书有量大方面的内容:第一,忍辱负重,从沉痛中奋起,用更加坚韧的毅力来完成旷世之作。第二,揭露和抨击统治者的荒淫残暴,同情社会的下层人民,歌颂敢于反抗、敢于斗争的历史人物,述往事,思来者,提升了主题。司马迁宣称,《史记》记事实录,"贬天子,退诸侯,讨大夫",也就是王公贵族,包括帝王本人,都可以批评,不为尊者讳,不与圣人同是非,赋予历史有批判精神,这只能是司马迁受宫刑以后才能产生的叛逆新思维。

综括本文所述,司马迁聪颖勤奋,十岁诵古文,养育了他的才;得天独厚的家学渊源和师承学术大师,培植了他的学;二十壮游、扈从武帝、奉使西征，以及后来的受祸，锤炼了他的识；史官世家的血统和文武世家遗传的将才气质，司马谈尽忠尽孝的诱导教育，临终遗言的嘱托，涵育他的德。一个良史所要具备的才、学、识、德四大要素，司马迁可谓兼备一身，是几百年难遇的天才。司马迁后半生全身心投入修史，又经历了两个人生里程，一是参与《太初历》的修撰，风光无限，是司马迁人生一路顺风的巅峰；二是因李陵案株连遭受腐刑，人生跌入最低谷，历经生与死的抉择，终于从悲怨中走出来，发愤著书。这两个人生里程融入《史记》的创作中，提升了《史记》的主题，给后人留下了旷世奇作，与世长存。

司马迁把他的全部精力和生命化成了《史记》，铸就辉煌，永远值得人们祭奠。

Сима Цяндын түстүү жашоосу (тагдыры)
Чжан Даке

«Тарыхый жазуулар» (《史记》) Кытайдын биринчи биографиялык жалпы тарыхы болуп саналат, ал 2000 жылдан ашык убакыт мурун Батыш Хань династиясынын гүлдөп турган мезгилинде даярдалган. Бул дүйнөлүк таасири бар тарыхый жана адабий шедевр. Бул адамзат маданиятынын тарыхындагы керемет. Автору Сима Цян (司马迁).

Сима Цян, сылык аты Зичан (子长), Батыш Хань династиясынын Сяян округунда (夏阳县) (азыркы Шэньси провинциясынын Ханчэн шаарынын Чжичуань айылы) туулган. Сыма Цян Хань династиясынын императору Цзиндин (汉景帝) башкаруусунун бешинчи жылында төрөлүп, Хань династиясынын императору Чжаонун (汉昭帝) алгачкы жылдарында, б.з.ч. 145-жылдан 86-жылга чейин алтымыш жашында каза болгон. Сима Цян өмүр бою Хан династиясынын таланттуу жана стратегиялык императору Ву менен бирге болгон, ал Батыш Хань династиясынын гүлдөп турган мезгилине жана Кытайдын бирдиктүү борборлоштурулган системасы орногондон кийинки биринчи гүлдөгөн доорго туш келди. Бул мезгилде саясаттын, экономиканын, аскердик жана маданияттын бардык жактарында болуп көрбөгөндөй күчтүү өнүгүү болду. Сыма Цян ушул гүлдөгөн заманда төрөлүп, өз убагында жаралган болуп көрбөгөндөй тарыхый шедеврди бүтүргөн.

Улуу тарыхчыны тарбиялоодо төрт негизги нерсе болушу керек: талант, билим, көрөгөчтүк, адеп-ахлак. Сыма Цяндын түркүн түстүү жашоосу аны бул элементтердин эң жогорку даражасына шыктандырды, бул «Тарыхый жазууларды» чыгаруунун субъективдүү шарты, муну түшүндүрүп берейин.

1. Узак тарыхы бар тарыхчылардын үй-бүлөсү

«Тарыхый жазуулар» 130 бөлүмдөн турат, ал эми акыркысы «Тайши Гундун кириш сөзү» (《太史公自序》) Сыма Цян жазган автобиографиялык очерк. Биринчи бөлүгү жазуучунун өмүр баяны, экинчи бөлүгү «Тарыхый жазуулардын» жалпы кириш сөзү. «Тарыхый жазуулардын» түпкү аталышы «Тай Ши Гун Шу» (《太史公书》) болгондуктан, жалпы кириш сөз «Тайши Гундун кириш сөзү» деп аталат. Сима Цян анын алыскы ата-бабасы Яо (尧) жана Шун (舜) доорундагы Чонгли үй-бүлөсү (重黎氏) болгондугун, ал байыркы убактан бери Астрономия боюнча жооптуу чиновник болгонун, Ал жылдыздарды байкап, календарды аныктаган, ошондой эле ар кандай карталарды жана китептерди башкарган, уруу башчыларына кеңеш берген. Ся (夏), Шан (商) жана Чжоу (周) расмий династиялары түзүлгөндө, Астрономия боюнча жооптуу чиновниги Тай Ши, ал эми Батыш Хан династиясында ал Тайши Лин деп аталып, Императордук ордодо алты жүз ши (石, Байыркы кытай кубаттуулугу бирдиги.) деңгээлиндеги орто деңгээлден төмөн расмий кызмат болгон, азыркы учурдагы округдун башчысынын же директорунун деңгээлине барабар.

Бирок, Тайши астрономияны байкап, атластарды өздөштүргөн, падышанын үй-бүлөсүнө кеңеш берген жана ордодогу чоң окуялар боюнча талкууларга катышып, ал абдан көрүнүктүү кызматка ээ болгон жана императордун айланасында жакын чиновник болгон.Сыма Цяндын ата-бабалары 1400 жылдан 1500 жылга чейин Ся, Шан жана Чжоу династияларынын тукум куучулук тайшилери (太史) болгон. Батыш

司马迁与李陵
Сыма Цянь жана Ли Лин

Чжоу династиясынын аягында Чжоу падышасы Сюань Ванга（周宣王）жардам бергенде, ал улуу аскердик эрдиктерге ээ болгон, ошондуктан аскерге жооптуу Сима（司马）болуп дайындалып, Граф деген наамга ээ болгон, тарыхта Чен Босиуфу（程伯休甫）деген ат менен белгилүү болгон. Ошондон тартып Чонгли үй-бүлөсү Сима үй-бүлөсү деп аталды. Жаз-күз мезгилинин орто ченинде,Чжоу династиясынын падышасы Хуэй Ван（周惠王）менен Сян Вандын（周襄王）тушунда, падышасынын үй-бүлөсүндө жарандык кагылышуулар болуп, Тайши өз ордун жоготуп, Цзинге（晋国）качкан. Кийинчерээк алар тарап кетишти жана алардын бири Цинь мамлекетиндеги Шаолянга（少梁）барды, Батыш Хан династиясында Шаолян Сяян округу（夏阳县）болуп түзүлгөн.

Сыма Цяндын ата-бабалары 1400 жылдан 1500 жылга чейин Ся, Шан жана Чжоу династияларынын тукум куучулук тайшилери болгон. Бул Сима Цяндын атасы Сима Тан（司马谈）абдан сыймыктанган нерсе.Цзянюандын биринчи жылында (б.з.ч. 140, 建元元年) Хан династиясынын императору Ву（汉武帝）тактыга келип, Сыма Танды Тайши Линдин（太史令）орун басары болуп кызматка коюшат, үч жылдан кийин ал Тайши Линге көтөрүлөт. Сима Тан абдан толкунданды, анткени бул анын кыялындагы позициясы болчу.Сима Тан жогорку даражалуу чиновниктерге, айкөлдүк маянага умтулган эмес, ал Тайши Линдин кызматын пайдаланып, ата-бабаларынан калган карьераны кайра жандандырып, тарыхчылардын үй-бүлөсүнүн кадыр-баркын кеңейтүүнү көздөгөн. Ал Тайши Линдин кызматында үч миң жылдык тарыхты жазган биографиялык жалпы тарыхты бүтүрүүгө бел байлаган. Бул Чжоу Гонг（周公）этикет стандарттарын иштеп чыккан жана Конфуцийдин насаат жана окутуусу сыяктуу улуу олуянын иши болушу керек.Сыма Тан кыраакылыкка ээ болуп, жалгыз уулу Сыма Цянга өзү бүтүрө албаган ишти тапшырган жана Сыма Цян аны аягына чыгара бермек. Сыма Цян бул тарых китебин Тайши Линдин тарыхчысынын позициясында бүтүрүүгө чечкиндүү болгон, ошондуктан китептин аталышы «Тай Ши Гун Шу» болгон, бул "Тай Ши Лин жазган китепби" дегенди билдирет. Кийинчерээк бул тарых китеби чындыгында Сыма Цяндын колунда бүтүп, ал китепти атасы үчүн жазган деп эсептеп, Тай Ши Линге урмат-сый менен кайрылып, «Тарыхый Жазуулар» жазылып, «Тай Ши Гун Шу» деп аталып калган. Чыгыш Хань династиясынын аягында элдер «Тай Ши Гун Шу» дегенди байыркы тарыхый китептердин жалпы аталышы болгон «Тарыхый Жазуулар» деген ат менен алмаштырышкан. Негизи "Тарыхый жазуулар" деген сөз "Тай Ши жазуулары" дегенди билдирет.

Тарыхчылардын үй-бүлөсү Сыма Цяндын түпкү теги. Чонгли үй-бүлөсү өз фамилиясын Сима деп өзгөрткөн, ал Чжоу падышасы Сюан ванга жардам берген жана Сюфу аттуу граф титулуна ээ болгон Чен Босиуфунун аскердик жетишкендиктеринен келип чыккан. Сима Циандын сегизинчи муундагы атасы—Сима Чао（司马错）Цинь падышасы Чжао ваннун тушунда генерал аталды, ал Цинь（秦国）үчүн өлкөнүн жарымын басып алып, азыркы Чунцин шаары жана Сычуань провинциясы болгон Байыркы заманда Ба（巴国）жана Шу（蜀国）деп аталган эки өлкөнү жок кылган үчүн аскерлерди жетектеген. Цинь эки эсеге кеңейтүү. Сима Чао Цинь генералы Бай Ци（白起）сыяктуу атактуу. Бул Сыма Цяндын ата-бабаларынан калган аскердик илимдин башаты.

Сима Цяндын чоң атасы Сима Чан（司马昌）Цинь Шихуандын тушунда темир чиновник болуп кызмат кылган, анын улуу атасы Сима Вузэ（司马无泽）Хань династиясынын алгачкы мезгилинде Чаньань шаарынын（长安市）

司马迁与李陵
Сыма Цянь жана Ли Лин

мэри, б.а. өнөр жай жана сооданы башкарган башкы жетекчи болуп иштеген. Бул Сыма Цяндын ата-бабаларынан калган экономика илимдин башаты.

Сима Цян калемин аңгеме айтууга мыкты колдонгон, «Тарыхый жазуулар» 520 000ден ашык сөздү камтыган, үч миң жылдык тарыхты баяндаган, өткөн династиялардагы жүздөгөн инсандардын өмүр баянын жазган жана коомдук турмуштун ар кыл жактарын сүрөттөгөн. «Тарыхый жазуулар» 20дан ашык аскердик ишмерлерди сүрөттөгөн, 500дөн ашык согуштук окуяларды чагылдырган жана 100дөн ашык ири салгылашууларды сүрөттөгөн. Анын айткан аңгемелери мазмундуу жана кызыктуу.Сыма Цян улуттук иштер жөнүндө, айрыкча Хан династиясынын императору Вунун Хундарга каршы өнөктүгү учурундагы улуттук каржылык кирешелерди жана чыгашаларды чагылдырган «Пинчжун китебин» (《平准书》) жана байыркы жана азыркы товардык бүтүмдөрдүн рыноктук экономикалык шарттарын атайын жыйынтыктаган «Хуо Шинин баянын» (《货殖列传》) жазган. Бул анын үй-бүлөлүк билимдин терең мурасынан ажырагыс нерсе. Сыма Цяндын талантын, билимин, көрөгөчтүгүн, адептүүлүгүн өстүргөн кийинки турмуштук тажрыйбалары эң маанилүү факторлор болуп саналат. Жаш кезинен баштап, анын өмүрү тепкич менен өнүккөн.

2.анын өспүрүм өмүрү

Сыма Цян «Тай Ши Гундун кириш сөзүндө» өзүнүн өспүрүм кезин үч сүйлөм менен жазып, мындай деп жазган: "Мен Лонгменде (龙门) төрөлүп, Хешан тоосунун (河山) түштүк этегинде дыйканчылык жана малчылык менен өткөн. Он жашымда байыркы прозаларды айткам". Лонгмен деген тоонун аты, ошондой эле Хуанхэ дарыясынын жогорку агымындагы паром портунун аты, ал Лонгмен тоосунун этегинде жана Ханчэн (韩城) шаарынан 70 ли (1 ли жарым километрге барабар) түндүк-

18

чыгышта жайгашкан. Сары дарыя түндүк Шэньсидеги (陕北) бийик тоолорду аралап өтүп, бул жерге жетет, дарыянын эки тарабы тең бири-бирине эшиктей караган талкаланган тоолор жана жарлар. Уламыш боюнча, Даюу (大禹) суу ташкындарын көзөмөлдөп турганда Ажыдаар дарбазасын (龙门) казган, ошондуктан аны Ю дарбазасы (禹门口) деп да аташкан. Кошумчалай кетсек, анын үстүнөн ажыдаар гана секире алгандыктан, ал Ажыдаар дарбазасы деп да аталат. Сима Цян өзүнүн туулуп-өскөн жердин улуу тоолоруна жана дарыяларына болгон сүйүүсүн жана мактоосун сыймыктануу менен билдирди.

"Хешан тоосунун түштүк этегинде дыйканчылык жана малчылык менен өткөн" Сыма Цяндын туулган жерин билдирет, ал Лонгмен тоосунун түштүгүндө жана Хуанхэ дарыясынын түндүгүндө. Сары дарыя Лонгменкоудан (龙门口) чыгып, түштүккө бурулат. Хуанхэ дарыясынын Лонгменкоунун артындагы бөлүгү түндүктөн түштүккө агып, Сима Цяндын туулган жери Хуанхэ дарыясынын батышында жана жалпысынан Хэбэй (河北) деп аталат. Сима Цян жергиликтүү орто катмардын үй-бүлөсүндө төрөлгөн. Өспүрүм кезин сүрөттөө үчүн "Хешан тоосунун түштүк этегинде дыйканчылык жана малчылык менен өткөн"деген сөз айкашын колдонгон. Бул дыйканчылык дегенди билдирбейт, ал бала кезинде элетте жашаганын билдирет. Сима Цян жалгыз уулу болгон, анын атасы Сима Тан улуттук тандоо сынагынан өтүп, борбордук шаарда кызматтык кызматты ээлеген, ал кезде Сима Цян беш жашта эле.

Эмне үчүн Сима Тан беш жашар жалгыз уулун айылга таштап кетти? Бул Сима Тандын Сима Цянды келечекте тарыхты басып алууга жана түзүүгө үйрөтүү үчүн жасаган жакшы ниети. Эң негизгиси, Сима Цян өзүнүн окуусуна көңүлүн буруп, коомдун төмөнкү катмарынын турмушу

司马迁与李陵
Сыма Цянь жана Ли Лин

менен таанышып, эрте таланттуу инсан болуп, өз алдынча милдеттерди аткарууга жөндөмдүү болуп, расмий карьералык экономикага кирүүдөн качышы керек. капитал, текебердик жана ырахат алуу жаман адаттарды өнүктүрүү жана прогресске жетишүүнү каалабоо. Сыма Цян атасынын терең сүйүүсүн түшүнүп, аны атайын жаздырган

"Он жашында ал байыркы текстерди айткан", бул Сыма Цяндын тез ой жүгүрткөн гений экендигин айгинелейт, ал он жашында Циньге чейинки каармандар менен жазылган классикаларды айта алган, мисалы, «Зуожуан» (《左传》), «Гуоюй» (《国语》), «Шаншу», (《尚书》) «Лижи» (《礼记》), «Шибэнь» (《世本》), «Пудзянь» (《谱牒》) ж.б.у.с. Бул албетте анын талыкпаган эмгегинин акыбети. Сима Цян атасынын үмүтүн актаган жана чындап эле амбициялуу жаш талант болгон.

Байыркы императорлор биринчи жолу тактыга отурганда өздөрүнүн мавзолейин курушкан. Хань династиясынын императору Ву такка отургандан кийинки экинчи жылы, башкача айтканда, Цзянюандын экинчи жылында (б.з.ч. 139, 建元二年) өздөрүнүн мавзолейин курулган. мавзолейи анын энесинин мекени—Хуайли округуна (槐里县) караштуу Маосян (茂乡) деген кыштакта жайгашкан, ошондуктан ал Маолин (茂陵, Маосянда курулган мавзолей дегенди билдирет.) деп аталып калган. Юаньсюонун экинчи жылында (б. з. ч. 127, 元朔二年) Сыма Цян он тогуз жашта болгон. Бул жылы Хань династиясынын императору Ву борбордук шаардын баатырларын жана үч миллион байлыгы бар байларды Маолинге көчүрүп келип, Маолин округун негиздеген. Борбордогу жогорку жана орто даражадагы чиновниктердин үй-бүлөлөрү да Маолинге көчүп барышкан, азыр бойго жеткен Сима Цян, анын атасынын жанына келип, тарыхты жазуу менен алектенип, анын атасынын жардамчысы болуп калган.

3.Жыйырма жашында дүйнө жүзүн кыдыруу

Юаньсюонун башкаруусунун үчүнчү жылында (б.з.ч. 126-жыл, 元朔三年) Сыма Цян жыйырма жашта эле, ал өзүнүн улуу амбициясын кабыл алып, атасынын буйругун кабыл алып, тарыхта"Жыйырма жашында дүйнө жүзүн кыдыруу"деген аты менен белгилүү болгон академиялык сапар менен өлкөнү кыдырган. Сима Цяндын"дүйнө жүзүн кыдыруунун" чордону түштүктө болгон, ошондуктан ал өзүн "жыйырма жашында түштүктү Янцзы дарыясына（长江）жана Хуайхэ дарыясына（淮河）кыдырган" деп мүнөздөгөн. Сима Цян борбор шаар Чаньандан（长安）жолго чыгып, түштүк-чыгыш тарапка саякаттап, Вугуандан（武关）Ванга（宛）кеткен. Түштүккө Сянфандан（襄樊）Цзянлинге（江陵）барган. Дарыяны кесип өтүп, Юаньсюй дарыясын（沅水）батыш Хунанга（湘西）, андан кийин түштүк-чыгыштан Цзюйге（九嶷）бурган. Цзюйге көз чаптыргандан кийин, ал түндүктү Чаншага（长沙）багыт алды жана Цююань（屈原）Милуодогу дарыяга（汨罗）чөгүп кеткен жерге таазим кылды, андан кийин Донтинг көлүн（洞庭）кесип өтүп, Янцзы дарыясынан чыгып, дарыяны бойлоп чыгышты көздөй жөнөдү, Лу тоосуна（庐山）чыгып, Юну（禹）карап турду. Цзюцзян дарыясын（九江）тереңдетип, андан кийин Цянтан көлүн（钱塘）кесип өттү. Куайжи тоосуна（会稽）барып, Ю тоосунун үңкүрлөрүнө көз салыган. Ву жазды көрүү үчүн Шэнцзюнь сарайына（申君宫室）да барган. Гусу тоосуна（姑苏）чыгып, беш көлдү карган. Андан соң түндүктү көздөй Янцзы дарыясынан өтүп, Хуайинден（淮阴）өтүп, Линцзы（临淄）менен Цюфуга（曲阜）барып, Цилу аймагынын（齐鲁地区, Азыркы Шандун провинциясы）маданиятын көрүп, Конфуций калтырган мурастарды көргөн. Андан кийин Цинь жана Хань династиясынын тушунда коогалаңдуу болгон тарыхый инсандардын кичи мекени, Чу（楚）менен

司马迁与李陵
Сыма Цянь жана Ли Лин

Хандын（汉）ортосундагы согуш талаасы, Пэнчэн（彭城）аркылуу өтүп, Пэй（沛）, Фэн（丰）, Данг（砀）, Суйян（睢阳）аркылуу Лянга (梁, Азыркы Кайфэнге) жана Чаньянь шаарына кайра кайтып келди.

"Жыйырма жашында дүйнө жүзүн кыдыруу" Сыма Цяндын жаш кезиндеги жашоосундагы негизги окуя болгон. Кабинетинде миңдеген китептерди окуганына канааттанбай, сыртка чыгып, миңдеген чакырымдарды басып өттү. Кытай тарыхында, Сима Цян миңдеген китептерди окуп, миңдеген чакырымдарды басып өткөн биринчи практик болгон. Ал максаттуу жана пландуу түрдө өлкө боюнча тарыхый текшерүүлөрдү жүргүзгөн, ал муну "дүйнөнү чогултуп, эски кабарларды калтыруу" деп атаган. Сыма Цян окуусунан чыгып, мекендин улуулугуна, тоо-сууларына аралашып, кең коомдогу эмгекчил адамдардан сабак алып, чыныгы турмушту түшүнгөн.

Сыма Цян бир жолу "Хунань провинциясындагы Сянцзян жана Юаньцзян дарыяларынын бассейндерине келип", Цю Юандын изине түшүп, кылымдар бою тарыхый өзгөрүүлөрдү ойлоп, Цю Юандын кулк-мүнөзү жөнүндө ой жүгүртүп, кайгыдан көз жашын агызбай коё алган жок. Сима Цян ошондой эле Чаншадагы Цзя Йинин（贾谊）сөөгүнө таазим кылды жана анын башынан өткөн окуялары Цю Юаньдыкына бир аз окшош экенин сезди, ал ар кандай доордогу инсандардын өмүр баянын бириктирген «Чу Юань менен Цзя Шэндин өмүр баянын»（《屈原贾生列传》）жаратууга шыктанды тарыхый салыштыруунун башталышы. «Тарыхый жазуулардагы» окшош өмүр баяндар тарыхый салыштыруу ыкмасынын топтолгон туюнтмасы. Сыма Цян "Куайжиге барып, Юнун үңкүрүн изилдеп, Цзюйиге көз чаптырды" жана беш император жана үч династия жөнүндөгү байыркы тарыхый уламыштарды чогултуп, аны

22

кийинчерээк «Беш императордун жылнаамаларын» (《五帝本纪》) жана «Сянын жылнаамаларды» (《夏本纪》) жазууга даярдаган. Эң мактоого татырлык нерсе, Сима Цян Хуайбейдеги (淮北) заманбап тарыхый инсандарды терең жана деталдуу иликтөөгө алганы, мисалы, Чен Ше (陈涉) жаш кезинде дыйканчылыкка дымагы бар экенин, Фан Куай (樊哙) ит союп, Као Шен (曹参) түрмө сакчысы болгонун айтып кейиген, ал эми Сяо Хэ (萧何) жергиликтүү майда аткаминерлерди тейлеген чиновник болуп иштеген, Чжан Лян (张良) Сяпиде (下邳) сүргүндө жашоого аргасыз болгон, ал эми Чен Пин (陈平) айылда курмандык чалуу учурунда эт таратуу үчүн жооптуу болгон, Чжоу Бо (周勃) жакырчылыкта жашап, жибек курттарын багуу үчүн камыштан себет токуп күн көргөн, Хан Синдин (韩信) үй-бүлөсү жакыр болсо да, апасы көмүлө турган бийик жана кенен жерди тандоого болгон күчүн жумшаган, Лю Банг (刘邦) шарапты жана кыздарды жакшы көргөн..., булардын баары китептерде кездешпеген билимдер. Сима Цян эки миң жыл мурун ушундай практикалык рухка ээ болгон, бул чындыгында мактоого татырлык.

Сыма Цяндын саякаттары жана текшерүүлөрү анын тарыхчы жана адабиятчы катары кеңири чөйрөсүн камтыган. Тарыхый изилдөө үчүн ал Цинь Шихуандын (秦始皇) Вэй династиясын жеңүү үчүн болгон согушунан баштап Согушуп жаткан мамлекеттер мезгилиндеги шаардын дарбазасынын аталышына чейин биринчи маалыматты өздөштүрүүгө аракет кылган. Тарыхый инсандар жөнүндөгү окуялар, ачык-айкын элдик жомоктор, ырлар, жаргондор ийне-жибине чейин жазылып алынган. Тоолордун жана дарыялардын географиясына келсек, байыркы жана азыркы согуш майдандары жакшы түшүнүлөт. Сима Цяндын саякатынын географиялык масштабы бүгүнкү күндөгү Шэньси, Хубэй, Хунань, Цзянси,

司马迁与李陵
Сыма Цянь жана Ли Лин

Аньхой, Цзянсу, Чжэцзян, Шаньдун жана Хэнань сыяктуу тогуз негизги провинцияларын камтыды. Жол он миңдеген чакырымды түзөт жана ал бир нече жылга созулганда бир сапарда бүтпөй калышы мүмкүн. "Жыйырма жашында дүйнө жүзүн кыдырууда" Сыма Цян кеңири коомдук билимге ээ болуп, тарыхый эстеликтерди издөө менен гана чектелбестен, анын көз карашын кеңейтип, аң-сезимин кеңейтип, билимин, талантын арттырды. Бул «Тарыхый жазуунун» ийгилигинин бир шарты.

4. Билимди Устаттардан үйрөнгөн

Сыма Цян Батыш Хань династиясынын гүлдөп турган мезгилинде өлкөдөгү эң таланттуу үч устаттардан сабак алып, жүздөгөн мектептерди бириктирген, бул жүздөгөн же миңдеген жылдардан бери сейрек кездешүүчү мүмкүнчүлүк болгон жана Сыма Цян ага жеткен. Үч устаттар - Дун Чжуншу（董仲舒）, Конг Ангуо（孔安国）жана Тан Ду（唐都）.

Батыш Хань династиясынын Гуанчуан уездинин (азыркы Хэбэй провинциясынын Заоцян уездинин чыгышында) туулган Дун Чжуншу атактуу философ, Батыш Хань династиясындагы Цзиньвэн классикасынын негиздөөчүсү, ошондой эле "Жаз-Күз Гуньян деген мектептин" устаты. Дун Чжуншу Хан династиясынын императору Цзиндинин тушунда "билимдүү адам" наамын алган. Хан династиясынын түптөлгөнүнүн биринчи жылында, Хан династиясынын императору Ву намыстууларды лидер катары баалады, императору Ву андан дагы өлкөнү башкаруунун үч стратегиясын сураган. Дун Чжуншунун жообу атактуу "Асман менен Адамга байланыштуу үч стратегия" болду. Батыш Хань династиясында конфуцийчиликтин өзгөчө позициясын негиздеген. Ал Цзяндунун премьер-министри болуп, Эки жылдан кийин борборго кайтып келип, "чжундафу"（中大夫）расмий кызматын ээледи. Ал Юаньсюонун алтынчы жылында

(元朔六年, б. з. ч. 123)премьер-министр Гунсун Хун (公孙弘) тарабынан четке кагылып, Цзяоси (胶西) чөлкөмүндө чиновник болгон, Юаньшоунун экинчи жылында (元狩二年, б. з. ч. 121) ал кызматтан кетип, Маолинде (茂陵) жашаган, болжол менен Юаньшоунун алтынчы жылында (元狩六年, б. з. ч. 117) көз жумган.

Конг Ангуо — Конфуцийдин он экинчи муундагы небереси, Лу мамлекетиндеги Куфудан (曲阜) келген, Хан династиясынын императору Вунун Юаньсюонун экинчи жылында "билимдүү адам" наамын алган, Конг Ангуо Юаньшоунун бешинчи жылында, кеңешчи болуп иштеген, Юаньшоунун алтынчы жылында Линхуай (临淮) округдун башчысы болгон. Ал көп өтпөй кызматында каза болгон.

Тан Ду Хан династиясынын императору Вунун тушунда астрономия менен математиканын устаты болгон, Сима Тан Тан Дудан астрономияны үйрөнүп, кийин Сима Цян менен бирге «Тайчу календарын» (《太初历》) түзгөн.

Сима Цяндын атасы Сима Тан жана үч академиялык устат бир муундун кесиптештери жана академик досторы болгон, алар бир династияда кызмат өтөгөн Дун Чжуншу, Тан Ду жана Сима Тан ошол эле жылы улуттук сынактан өтүп, чиновник болушкан. Ошол эле дисциплинада кийинки Цзинши менен салыштырганда, ушундан улам Сыма Цян жогорудагы үч устаттын шакирти болуп калды. Юаньшоунун алгачкы жылдарында Сима Цян өлкөнү кыдырып, борборго кайтып келген. Юаньшоунун бешинчи жылында Сыма Цян Ланчжундун расмий кызматын ээледи. Юаньшоунун биринчи жылынан Юаньшоунун бешинчи жылына чейин, Сыма Цян өзүнүн өлкөнү кыдыруудун кайтып келгенде, ал 22 жаштан 27 жашка чейин болгон. Бул да жакшы окуу мезгили болгон, окууга көңүл буруп, эч кандай

25

тынчсыздануу жок. Ал күчтүү легендарлуу түскө ээ,Теңир тарабынан атайын уюштурулган окшойт.

5. Чиновник болуу

Юаньшоунун бешинчи жылында (б. з. ч. 118) Сыма Цян жыйырма сегиз жашта болгон. Бул жылы Хан династиясынын императору Ву атайын жаш таланттар тобун Лангтуан (郎官) катары тандады. Тандалган субъекттер падышалык чиновниктерге жакын болгон жаш шакирттер же министрлер тарабынан сунушталган жаш кызматчылар болгон. Сима Цяндын атасы Сима Тан Тайши Лин болуп дайындалган жана император Вунун жакын министри болгондуктан, Сима Цян Лангтуанды чакыруу үчүн тандалган. Генералдын резиденциясындагы меймандар—Рэнь Ан (任安) жана Тянь Рен (田仁) министр Чжао Ю (赵禹) тарабынан Лангтуан катары сунушталды. Сима Цян, Рэнь Ан жана Тянь Рен ошол эле жылы Лангтуандын кесиптештери болгон үч жаш талант болуп, алар жакшы дос болуп калышты.

Хань династиясынын Лангтуан системасы төрт деңгээлге ээ болгон: Йиланг (议郎), Чжунланг (中郎), Шиланг (侍郎) жана Ланчжун (郎中). Йиланг, Чжунлангтын айлыгынын деңгээли 600 ши, Шилангтын айлыгынын деңгээли 400 ши, Ланчжунтукы 300 ши, бул эң төмөнкү деңгээл деп сунушталууда. Лангтуандардын саны боюнча эч кандай чектөө жок, алардын милдеттери "порталды башкаруу жана арабадар менен атчан аскерлердин милдетин аткаруу" - алар императордун сарайында жеке күзөт жана ардактуу кароол болуп саналат. Алар негизинен 200 ши айлыгы болгон жогорку кызматтагы чиновниктердин жана жергиликтүү бийлик тарабынан сунушталган колунда бар үй-бүлөлөрдүн балдарынан түзүлөт. Лангтуандын позициясы чет өлкөдө, ал тогуз министрдин командири жана начальниги болуп кызмат кылган же жергиликтүү өкмөттүн башчысы жана начальниги болуп иштеген. Ошондуктан, Лангтуан тепкичтеги чиновник жана көбүнчө императорго жакын болгондуктан, эл өзүн абдан сыйлуу сезет.Хань династиясында 2000 ши маяна алган расмий деңгээли азыркы министрдин деңгээлине барабар болгон. Борбордук деңгээлдеги чиновниктер катары Бу Шу Линг (部署令) менен Ченг (丞) азыркы директор деңгээлиндеги чиновниктерге барабар болгон 1000 ши айлык акы алышкан. Жергиликтүү аткаминерлер катары Линг (令) менен Чанг (长) 600дөн 800 шиге чейин айлык алышчу, алар бюронун бүгүнкү орун басарынын деңгээлине 800 ши, директордун бүгүнкү деңгээлине 600 ши, директордун орун басарынын деңгээлине 400 ши жана бүгүнкү Филиал бөлүмүнүн кызматкерина 300 ши барабар болгон. Сыма Цян Ланчжун катары чиновник болуп калды, анткени анын атасы 600 ши маянасы менен тарыхчы болгон, ошондуктан Сыма Цян расмий кызматка ээ болуу үчүн эрежеден тышкаркы деп эсептелген. Сыма Цяндын өзгөчө таланты болгондуктан, ал Хань династиясынын императору Вунун ишенимине ээ болуп, анын жеке кызматчысы жана адабий кызматчысы болуп калган. Хан династиясынын императору Ву адабиятты сүйгөн жана өзүнүн жеке кызматчыларынын арасында өлкөнүн эң мыкты адабият чеберлерин тарткан. Сыма Цян адабияттын залкарлары Ян Ан (严安), Чжуан Жу (庄助), Мэй Чэн (枚乘) жана улук чиновник Ху Суй (壶遂) менен достошуп, алардын адабий сапаттары жана жетишкендиктери таасир эткен. Сима сарайга көчүп келгенде, Сима Сянру буга чейин расмий кызматынан кеткен, бирок Сима Сянгрунун адабий стили жана мурасы дагы эле Сыма Цянга терең таасир эткен.

6. Батышты басып алуу буйругун кабыл алуу

"Батышты басып алуу буйругун кабыл алуу"—бул Сима Цян жаш

司马迁与李陵
Сыма Цянь жана Ли Лин

кезинде Ланчжун болуп кызматты аркалагандан кийин жасаган биринчи чоң окуя болду. Буйрукка ылайык батышка жасалган бул экспедициясы "Жыйырма жашында дүйнө жүзүн кыдыруу" менен салыштырууга болот. Ошондуктан, Сыма Цян"Жыйырма жашында дүйнө жүзүн кыдыруудун" кийин, дароо эле «Тай Ши Гондун кириш сөзүндө» мындай деп так жазган: "Ошентип ал Ланчжун болуп кызмат кылууга көчүп кетти. Башунун (巴蜀) түштүгүнө батышты көздөй экспедиция тапшырылган жана Ционду (邛), Цзуону (笮), Куньминди (昆明) жана башка жерлерди ээлеп алгандан кийин, ал өзүнүн иши жөнүндө отчет берүү үчүн борборго кайтып келген".

Сыма Цян буйрукту кабыл алган учуру Юандиндин алтынчы жылында (б. з. ч. 111-жылы) жаздын биринчи айында болгон. Бул Юаньшоунун бешинчи жылында (б.з.ч. 118-ж.) Сыма Цянши Ланчжундун расмий кызматын ээлегенден бери жети жыл өттү, ошондой эле Юаньсюонун үчүнчү жылында (б. з. ч. 126-ж.)"Жыйырма жашында дүйнө жүзүн кыдыруудын"бери он беш жыл өттү. Он беш жылдын ичинде ал үч негизги иш-чараны аяктады: Жыйырма жашында дүйнө жүзүн кыдыруу, чиновник болуу жана батышты басып алуу. Бул Сыма Цяндын жыйырма жаштан отуз беш жашка чейинки он беш жылдык жаштык мезгилинин өзгөчө учуру. Ошондуктан анын жазуусунда Сыма Цяндын жаш кезиндеги жетишкендиктерин жана анын «Тарыхый жазууларды» жазууга тийгизген олуттуу таасирин баса белгилеген бириктирилген баян катары берилген. Булар удаалаш болуп жаткан окуялар деп жаңылбашыбыз керек.

Юандиндин бешинчи жылынын күзүндөкү сентябрында Хан династиясынын императору Ву Нанюэ аймагын (南越) басып алуу үчүн Император аскердин беш бөлүгүн жиберген, алардын бири Чийи маркиси — Хэ И（驰义侯何遗）болгон, ал түштүккө Ба жана Шу армиясын жетектеп, Паньюй（番禺）аймагында жолугушкан. Йеланг маркиси（夜郎侯）Нанюэ менен жашыруун сүйлөшүүлөрдү жүргүзүп, аскерлерди жиберүүдөн баш тарткан. Ошол эле учурда ал өзүнүн вассалы Циланцзюндун（且兰君）козголоңун козгоп, Чийи маркисинин түштүккө баруусуна бөгөт койгон. Юандиндин алтынчы жылынын кышындагы онунчу айында, Хан династиясынын императору Ву чыгышты карап, жаздын биринчи айында Цзи уездинин Синьчжун шаарчасына（汲县新中乡）келип, Нанюэ аймагын басып алынганын жана Башудагы（巴蜀）армиялардын чабуулуна жолтоо болгондугун билди. Бул учурда сүйүнчүнү жеткирген Хан элчиси императорго Нанюэдын аймагы премьер-министри Лу Цзиянын（吕嘉）башын тапшырды. Хан династиясынын императору Ву Цзи уездинин Синьчжун шаарчасын Хуожия округуна（获嘉县, азыркы Хэнан провинциясынын Синьсяан шаарынын батышында）өзгөрттү. Ал муну эскерүү катары кабыл алды. Хан династиясынын императору Ву жеңиштен пайдаланып түштүк-батыштагы варварларды тынчтандырууну чечкен.

Сыма Цян Хан императору Вунун артынан ар кайсы жерлерди кыдырып, императордук өкүл болуп дайындалып, генерал-лейтенант наамына чейин көтөрүлүп, ал Киеланга шашылып, Чийихоу Йиге кабарды жеткирип, түштүк-батыштагы варварларды жеңүү үчүн Ба жана Шу армиясын жетектөөнү буйруган. Сыма Цян Лоянга баруучу жолду басып, Чаньанга кайтып келип, Ханчжун（汉中）аркылуу Бажунга（巴郡）өтүп, түштүккө Цзяньвэйге（犍为）барып, Циланга（且兰, азыркы Гуйчжоу провинциясынын Хуанпин округу) жеткен. Сыма Цяндын эки миссиясы болгон: бири "батышта Башунун түштүгүн басып алуу", башкача айтканда, түштүк-батыш варварларын басып алуу үчүн фронттогу Хань армиясынын

司马迁与李陵
Сыма Цянь жана Ли Лин

буйругун жеткирүү. Экинчиси, "Башунун түштүгүнө батышты көздөй экспедиция тапшырылган жана Циондү (邛), Цзуону (笮), Куньминди (昆明) жана башка жерлерди ээлеп алгандан кийин, ал өзүнүн иши жөнүндө отчет берүү үчүн борборго кайтып келген".

"Люэ" (略)—басып алынган Цион, Цзуо жана Куньмин сыяктуу түштүк-батыш шаар-мамлекеттерин тынчтандыруу жана аларды округ кылып түзүү жана Кытайга кошуу дегенди билдирет. Уезддерди жана чиновниктерди түзүү Сыма Цяндын эң жогорку миссиясы болгон. Сима Цян азыркы Гуйчжоу жана Юннань провинциялары жана батыш Сычуань аймагы болгон түштүк-батыштагы варварлардын кеңири аймактарын тынчтандырып, Зангци округун (牂柯郡), Юэки округун (越嶲郡), Шенли округун (沈犁郡), Вэньшань округун (汶山郡) жана Вуду округун (武都郡) түздү. Сыма Цян Юаньфэндин биринчи жылынын апрель айында миссиясын аяктап, өлүм алдында жаткан атасы менен Луоянга жолугуп, Хан династиясынын императору Вунун Тай тоосунда Зенди сыйлоо аземине катышууга шашылды. Сыма Цян Юандиндин биринчи жылынын жазынын биринчи айында буйрук алгандан тартып Юаньфэндин биринчи жылынын апрель айында миссиясын аяктаганга чейин, алды-арты он алты айга созулуп. Эгерде жолдо кеткен төрт-беш айды эсепке албаса, Сыма Цян түштүк-батыш варвар аймагында уезддерди жана тарыхчыларды түзүп, бир жылдай текшерүү жүргүзгөн. Уезддердин жана чиновниктердин түзүлүшү жаңы аймактарда этникалык азчылыктарды тынчтандыруу максатында болгондуктан, Сыма Цян алты белгиден турган башкаруу саясатын "салыксыз, үрп-адат боюнча башкаруу" сунуштап, элдин үрп-адатын жана адаттарын сыйлаган саясаттын схемасын түзгөн. этникалык азчылыктардын жана этникалык азчылыктардын автономиялуу укуктарын тааныган ажайып алдыңкы идеялар. Үч Падышалыктын мезгилинде, Жугэ Лян（诸葛亮）Наньчжунду（南中）тынчтандырганда, анын башкаруу ыкмасы Сыма Цяндын "эски салттуу башкаруусуна" ылайык болгон. «Тарыхый жазуулар» биринчи болуп улуттук тарыхый биографияны түздү, анда этникалык азчылыктар императордун букаралары жана бүткүл дүйнөдөгү бир туугандар экени айтылган. Бул алдыңкы идеялардын топтолушу жана калыптанышы Сыма Цяндын батышты көздөй жүрүш жасоо буйругун алгандагы турмуштук тажрыйбасынан ажырагыс.

7. Хан династиясынын императору Вунун артынан ээрчиген

Сыма Цян өмүрүнүн акырына чейин Хань династиясынын императору Ву менен бирге болгон жана экөө тең Батыш Хань династиясынын биригүү доорунда баатырлар болгон. Хан династиясынын императору Ву улуу таланттарга жана улуу стратегияларга ээ болгон жана көптөгөн кереметтүү тарыхый драмаларды жана жашоолорду жараткан.Сыма Цян билимге толгон жана бул улуу доорду кенен щетка менен даана сүрөттөгөн. Хан династиясынын императору Ву тынчыбай, тынымсыз кыдырып, префектураларды жана округдарды текшерип, өлкөнүн ар кайсы аймактарын басып алып, Сыма Цян аны ээрчип, ошондой эле "жолдоштордун саякаты" катары эсептелген мекенди кыдырчу. Хан династиясынын императору Ву өмүрүндө 20 жолудан ашык өлкөнү кыдырган. Бул мезгилде Сыма Цянь бир гана жолу Хан династиясынын императору Ву менен сапарга чыккан эмес, бул Юаньфэндин биринчи жылында болгон батыш тарапка жүрүш жасоого буйрук берилгендиктен, ал Хань династиясынын императору Вунун артынан ээрчип түндүккө карай Хундарга Хан империясынын улуулугун көрсөтүп албаган. Ал көп учурда император Вунун артынан жүргөндүктөн, Сыма Цян феодалдык борбордук династиянын нерв борборуна айланган

司马迁与李陵
Сыма Цянь жана Ли Лин

жана көптөгөн сырларды, анын ичинде император Вунун жеке жашоосуна жана психологиялык ишмердүүлүгүнө таасир эткен маалыматтарды билген. Бул турмуштук тажрыйбалар Сыма Цяндын «Цзинь Шан Бен Жи» (《今上本纪》) жана «Фэн Чан Шу» (《封禅书》) чыгармаларын жазууга негиз болгон.

Сыма Цян өлкө боюнча текшерүү учурунда ар кайсы жерлердеги элдин абалы менен таанышып, тарыхый жазууларды тастыктоо үчүн тарыхый эстеликтерди текшерген. Хань династиясынын императору Ву беш императорго сыйынуу үчүн батышты көздөй Юндиге (雍祠, азыркы Шэньси провинциясында) барды, Хуанхэ дарыясын бойлоп чыгышты бойлоп Хоуту (后土) ата-бабаларынын сарайына барды, түштүккө барып, Суншан тоосунун (嵩山) чыгышындагы Тайши тоосуна (太室) чыгып, түндүктө Чжуолу (涿鹿) өттү, деңизге чыгышты көздөй жөнөдү, Дзен аземи Тай тоосунда өттү жана Гуанчжун (关中), Гуандун (关东) аркылуу тоолордун жана дарыялардын кудайларына сыйынуу иш-чаралары өткөрүлдү. Булар тарыхый бай мазмунга, реалдуу турмушка жык толгон.Император Ву барган аймагы ошондой эле Кытай элинин салттуу маданиятынын борбору жана беш императорлор, Ся, Шан, Чжоу жана Цинь династияларынын башкаруусунун борбору болгон, бул үч династиянын жана жазгы-күзгү жана согуш мамлекеттердин ар кандай доорлорунун, үй-бүлөлөрүнүн жана тарыхый инсандардын өмүр баянын жазууларга олуттуу таасири бар. Янцзы дарыясынын түштүгү Цинь жана Хань династияларынын тушунда дагы эле алыскы аймак болсо да, ал Чу маданиятынын романтикалык борбору болгон. Сима Цяндын "Жыйырма жашында дүйнө жүзүн кыдыруунун" чордону түштүктө болгон. Сима Цян карапайым кезинде түштүккө саякат жасаган, бул Сима Цяндын атасы

32

司马迁多彩的人生
Сима Цяндын түстүү жашоосу (тагдыры)

Сима Тандын көрөгөчдүгүн чагылдырат. Сима Цян расмий кызматка өткөндөн кийин Цзяннанга барууга мүмкүнчүлүгү жок болчу.

Сыма Цян Юаньшоунун бешинчи жылынан Чжэнхэнин төртүнчү жылына （征和四年） чейин (б.з.ч. 118-жылдан б.з.ч. 89-жылга чейин) жыйырма тогуз жыл жашаган. Башкача айтканда, Чжэнхэнин төртүнчү жылында, ал Тай тоосуна акыркы жолу император Вунун артынан барган. Сыма Цянь Хан династиясынын маанайы чөккөн баатыр император Ву менен көпкө туруп, андан тарыхта сейрек кездешүүчү жакшылыктарды алган.

Юандиндин төртүнчү жылында (б.з.ч. 112) Хань династиясынын императору Ву биринчи жолу чоң масштабда Хелуаны （河洛） кыдырып, элдик үрп-адаттарын байкаган. Бул көрүнүш абдан чоң жана элди таң калтырчу. Юандиндин бешинчи жылында (б. з. ч. 112) Хань династиясынын императору Ву батышты көздөй бет алып, Конгтун тоосуна （空桐） чыгып, Зули дарыясына （祖厉河） жетип, кайра кайтып келген. Юаньфэндин төртүнчү жылында (б.з.ч. 107) Хан династиясынын императору Ву түндүктү көздөй басып, Сяогуандан （萧关） өтүп, он миңдеген атчандарды Синьцинге （新秦） ууга алып барган. Аңчылык көрүнүшү абдан кереметтүү жана укмуштуу. Сима Цян чоң көрүнүштөрдү сүрөттөөдө мыкты болгон, муну ондогон жылдар мурун император Вунун шериктеши катары анын баатырдык парадын ажыратууга болбойт. Сима Цян император Вуга кызмат кылып, ага улуу биригүү доорунун жаңы деми менен терең дем алууга мүмкүнчүлүк берген.

8. Атасынын буйругун аткарып, өзүн тарыхты түзүүгө арнаган.

Юаньфэндин биринчи жылынын (б. з. ч. 110) жайдын башында жана апрель айынын башында Тай тоосунда Дзен аземи өткөрүлөт.

司马迁与李陵
Сыма Цянь жана Ли Лин

Дзен аземинин этикетин түзүүгө катышкан тарыхчы катары Сима Тан ушунчалык толкунданса керек. Тилекке каршы, ал оорудан улам Чжунан шаарында (周南, азыркы Хэнан провинциясынын Луоян шаары) калып, катыша алган эмес. Бул учурда батышты көздөй жүрүш жасоого буйрук алган Сыма Цян түштүк-батыш варварлар аймагындагы согуш талаасынан кайтып келип, Хан династиясынын императору Вуга түштүк-батыштагы варварларды тынчтандыруунун абалы жөнүндө баяндап, Дзен аземинде асман менен жерге курмандык чалууну пландаган. Сыма Цян Лоянга чуркап келип, анын өлүп бараткан атасын көрдү. Сыма Тан өлүп баратканда Сыма Цяндын колун кармап, Сыма Цянга көздөрүн сыздатып, анын эрктүүлүгүн жана перзенттүүлүгүн шыктандырган. Сыма Цяндан Тайши Лингдин мураскору болууга ант берүүсүн жана «Тарыхый жазууларды» бүтүрүп берүүнү сураган.Тайши Линг 600 ши айлык алса, Сима Цян генерал-лейтенант наамы менен миссиясын аяктап кайтып келгенде 1000 ши айлык алган. Кошумчалай кетсек, ал Хань династиясынын императору Вунун жолун жолдоп, чоң салым кошкон жана келечеги кең.Зенгзи (曾子) бир жолу: "Чымчык өлөөрү турганда анын үнү да кайгылуу, адам өлөөрү калганда анын сөздөрү да боорукер" деп айткан («Лунью·Тайбо») Сима Тан кайгылуу үшкүрдү. Ал мындай деди: "Менин ата-бабаларым Чжоу династиясынын Тайши болгон. Эзелки Ся династиясында менин ата-бабаларым тарыхта болуп өткөн окуяларды оңдоп-түзөп, жазып алууга жооптуу болгон жана алар укмуштуудай жетишкендиктерди көрсөтүшкөн. Кийинчерээк урпактарыдын тарых жазуудагы карьерасы акырындап төмөндөп кетти, бул мансап менин колумдан кесилиш керекпи?» – деди. Бул жерден биз Сима Тандын өжөр тарыхчы экенин жана тарыхты кайра карап чыгуу планын өзү бүтүрө албаганы үчүн канчалык тынчсызданып жатканын көрүүгө болот! Ал өзүнүн тагдырына кайгырган, бирок ага эч качан багынбайт, ал уулу Сима Цяндан тарыхты түзүүнүн улуу ишин аягына чыгарууну сураган. Сыма Цяндын жүрөгү титиреп, башын жерге салып, ыйлай берди. Сыма Цян чын дилинен атасына ант берди: "Мен абдан келесоо болсом да, ата-бабам чогулткан тарыхый жаңылыктарды кеңири талкуулоого уруксат берүүңүздү суранам, эч кандай кемчилик кетирбейм."Сима Тандын өлүм алдындагы акыркы сөздөрү Сима Цянга терең дем бергендиктен, анын жазуулары жана сүрөттөмөлөрү дайыма кумаланууга толгон. Чынында, Сима Цян атасынын өлөр алдындагы акыркы сөздөрүн эстеди. Ал башкаларга «Атама сөз бердим» деп көп айтчу. Сыма Цян үч жыл атасынын мүрзөсү менен болду. Юаньфэндин үчүнчү жылында (б.з.ч. 108) атасынын акыркы сөзүн аткарып, Тайши Линдин ордуна тарых жазууга көңүл бура баштаган жана бул маанилүү ишти өз алдынча колго алган.

600 ши айлык алган Тайши Линг жупуну кызматка ээ болгон, бирок ал Тайши Линг императордун эң маанилүү астрономиялык жана тарыхый кеңешчиси болгон. Ошондуктан,Тайши Линг бардык негизги институттук реформаларга жана салтанаттарга катышууга жана талкуулоого мүмкүнчүлүк алды. Мындан тышкары, Тайши Линг улуттук китептерди жана архивдерди да жетектейт, бул тарыхты түзүүнүн маанилүү шарты. Цзяньюандын биринчи жылынан (б. з. ч. 140-жыл) Юаньфэндин биринчи жылына (б. з. ч. 110) Сыма Тан Тайши сарайында отуз жыл кызмат кылган. Сима Тан Юаньшоунун биринчи жылында (б. з. ч. 122) «Алты мектептин негиздери жөнүндө» (《论六家要旨》) жарыялаган, бул анын тарыхты расмий түрдө жазууга киришкенин жарыялаган. Быйыл Сима Тан «Тай Ши Гун Шу» жаза баштады. Юаньфэндин биринчи жылына чейин ал он

эки жылдан бери жаратып келген. Бул мезгилде «Тарыхый жазуулардын» масштабы жана баяндоо стили негизинен аныкталган.Сима Тандын жалгыз уулу катары Сима Цян Сима Тандын кылдаттык менен өстүргөн тарыхты жазуу карьерасынын уландысы болгон. Сима Цян жыйырма жашында түштүктү кыдыра баштаган жана тарых жазуунун стажировка мезгилине кирген. Сима Тан өлгөндө, Сима Цян отуз алты жашта эле жана он алты жылдык тарых жазуу тажрыйбасына ээ болгон, ал өз алдынча жаратуу үчүн жакшы пайдубал түптөгөн.Сыма Цян атасынын тарых жазуу карьерасын Юаньфэндин биринчи жылынан (б. з. ч. 110-жыл) Сыма Цян өлгөнгө (б. з. ч. 86)чейин, жалпысынан жыйырма төрт жыл мурастаган. Сима Тан үлгү көрсөттү, ал эми Сыма Цян эстафетаны бүтүрдү, ал ата-баланын эки мууну үчүн жалпысынан отуз алты жыл өттү жана алардын эки муунунун тең күчүн жана аракетин сарптады. «Тарыхый жазуулар» эстелиги эки муундун, ата-баланын биргелешкен аракети.

9. Бекер эле бузукулук азабын тартып, ачууланып китеп жазуу

Тяньхандын үчүнчү жылында (б.з.ч. 98) Сыма Цян Ли Линдин（李陵）ишине аралашып, бузулган. Бул кырсык Сима Цяндын көз карашын өзгөрттү, ал кайгыдан жана таарынычтан чыгып, тарых китептерин жазуу үчүн катуу иштей баштады. Бул анын «Тарыхый жазмаларды» жазып бүтүрүүгө чоң түрткү болгону гана болбостон, «Тарыхый жазуулардын» жазуу сапатын жакшыртып, андагы түп-тамырынан бери өзгөрүү болгон.

Ли Линг - атактуу генерал Ли Гуандын（李广）небереси, ал жаш кезинде бир кезде Цзян Чжандын жетекчисинин（建章监）кызматын аркалаган. Анын минүү жана жаа атуу чеберчилиги чоң атасы Ли Гуандын стилине окшош. Ошол эле учурда катардагы жоокерлерге кичи пейилдик менен мамиле жасап, жоокерлердин колдоосуна ээ болгон. Мындан тышкары, ал Сима Цян менен абдан жакшы достордон. Тяньхандын экинчи жылында (б.з.ч. 99) Хань династиясынын императору Ву "Ош генералы" деп аталган Ли Гуанлини（李广利）жиберип, ага Цзюцюаньдан 30000 атчан аскерди жетектеп, Тяньшань аймагындагы хунндардын башчысы--- Юсян Вандын（右贤王）армиясына чабуул коюуну буйруган. Ли Линг Жуяндан（居延）келген 5000 жөө аскерди жетектеп, түндүктү басып отуз күн жүрүп, Жунжи тоосуна（浚稽山，азыркы Монголиядагы Тоула жана Орхон дарыяларынын жогорку булактарынын түштүк тарабында жайгашкан аймак) жеткен. Ал Шан Юйдун（单于）армиясынын көңүлүн өзүнө буруу демилгесин көтөрүп, ушундай жол менен "Ош генералы" ийгиликтүү чабуул жасоого шарт түзгөн. Ли Линди 80000 синну атчан аскерлери курчап алган. Айыгышкан салгылашуудан кийин Ли Линг 10000ден ашык душманын өлтүргөн, бирок аягында анын саны аз болгондуктан, бүт армиясы жок кылынып, Ли Лин колго түшкөн. Тяньхандын үчүнчү жылында Сыма Цян Ли Лингди коргогондуктан, ал күнөөлөнүп, түрмөгө камалып, өлүм жазасына кесилген. Хан династиясынын императору Ву таланттуу адамдарды абдан жакшы көргөндүктөн, ал жазасын кыскартып, 500 000 юань айып төлөп, өлүм жазасынан кутулуу мүмкүн. Сима Цяндын акчасы жок болчу жана өлүмдүн ордуна кыйноолорду кабыл алган.Бул "Ли Лингден келип чыккан кырсык" деп аталган тарыхый окуя.

"Фуксинг"（腐刑）деп аталган жаза дагы "кастрация"（宫刑）деп аталат. Конфуцийдин берилгендик жана перзенттүүлүк концепциясына ылайык, дене, чач жана тери ата-энелер тарабынан берилет жана эбнухтар гана кастрацияланат. Сима Цян муну "денедеги чоң кемчилик" деп атаган, бул уят эле. Кастрацияга дуушар болгондорду өлгөндөн кийин кландык көрүстөнгө коюуга уруксат берилген эмес. Сыма

37

司马迁与李陵
Сыма Цянь жана Ли Лин

Цян кастрациялангандыктан, ал түрмөдөн чыккандан кийин, Хан династиясынын императору Ву тарабынан Чжуншу Лин (中书令) кызматына дайындалган, Сыма Цян бул чоң уят жана басынтуу деп эсептеп, "Ал өзүн абдан оор сезди" жана көп жолу өзүн-өзү өлтүргүсү келген. Сыма Цян жашоонун жана өлүмдүн азаптуу ойлорунда тандоо жасады. Ал жашоонун чыныгы баасын түшүндү. Ошондуктан, анын артында кылымдарды таң калтырган акылман сөзү калды: "Ар кимдин тагдыры бар, өлүм Тай тоосунан оор же мамыктан жеңил болушу мүмкүн, анткени ар кимдин умтулуусу, амбициясы ар башка"(«Бао Рен Андын китеби»). Адам өмүрүндө коомго салым кошо албай, караңгылыкка каршы күрөш үчүн өзүн гана курмандыкка чалса, бул "Тогуз уйдун денесинен чач түшкөндөй, кумурскадан кандай айырмасы бар"дегендей эмеспи! Сыма Цян «Конфуцийдин үй-бүлөсүндө» (《孔子世家》) жана «Бойинин өмүр баянында» (《伯夷列传》) Конфуцийдин мындай дегенин келтирген: "Адеп-ахлактык сапаты жогору адамдар өлгөндөн кийин мактабай калабы деп кооптонушат". «Тай Ши Гундун кириш сөзүндө» Сыма Цян атасы Сыма Тандын өлөр алдында калтырып кеткен насааттарын жазган: "Адамдын жакшы кулк-мүнөзү ата-энесин колдоп, урматтоодон башталышы керек. Ошондо ал падышага берилгендик менен мамиле жасай алат, акыры өзүн кандай алып жүрүүдөн, кандай иштерди жасап жатканынан көрүнүп турат". Ал өзүнүн жакшы кадыр-баркын кийинки муундарга калтырып, ата-энесин сыймыктандырган. Муну эң чоң перзенттик такыбалык катары баалacaк болот. Ошондуктан, Сыма Цян "Асыл адеп-ахлакты орнотуу, өлкө жана эл үчүн эмгек жана жетишкендиктерди орнотуу, баалуу сөз айтуу" деген үч түшүнүккө бекем ишенип, анын адеп-ахлактык тарбиясын өркүндөтүүгө аракет кылган . Жазалангандардын "Бийик

司马迁多彩的人生
Сима Цяндын түстүү жашоосу (тагдыры)

адеп-ахлакты орнотуп,өлкө жана эл үчүн эмгек жана жетишкендиктерди орнотууга"мүмкүнчүлүктөрү жок болчу, алар «Тарыхый жазууларды» жазып, кийинки муундарга пикир калтыра алышчу. Сыма Цян кордукка чыдап, «Тарыхый жазууларды»түзүүгө көбүрөөк күч жумшаган. Катаал чөйрөгө туруштук бере алган адам гана мансапка жете алат деп эсептеп, өзүнүн абалын баяндоо үчүн илгеркилердин тилин келтирди. Си Бо (西伯) Юлиде (羑里) камалып, «Чжоу Йиди» (《周易》) жазган, Конфуций Ченден (陈) Цайга (蔡) бараткан жолдо курчоого алынган мезгилде «Жаз менен Күздү» (《春秋》) жазган, Цю Юань (屈原) сүргүнгө айдалган кезде «Ли Саону» (《离骚》) жазган, Цзуоциу (左丘) көзү көрбөй калганда «Гуоюйду» (《国语》), Сун Цзы (孙子) буту кесилгенден кийин «Согуш өнөрүн» (兵法) жазган, Лу Бувэй (不韦) Сычуанга көчүп келгенде «Лү Ланни» (《吕览》) жазган. Хан Фей (韩非) Цинь мамлекетинде камакта отурганда «Кыйынчылыктар жөнүндө сөзүн» (《说难》) жана «Жалгыз каарын» (《孤愤》) жазылган .Үч жүз ырдын бардыгын даанышмандар өздөрүнүн ачуусун чыгаруу үчүн жазган. Бул адамдардын жүрөгү ооруйт, бирок маанайы көтөрүлбөйт, ошондуктан өткөн-кеткенди айтып, кийинки муундарга көңүл айтышат. Муну Сыма Цян түшүнүп, чоң шыктануу менен китеп жазган. "Талыкпай эмгектенүү"деп аталган нерсе адамдын кыйынчылыкка моюн сунбай, талыкпай эмгектенүүгө жана өзгөрүүгө болгон ынталуулугун билдирет.Сыма Цян эки себептен улам китеп жазуу үчүн көп эмгектенген: Биринчиден, ал кордукка чыдап, азаптан турду жана шедеврин аягына чыгаруу үчүн көбүрөөк өжөрлүгүн жумшады. Экинчиден, башкаруучулардын бузукулугун, ырайымсыздыгын ашкерелөө жана сындап, коомдогу төмөнкү катмарга жан тартуу, каршылык көрсөтүүгө, күрөшкө батынган тарыхый инсандарды даңктоо жана өткөн окуяларды

39

司马迁与李陵
Сыма Цянь жана Ли Лин

баяндоо менен элдин келечекке болгон ой жүгүртүүсүнө дем берүү, ошону менен баяндоо борбордук идеясын күчөтөт.Сыма Цян «Тарыхый жазууларда» фактылар жазылып, "императорду сындап, княздарды айыптап, чиновниктерди каралайт, башкача айтканда, ханзаадалар жана ак сөөктөр, анын ичинде императордун өзү да сындай алат, " деп жарыялаган. Жогорку статусу бар адамдардан качуунун кереги жок, элдердин туура менен жаманды соттогон стандарттары сөзсүз эле ыйыктардыкына окшош болбошу керек жана элдер тарыхты сындаган рухка ээ болушу керек деп эсептеген. Бул Сима Цяндын кастрациялангандан кийин пайда болгон жаңы козголоңчул ой жүгүртүүсү гана болушу мүмкүн.

Жыйынтыктап айтканда, Сыма Цян акылдуу жана тырышчаак болгон, он жашында байыркы прозаны айта алган, ошону менен таланттын өстүргөн; Ал үй-бүлөдө жакшы билим алуу менен чектелбестен, академик агайлардан жетекчилик алып, ошону менен билимин өркүндөткөн; Жыйырма жашында ал өлкөнү кыдырып, Хан династиясынын императору Вуну ээрчип, ар кайсы жерлерди карап чыгып, батыш экспедициясына чыгууга буйрук алган жана андан кийинки кырсыктарга кабылган. Бул бай турмуштук тажрыйбалар анын түшүнүгүн бекемдеген; Илгери тарыхчы болгон үй-бүлөлүк салты жана аскер үй-бүлөсүнөн калган генералдардын темпераменти, Сыма Тандын берилгендикке жана перзенттүүлүккө индукциялык тарбиялоосу, акыркы сөзүндөгү көрсөтмөлөр анын асыл сапаттарын өстүрдү.Сыма Цян жакшы тарыхчы ээ болушу керек болгон төрт негизги элементке ээ: талант, билим, кыраакылык жана адеп-ахлак. Ал жүздөгөн жылдардан кийин да жолугуу кыйын болгон гений.Сыма Цян өмүрүнүн акырына чейин тарыхты жазуу ишине арнаган. Ал жашоонун эки баскычын басып өттү. Биринчи этапта ал «Тайчу Ли»(《太初历》) чыгармасын жазууга катышып, көптөгөн мактоолорго ээ болуп, анын өмүрүнүн туу чокусуна жетти.экинчи этапта Ли Лингдин ишине аралашып, жашоонун эң төмөнкү чегине жеткен Өмүр менен өлүмдүн тандоосун баштан кечирип, акыры азаптан, кыйынчылыктан кутулду жана китеп жазуу үчүн талыкпай эмгектене баштады. Өмүрдүн бул эки этабы «Тарыхый жазуулардын» идеяларын өркүндөтүп, Ал кийинки муундарга «Тарыхый жазуулар» деген түбөлүктүү шедеврди калтырган.

Сима Цян өзүнүн бүт күчүн жана жашоосун «Тарыхый жазууларга» айландырган, ал жаркыраган жана ар дайым урматтоого татыктуу.

李将军列传第四十九

　　李将军名广，是陇西郡成纪县人。他的先祖叫李信，在秦时当将军，就是追击燕国太子丹的那个人。他们老家在槐里，后来才迁到成纪。李家世世代代传习箭法。汉文帝十四年，匈奴兵大举入侵萧关，而李广就以良家子弟的身份从军抵抗匈奴。因为他精通骑马射箭，杀死或俘虏了很多敌人，被选拔出来做汉朝的中郎。李广堂弟李蔡也被任为中郎，他们都是侍从皇帝的侍卫骑郎，俸禄八百石。李广曾经侍卫文帝出行，每当他冲锋陷阵，破除障碍和搏斗猛兽的时候，文帝就感叹地说："可惜呀，你生不逢时，假如你生当高皇帝打天下的时候，封个万户侯也不算什么！"

　　等到汉景帝继位初立时，李广任陇西都尉，后来又调任骑郎将。吴楚七国叛乱的时候，李广担任骁骑都尉，跟随太尉周亚夫攻打吴楚叛军，突入敌军中坚，在昌邑城下夺敌军旗，功名大扬。只因为他私下接受了梁王给予的将军印信，平乱回京后，将功折罪，没有得到朝廷的奖赏。他被任命为上谷太守，匈奴每天都来跟李广交战。掌管民族事务的典属国公孙昆邪向皇帝哭诉说："李广的才能天下没有第二人，可是他十分自信自己本领高强，跟匈奴打起仗来，常常硬拼，这样下去，我真担心他有一天要阵亡的。"于是景帝就把他调走，改封为上郡太守。后来李广又转任边郡太守，又由边郡太守改任上郡太守。他先后做过陇西、北地、雁门、代郡、云中等地的太守，都以跟匈奴打硬仗闻名。

　　匈奴又大规模入侵上郡，皇帝派亲信的宦官随李广训练军队，抗击匈奴。有一天，这宦官带领了几十名骑兵，纵马驰骋，看到了三个匈奴

李将军列传第四十九
Кол башчы (генерал) Ли тууралуу баян

人，就同他们打起来。那三个匈奴人转身放箭，射伤了宦官，把他带去的骑兵都快杀光了。这宦官逃回到李广的营帐，李广说："这一定是专门射雕的能手。"于是，李广立刻带领了一百名骑兵追上去。那三个匈奴人没有骑马，走了几十里就给追上了。李广命令手下骑兵左右散开，从两翼包围过去，自己亲自拉弓搭箭射杀他们。李广杀死两人，活捉一个，一问，他们果然是匈奴人当中射雕的能手。李广他们刚把匈奴人捆绑好，上马准备回去，远远望见有几千名匈奴骑兵过来，匈奴兵一见李广的小股骑兵，以为是汉人诱敌的疑兵，都大吃一惊，立刻上山摆开阵势，准备迎战。李广手下的一百名骑兵吓得心惊胆战，都想掉转马头往回逃。李广对他们说："我们已经离开大营几十里，现在就这样百把人马往回跑，匈奴兵追来射击，我们立即被全歼。现在我们停留下来，匈奴兵认为我们是主力部队派来诱骗他们中计的，一定不敢来攻击我们。"接着，李广向手下骑兵发出命令说："前进！"前进到了离匈奴阵地二里左右，停了下来，又发令说："一律下马，把马鞍全部卸掉！"这时骑兵们沉不住气了，说："敌人这么多，而且距离我们这么近，万一情况紧急，又怎么办呢？"李广说："敌人以为我们会逃走，现在我们却下马，卸了马鞍，表示不走，这样使得敌人更加相信我们是来诱骗他们中计的。"因为这样，匈奴骑兵终究不敢出击。有一个骑白马的军官，走出阵来监护他们的骑兵以稳定阵脚。李广看见了，立刻上马，同十几名骑兵飞奔过去，一箭把他射死，然后再回到自己的队伍中，卸下马鞍，并命令士兵们都放开马匹躺下来休息。这时，刚好天色已晚，匈奴兵始终觉得捉摸不定，不敢前来攻击。到了半夜，匈奴兵还以为汉军主力埋伏在附近一带打算趁夜袭击他们，就连夜全部撤走了。翌日天亮后，李广才带着百名骑兵回到大营。大营本部不知道李广行动的方位，所以没有派兵去接应。

司马迁与李陵
Сыма Цянь жана Ли Лин

Кол башчы (генерал) Ли тууралуу баян

Кол башчы Ли Гуан, [өзү] *Лунси округунун*[1] *Чэнцзи*[2] уездинен болгон. Бабасы - Ли Синь. Ал (Ли Синь) *Цинь*[3] доорунда кол башчылык кылган. Жанагы *Янь*[4] [чжухоу-өлкөсүнүн] мураскору *Даньды*[5] кууп жетип, тутуп келген генерал дал ушул генерал. Анын үйү оболу *Хуайли уездинде*[6] болуп, кийинчерээк [ал] Чэнцзиге көчүп келген. Ли Гуандын ата-бабалары жаа тартуу өнөрүн муундан муунага өткөрүп келишкен. *Вэнь-динин*[7] 14 -

---

[1] Лунси округу 陇西郡 - Азыркы Ганьсу провинциясынын батыш тарабында жайгашкан.

[2] Чэнцзи 成纪县 - Байыркы уезддин аталышы. Ал негизинен азыркы Ганьсу провинциясынын түштүк-чыгыш бөлүгүндө орун алган.

[3] Цинь 秦 - Кытай тарыхындагы алгачкы борборлошкон империя (Б.з.ч. 221 - 206 жылдар). Аны Император Ши Хуанди 始皇帝 (өз аты Ин Чжэн 嬴政) б.з.ч. 221-жылы негиздеген. Административдик жактан империя 36 аймакка бөлүнүп, император дайындаган сановниктер тарабынан башкарылган.

[4] Янь 燕 - Бектик (царство). Борбору азыркы Пекин шаарынын ордунда болгон. Территориясы болжол менен азыркы Хэбэй провинциясынын аймагы менен Ляодун жарым аралынын аймагын өзүнө камтып турган. Б.з.ч. 222-жылы Цинь ордосунун толук карамагына өткөн.

[5] Дань 丹 - Янь бектигинин (царство Янь) мураскору. (? - б.з.ч. 226 жыл). Фамилиясы - Цзи 姬, аты - Дань 丹. Янь беги Синин 燕王喜 уулу. Согушчул бектиктер доорунун аяк чендеринде Янь бектигинде мураскор болгон.

[6] Хуайли уезди 槐里县 - Азыркы Хэнань провинциясынын Сичуань уездинин 淅川县 түштүк багытындагы 48-километрде жайгашкан уезд.

[7] Вэнь-ди 文帝 - Б.з.ч. 180 - 157-жылдары бийлик жүргүзгөн Хань императорунун храм ысымы (храмовое имя). Өз аты - Лю Хэн. Хань империясынын негиздөөчүсү Лю Бандын уулу. Өмүр жылдары б.з.ч. 203 - 157 жж.

Кол башчы (генерал) Ли тууралуу баян

жылы (б.з.ч. 166 - жыл) *Хундар*[1] көп кол баштап, *Сяогуань*[2] чек арасына чабуул койгон кезде, Ли Гуан тектүү үй-бүлөнүн баласы болсо да, хундарга каршы туруу үчүн согушка катышып, ат үстүнөн жаа тартуу жагынан абдан мыктылыгын көргөзүп, жоо тараптан көптөгөн жоокерлерди кыргынга дуушар кылган, мындан улам *Хань*[3] империясынын *чжунлан*[4] кызматына дайындалган. Ли Гуандын иниси (двоюродный брат) Ли Цай да чжунлан кызматына дайындалган. Анан экөө тең [императордун] куралдуу атчан жандоочусу болуп дайындалышкан. Жылдык маяналары 800 *шы*[5] дан-эгини (күрүч, буудай ж.б.у.с.) болгон. Императорду коштоп алыс жолго чыккан учурларда душман позициясына чабуул коюу, [күтүүсүз] кол салууларга каршы туруштук берүү, жырткыч айбандарды өлтүрүү иштерин Ли Гуан көп-көп аткарып турган. Ушундан улам император Вэнь-ди мындай

---

[1] Хун 匈奴 xiongnu (сюнну) – Байыркы доордо Кытайдын түндүк-батыш тарабында көчүп-конуп жашап жүргөн көчмөн эл же элдердин бирикмеси. Алар монгол жана түрк тектүү элдердин ата-бабалары деген версия үстөмдүк кылат. Орус тилдүү адабиятта «сюнну» аталышы да көп кездешет. Хундар жөнүндөгү маалыматтар кытай булактарында б.з.ч. бешинчи кылымдан баштап жазылган. Б.з.ч. үчүнчү кылымда хун мамлекети аябай күчкө толуп, чыгышта Маньчжуриядан тартып, батышта Памир тоолоруна чейин созулуп, Түштүк Сибирь, Монголия аймактарын да камтып турган. Хун-Кытай согушуулары б.з.ч. 201 жылдан биздин замандын 181 жылына чейинки аралыкта орун алган.

[2] Сяогуань 萧关 – Застава. Бүгүнкү Нинся-дунган автоном районунун түштүгүндө жайгашкан.

[3] Хань 汉 – Лю династиясы тарабынан башкарылып, б.з.ч. 206-жылдан биздин замандын 220-жылына чейин өмүр сүргөн кытай империясы. Негиздөөчүсү Лю Бан. Адатта Батыш Хань (Эрте Хань) жана Чыгыш Хань (Кеч Хань) делип эки доорго бөлүнөт. Батыш Хань борбору Чанань шаарында, Чыгыш Ханьдыкы - Лоянда болгон.

[4] Чжунлан 中郎 – Хан-сарай күзөтчүнүн чини. Цинь доорунда түзүлүп, Хань доорунда да иштетилген. Түнкү күзөттү өтөө, өлкө башчысын кайтаруу жана аны жандап, ээрчип коргоо кызматтарын орундаткан.

[5] шы 石 – Төгүлмө-чачылма заттарды өлчөө бирдиги. Болжолу менен 100 литрге барабар.

司马迁与李陵

Сыма Цянь жана Ли Лин

деген: "Аттиң ай! Сен жакшы заманга туура келбептирсин да. Эгерде *Гао-цзунун*[1] доорунда жашаганыңда, бир түмөн кожолукка ээлик кылган бек титулун сага ыйгаруу да эч кеп болмок эмес".

[Император] *Цзин-ди*[2] тактыга отурган соң Ли Гуан Лунси округунун *дувэй*[3] кызматына дайындалып, анан кайра атчан *ланцзян*[4] болуп дайындалган. *У*[5], *Чу*[6] сыяктуу жети бектикте *козголоң*[7] чыккан кезде Ли Гуан гвардия командири кызматына дайындалып, аскер министри *Чжоу Яфуну*[8] коштоп, У менен Чунун көтөрүлгөн колун талкалап, *Чан-и*[9] калаасынын чебинин алдында душмандын туусун тартып алып, эрдик

---

[1] Гао-цзу 高祖 (б.з.ч. 256 - 195 жж.) – Хань мамлекетинин биринчи императору Лю Бандын храм ысымы (храмовое имя).

[2] Цзин-ди 景帝 – Хань имераиясынын алтынчы императору. Башкарган жылдары: б.з.ч. 157 – 141 жж. Өз аты – Лю Ци. Маркум ысымы – Сяоцзин-хуанди же Сяоцзин-ди. Өмүр жылдары – б.з.ч. 188 – 141 жж.

[3] Дувэй 都尉 – Округдун аскерий башчысы.

[4] Ланцзян 郎将 – Ордо күзөтүнүн начальниги.

[5] У 吴 – Батыш Хань доорундагы бектик. Борбору азыркы Цзянсу провинциясынын Янчжоу шаарында жайгашкан.

[6] Чу 楚 – Батыш Хань доорундагы бектик. Азыркы Цзянсу провинциясынын Сюйчжоу шаарынын ортосунан баштап, Аньхуэй провинциясынын Хуайбэй шаарынын чыгыш четине чейинки аймакты камтып турган. Батыш жана Чыгыш Хань доорлорунда бир нече жолу түзүлүү жана жойулууга дуушар болгон.

[7] Жети бектик козголоңу 七国之乱 – Б.з.ч. 154-жылы У 吴, Чу 楚, Чжао 赵, Цзинань 济南, Цзычуань 菑川, Цзяоси 胶西 жана Цзяодун 胶东 чжухоу-өлкөлөрүнүн вандары (жетекчилери) биргелешип, борбордук бийликке каршы чыгышкан. Козголоң борбордон жиберилген генерал Чжоу Яфу баштаган кол тарабынан үч ай ичинде басылып, жетекчилери жазаланган.

[8] Чжоу Яфу 周亚夫 (б.з.ч. ? - 143 жыл) – Хань мамлекетинин атактуу аскерий ишмери жана кол башчысы.

[9] Чан-и 昌邑 – Шандун жарым аралынын түндүк-батышында жайгашкан калаа.

46

李将军列传第四十九
Кол башчы (генерал) Ли тууралуу баян

көргөзүп, аты алыска таанылган. Бирок, генерал наамын *Лян*[1] *Сяо-ваны*[2] өз алдынча Ли Гуанга берип койгондуктан эрдиктери, ордого кайтып келген соң, ордо бул наамды ага (Ли Гуанга) ыйгарбай, аны *Шангу*[3] округунун башчысы кылып дайындаган. [Бул аймакка] хундар күндө келип чабуул жасап турушкан. Гунсунь Хунь, вассал элдерди башкаруу боюнча инспектор, императорго барып көз жашын төгө мындай дептир: "Ли Гуандын талантындай талант бүткүл «*Асман астында*»[4] кездешпейт. Ал өзүнүн талантына таянып, душмандарга каршы бетме-бет урушка кайра-кайра чыгып атат. Мынтип отурса ушул жакшы кол башчыбыздан айрылып калабызбы деп корком." Император Ли Гуанды кайра эле *Шан округунун*[5] башчылыгына дайындайт. Мындан соң Ли Гуан чегара аймактарында жайгашкан ар бир округда [мурда-кийин] башчылык кызматын өтөгөн. Анан кайрадан Шан округуна башчы болуп дайындалган. Ал ошентип *Лунси*, *Бэйди*[6], *Яньмэнь*[7],

---

[1] Лян 梁 – Батыш Хань доорундагы бектик. Азыркы Хэнань провинциясынын чыгыш бөлүгүн жана Шаньдун провинциясынын түштүк бөлүгүн ээлеп турган. Башкача айтканда Хэнаньдагы Кайфэн шаарынан тартып, Шаньдундагы Тайань шаарынын аралыгындагы аймакты камтып турган.

[2] Сяо-ван – Маркум ысым. Өз аты-жөнү Лю У (б.з.ч. ? - 144 ж), Батыш Хань доорундагы Лян бектигинин жетекчиси. Хань императору Вэнь-динин экинчи уулу.

[3] Шангу 上谷 – Округдун аталышы. Хань империясы административдик жактан отуз алты округка бөлүнгөн. Шангу ошолордун бири. Анын борбору азыркы Хэбэй провинциясындагы Чжанцзякоу шаарынын Хуайлай уездинин аймагында жайгашкан.

[4] Асман асты 天下 – Бул термин башында бүткүл жер шарын түшүндүргөн, ал эми кийин-черээк болсо кытай императорунун бийлиги жүргөн аймактарды туюнтуу үчүн иштетилген.

[5] Шанцзюнь округу 上郡 – Хань империясындагы отуз алты округдун бири. Азыркы Шэньси провинциясынын батыш бөлүгүн өзүнө камтып турган.

[6] Бэйди 北地 – Хань империясынын округу. Борбору азыркы Ганьсу провинциясынын Цинян шаарынын Хуаньсянь уездинин түштүк-чыгышындагы Малин шаарчасында жайгашкан.

[7] Яньмэнь 雁门 – Хань империясынын округу. Анын борбору азыркы Шаньси провинциясынын Ююй уездинин түштүк жагында жайгашкан.

47

司马迁与李陵
Сыма Цянь жана Ли Лин

Да-й[1], *Юньчжун*[2] жана башка округдарда жетекчилик кылган. Баарык жерде өзүнүн каарман согушуулары менен атагы чыккан.

Хундар чоң кол жыйнап, Шан округуна чабуул кылган кезде *Асман уулу*[3] бир евнухту аскер ишин үйрөнүп, хундарга каршылык көргөзүү үчүн Ли Гуандын жанына жиберген. Ошол евнух ондодгон атчан жоокерлерди баштап, атынын тизгинин койо бере чапкылап жүрүп отуруп, үч хунга жолугуп калып алар менен согуша кетет. Үч хун жебе чыгарып, евнухту жарадар кылып, жоокерлерин да дээрлик баарын өлтүрөт. Евнух Ли Гуандын жанына качып барды. Анын кийын Ли Гуан мындай дейт: "Бул хундардын жебе атуу боюнча мыктылыгынан болду". Ли Гуан дароо жүз атчан жоокерди эрчитип, тигил үч хунду кууп жетет. Алар үчөө жөө басып баратышыптыр. Ондогон *ли*[4] жолду басып өткөн соң, Ли Гуан өзүнүн жоокерлерине оң-сол болуп эки жака бөлүнүп, аларды курчоого алууну буйруйт. Өзү үчөөнө жебе чыгарып, экөөнү атып өлтүрөт. Бирөөнү

---

[1] Дай / Дай округу / Дай жергеси 代郡 / 代地 – Округ аталышы. Борбору азыркы Хэбэй провинциясынын Юйсянь уездинин Дайван шаарчасында жайгашкан.

[2] Юньчжун 云中 – Хань округу. Азыркы Ички Монголия аймагында жайгашкан.

[3] Асман уулу 天子 – Мында сөз император жөнүндө болуп жатат. Бул кытай тарыхындагы Кытай мамлекетинин өкүмдарынын титулу. Байыркы замандан тарта Кытайда эл башчынын бийлиги Түбөлүк Асман тарабынан "Асман мандаты" (Небесный мандат) аркылуу ыйгарылат деп таанышкан. Кытайда "Асман уулу" термини кездешкен эмгектин эң байыркысы б.з.ч. 11-кылымда жазылган. Орус тилинде "Сын Неба" деген котормосу көпчүлүк тарабынан колдонулуп жүрөт. Ал эми кытайлык кыргыздардын эмгектеринде негизинен "Көктүн уулу" делип колдонулат // Мамбеттурду Мамбетакун, Тарыхый жазмалар, 110-ором, Гундар санжырасы. А биз болсо көбүнчө орус тилдүү адабиятка таянып иштегендиктен улам орусчачага окшоштуруп "Асман уулу" вариантын колдонууну туура көрдүк.

[4] Ли 里 – Аралыкты өлчөө бирдиги. 1929 жылы кабыл алынган нормага ылайык, 500 метрге барабар. Ал эми Хань доорунда болсо, азыркы 415.8 метрге тете болгон.

тирүүлөй кармап алат. Көрсө, ал чын эле хундардын мыкты мергени экен. Аны аттын үстүнө таңып байлаган соң миңдеген хун жоокерлери алыстан көрүнөт. Алар (хундар) Ли Гуанды көрүп, азгырып колго түшүрүү үчүн коюлган жоокерлер экен деп ойлоп, чоочуй тоонун башына качып барып, согушканы даярданып калышат. Ли Гуандын жүз жоокери да аябай коркуп кетип, дароо аттарын мине туш-тарапка качууну ойлой калышат. Ошондо Ли Гуан мындай дейт: "Биз өзүбүздүн негизги күчтөрдөн ондогон ли алыстыкта турабыз. Мына ушундай жагдайда, биз, ушул жүз жоокер, качтык дегиче болбой хундар артыбыздан түшүп, жаа тартып, өлтүрүп, заматта кырып салышат. Ошонүчүн биз азыр жылбай туралы. Ошондо гана хундар бизди чоң армия тарабынан атайын жем катары азгырууга жибериліптир деп ойлошуп, кол салууга батынышпайт." Ли Гуан жоокерлерге буйрук берет: "Алга!" Жоокерлер алга карай умтулуп, хундар жайгашкан жерге эки лидей калганда, токтотуп, мындай буйрук кылат: "Баарыңар аттан түшүп, ээринерди чечип салгыла!" Жоокерлер таңыркай сурашат: "Жоо тарап абдан көп, анын үстүнө өтө жакын жерде. Кырдаал курчуп кетсе кантебиз?" Ли Гуан "Тигил душман тарап негизи бизди качат го деп ойлошкон. А биз болсо ээрлерди чечип салып, кача турган оюбуз жоктугун көргөздүк. Ошондуктан булар бизди азгырганы келген жоокерлер экен деп ишенип калышат." Ошону менен хун жоокерлери чабуул жасоого батына албай калышты. Акбоз ат минген бир хун кол башчысы тобунан бөлүнүп чыгып, өз жоокерлерине назар салып жаткан маалда, Ли Гуан дароо атына минип, он чакты желдетин ээрчитип чыга калып, тигил акбоз атчан хун колбашчысын жаа менен атып өлтүрүп, анан кайра эле өз жоокерлерин катарына кайтып келип, аттан түшүп, ээрин чечип, жоокерлерине да аттарын койо берип, жатып эс алууну буйруйт. Кечке чейин хун жоокерлери

49

司马迁与李陵
Сыма Цянь жана Ли Лин

жагдайдын бир сыры бар деп ойлоп, тийүүгө батына алышпайт. Түн жарым убагында хун жоокерлери Ханьдыктар жакын арага буктурма коюп, түн караңгысынан пайдаланып сокку урганы жатышса керек деп ойлошуп, артка чегинип, кетип калышат. Эртеси күнү таңга маал Ли Гуан өз лагерине кайтып келет. Лагердегилер Ли Гуандардын кеткен багытын билбегендиктен улам артынан жардам жибере алышбаптыр.

　　过了几年，汉景帝死了，武帝登基。大臣们都认为李广是名将，可以重用。武帝就把他从上郡太守任上调回京城，担任未央宫卫尉。而程不识也正担任长乐宫卫尉。程不识和李广同样是以边郡太守的身份，统率军队，屯守驻防。在他们出关攻打匈奴的时候，李广行军，不讲究队形组织行列阵势，靠近水草充足的地方驻扎下来。士兵可以自由活动，晚上不打更警戒，指挥部简化一切公文簿册，但也远远地派出哨兵深入侦察敌情，队伍从来没有遇到过什么危险。程不识却严格要求部下遵守约束，注重队形组织与行列阵势，晚上总派人打更巡夜，文书官吏办理公文簿册忙得通宵达旦，部队得不到休息，但是也从来没有碰到过什么危险。程不识说："李广治军十分简易，可是匈奴突然来袭击，他就没法防备，不得不打遭遇战，然而部下也安逸快乐，都心甘情愿地为他效死力。我治军虽然繁忙劳顿。可是匈奴也不敢来侵犯。"当时，汉朝边防线上，李广、程不识皆为名将，但是匈奴更害怕李广的胆略，士兵们也大都愿意跟随李广，而以程不识的严厉为苦。程不识在汉景帝时由于屡次直言进谏，改任为太中大夫。他为政清廉，对于朝廷的条文法令，执行得很严谨。

　　后来，汉朝用马邑城来引诱单于，派大军埋伏在马邑城旁边的山谷里伏击匈奴，李广担任骁骑将军，受护军将军韩安国节制。当时，单于觉察到引诱他的计谋，就逃走了，汉军都未能建树功绩。过了四年，李

李将军列传第四十九
Кол башчы (генерал) Ли тууралуу баян

广从卫尉调升将军,率领军队出雁门关讨伐匈奴。这一次,匈奴兵多势壮,打败了汉军,活捉了李广。单于素闻李广本领高强,命令部下说:"俘获李广,一定要活着给我送来。"匈奴骑兵俘虏了李广,当时李广身受创伤,就让他躺在一张网兜里,挂在并排的两匹马中间抬着走。走了十几里路,李广装死,斜眼瞧见旁边有个年轻的匈奴人骑着一匹好马,他突然纵身一跃,跳上那匈奴青年的马背,夺了弓箭,把那青年推下马去。他快马加鞭,向南奔驰几十里,又会合了部下的残兵,就带着他们进入雁门。匈奴骑兵几百人紧迫不舍,李广一面飞跑,一面拿出从那个匈奴青年手里缴获来的弓箭,转身射杀追赶他的骑兵,才得以脱险。于是他回到了京师长安,汉廷把他交给主管官吏审讯,司法官认为李广损兵折将,本人又被匈奴活捉,这样的失军之罪,罪该斩首。李广用钱赎了死罪,被降为平民。

转眼间,李广已在家闲居了几年。他和从前颍阴侯的孙子灌强都住在蓝田南山脚下,他与退职闲居的灌强常到山中打猎。一天晚上,李广带一随从骑马夜出,跟朋友在田间喝酒。回家的路上,走过霸陵亭,霸陵尉喝醉了酒,吆喝着拦住了李广,不准他通行。李广的随从通报说:"这位是前任李将军。"霸陵尉说:"就是现任的将军夜间也不准通行,何况是前任呢!"把李广扣留下来,在驿亭中过夜。过了不久,匈奴兵侵入边境,杀死辽西太守,打败了将军韩安国,韩将军后来改调右北平,死在任上。于是天子召见李广,任命他为右北平太守。李广随即请求武帝调霸陵尉和他一起去,到了军中,就把霸陵尉斩了。

李广镇守右北平,匈奴闻讯,号称他为"汉朝的飞将军",一直避开他,好几年都不敢侵犯右北平郡。

有一次,李广出外打猎,远远望见草丛里的一块石头,以为是老虎,一箭射去,射中石头,箭头全钻了进去,走过去一看,才知道是块石头。于是就重新再射,却再也射不进去了。李广从前在所驻守的各郡,听说

司马迁与李陵
Сыма Цянь жана Ли Лин

有老虎出没，就常常亲自去射杀。等到驻守右北平，射杀老虎时，老虎跳跃起来，扑伤了李广，但结果李广还是把老虎射死了。

李广为人廉洁，得了赏赐就分给自己的部下，吃喝都和士兵在一起。他一辈子，前后做了四十多年二千石俸禄的高级官员，家里却没有多余的财产，也始终不谈个人家产的事。李广个子高大，臂膀长得像长臂猿那样灵活，他射箭的本领也是一种天赋，即使他的子孙和跟他学习射箭技术的人，都比不上他李广。李广说话迟钝，不善言谈。休闲和人们相聚时，总是在地上划成阵势，比赛射箭的远近与准点，输了就罚酒。他把比赛射箭当作唯一消遣的游戏，一直到死，都是这样。李广带兵行军，走到水源缺乏、粮食断绝的时候，发现了水，士兵们不全喝遍了，他就不到水边去；不全吃遍了，他就不尝一口饭。他对待士兵十分宽厚，一点也不苛刻，所以士兵们都爱戴李广，甘心情愿地听他任用。他射箭的习惯是即使敌人逼近了，估计如果不是在几十步可以射中的范围里，就不发射。只要他一发箭，敌人就应弦倒毙。因此，他带兵作战多次遭遇被围困，他射猛兽也常常被扑伤。

过了不多久，石建死了。皇上于是召见李广，让他替代石建做郎中令。元朔六年，李广改任为后将军，跟随大将军卫青，从定襄出击匈奴。和李广一道出征的将领们，大多数因为斩敌首级达到奖励标准，封了侯，而只有李广这支部队没有军功。两年以后，李广以郎中令率领四千骑兵从右北平出发，博望侯张骞带领一万名骑兵和李广一起出征。出塞后，两支军队分路进军。李广军队约前进了几百里，遭到匈奴右贤王带领的四万骑兵的包围，李广部下士兵恐慌起来，李广就派他的儿子李敢骑马驰奔敌阵探察敌情。李敢领着几十名骑兵前去，直贯敌人的包围圈，又突击了敌人的左右两翼，然后回到自己阵地，向李广报告说："匈奴兵是好对付的。"军心才安定下来。李广命令士兵们摆成圆形阵势，人人面向敌军，匈奴兵疯狂进攻，箭如雨下。汉军死亡过半，箭也快射光了。李

李将军列传第四十九
Кол башчы (генерал) Ли тууралуу баян

广就命令士兵们把箭搭在弦上，拉满了弓不要发射，他亲自用威力极大的黄弩弓射杀敌军的副将，一连射杀了几个，敌军才渐渐散开。这时，刚好天色已晚，官兵们都吓得面无人色，可是李广的神色还是和平常一样，而且更加整顿好军队。从此以后，他的部属更加佩服他的勇气了。第二天，又和匈奴拼死作战，这时，博望侯张骞的大军也赶到了，敌军才解围而去。汉军已经非常疲乏，没有力量再去追击。这时，李广的部队几乎全军覆没，打完仗回到朝廷。根据汉朝法令，博望侯行动迟缓，耽误军机，应当处死。张骞出钱赎免了死罪，被降为平民。李广功过相抵，没有得到赏赐。

Бир нече жылдан соң [император] Цзин-ди көз жумат. *У-ди*[1] тактыга отурат. Жакын чиновниктердин баары Ли Гуанды татыктуу генерал дешкендиктен, Ли Гуанды Шан округунан жетекчилигинен бошотуп, *Вэйян сарайынын*[2] гвардиясынын башчысы кызматына дайындайт. *Чэн Буши*[3] да *Чанлэ сарайынын*[4] гвардиясынын башчысы болуп дайындалат.

---

[1] У-ди 武帝 – Хань императору (өмүр жылдары б.з.ч. 156 - 87 жж.). Өз аты Лю Чэ. Маркум ысымы Сяоу-хуанди же Сяоу-ди. Ал б.з.ч. 141 - 87 жылдар аралыгында Хань империясын башкарган. Анын тушунда империянын аянты абдан чоңойууга жетишкен.

[2] Вэйян сарайы 未央宫 – Батыш Хань империясынын ордо сарайы. Б.з.ч. 200-жылы азыркы Сиань шаарынын түндүк-батыш багытындагы алтынчы километрдеги жайда курулган.

[3] Чэн Буши 程不识 – Хань императору У-динин тушундагы атактуу генерал. Ылакап аты "жеңилбес генерал". Шаньси округунун башчысы, Чанлэ сарайынын күзөт тобунун начальниги кызматтарын аркалаган. Ли Гуандай атактуу генерал болгон. Негизинен, чегарадагы аймактарды коргоодо, хундарга каршы сокку берүүдө чоң роль ойногон. Солдаттарды башкарууда өзүнүн темирдей тартиби, талаптары менен айырмаланган. Өмүрү жеңилип көрбөгөн.

[4] Чанлэ сарайы 长乐宫 – Азыркы Шэньси провинциясындагы Чан-ань уездинин түндүк-батышындагы Чан-ань эски шаарынын ордунда жайгашкан сарай. Цинь доорунда түптөлүп, Хань Гао-цзу учурунда реставрацияланган. Башында мында аудиенциялар өткөрүлгөн, кийинчерээк императрица жашаган жайга айланган.

司马迁与李陵
Сыма Цянь жана Ли Лин

Чэн Буши, Ли Гуан экөө тең мурда-кийин чегара округдарында башчылык кызматын аткаруу менен бирге гарнизондорду да башкарып турушкан. Хундарга каршы кол курап, жөнөп баратканда Ли Гуан жоокерлерине катуу талаптарды койгон эмес. Суусу жана чөбү мол жерге жайгаштырган. Ал токтогон жайлардын жергиликтүү эли өздөрүн коопсуз, тынч сезип, түнкү күзөткө чыгышпаган. Штабдагы кагаз-иштерин да жөнөкөйлөштүргөн. Бирок, алыс жерлерге күзөтчү (часовой) дайындагандыктан эч качан кооптуу учурлар жаралган эмес. Чэн Буши болсо колду куроо, катарга тизүү жана жайгаштыруу жагына өтө катуу талаптарды койгон, түнкү күзөткө конгуроо кактырган, иш-кагаздарын да өтө кылдаттык менен жүргүздүргөн, жоокерлерди тындырбаган. Эч качан коопсуз жагдайлар жаралбаган. Чэн Буши – "Ли Гуан аскерди жөнөкөй жана оңой эле башкарат. Бирок, жоо капыстан кол салып кирип келсе да, аны (Ли Гуанды) жеңе албайт. А анын жоокерлери болсо ойноп-күлүп, ал үчүн жанын аябай, башын өлүмгө коюп, согушуп беришет. Ал эми менин жоокерлерим аскердик иштер менен эртеден кечке алек... менин душманым деле мага каршы бет келе албайт" – деп айткан. Ошол заманда Хань империясынын чегарадагы округдарында кызмат өтөгөн Ли Гуан менен Чэн Буши экөө тең атактуу кол башчылардан болушкан. Бирок, хундар Ли Гуандын амалкөйлүгүнөн өзгөчө коркушкан. [Хань] Жоокерлердин көпчүлүгү Ли Гуанды ээрчишкен, Чэн Бушинин катуу талап койгондугунан чочулашкан. Чэн Буши император Цзин-динин тушунда өзүнүн сын-пикирлерин көпчүлүктүн арасында көп ирет ачык айткандыгы үчүн *Тайчжун дафу*[1] кызматына дайындалган. Адам катары

---

[1] Тайчжун дафу 太中大夫 – Байыркы доордо бул кызматты ээлеген адамга Ордо саясатына баа берүү жана сынга алуу укугу берилген.

54

李将军列传第四十九

Кол башчы (генерал) Ли тууралуу баян

аябай чынчыл, таза инсан болгон. Ордонун бардык буйрук-мыйзамдарын катуу сактап, так аткарган.

Кийин Хань ордосу хундардын *шаньюйун*[1] *Ма-и*[2] калаасына азгырып алып келет. Ошондо [Хань ордосу] көптөгөн жоокерлерди Ма-инин эки жагындагы тоо капчыгайына буктурмага жайгаштырып, Ли Гуанды кол башчы кылып дайындап, генерал Хань Аньгону жалпысынан башкаруу жана көзөмөлдөөгө койот. Шаньюй Хань аскерлеринин бул амалын сезип калып качып жөнөйт. Ошентип Хань жоокерлери жеңишке жетише албай калат. Төрт жыл өткөн соң Ли Гуан *вэйвэй*[3] кызматынан бошотулуп, генерал наамын алып, Яньмэнь заставасына барып, хундарга каршы чабуул жасайт. Хун жоокерлери санынын көптүгүнө таянып Ли Гуандын армиясын талкалап, Ли Гуандын өзүн туткунга алышат. Шаньюй адатта Ли Гуандын таланттуулугу тууралуу көп угуп, мындай буйрук берет: "Эгерде Ли Гуан колго түшүп калса, сөзсүз түрдө тирүүлөй алып келгиле". Хун жоокерлери Ли Гуанды туткунга алышат. Ли Гуан аябай оор жаракат алгандыктан аны эки аттын ортосуна жайгаштырып, жиптен токулган торго жаткырып коюшат. Он лидей аралыкты өткөн соң Ли Гуан өлүмүш болуп жатып алат. Анан ошондо көзүнүн кыйыгы менен акырын карап атып бир жаш хун бала жакшы ат минип баратканын көрүп калат. Ли Гуан дароо атып тура калып, секирип атка минип, күчкө салып тигил жаш баланы аттан түшүрүп, анын

---

[1] Шаньюй 单于 - Хундардагы өлкө башчынын наамы. Мисалы, байыркы кыргыздарда "ажо" же орустарда "царь", "император" дегендей. Кытайлык кыргыздардын эмгектеринде "теңиркут" делип жазылып жүрөт. Мисалы, Түмөн теңиркут (Тоумань шаньюй), Бактуг теңиркут (Модэ шаньюй) // Мамбеттурду Мамбетакун, Тарыхый жазмалар, 110-ором, Гундар санжырасы.

[2] Ма-и 马邑 - Байыркы калаа аталышы. Азыркы Шаньси провинциясынын Шосянь 朔县 уездинин аймагында жайгашкан.

[3] Вэйвэй 卫尉 - Император сарайынын күзөтүнүн начальниги.

司马迁与李陵
Сыма Цянь жана Ли Лин

колундагы жаасын тартып алат да түштүктү көздөй ондогон ли аралыка ат чаап кетет. Баратып кайрадан өзүнүн жарадар болгон жоокерлерине жолугуп, аларды ээрчитип заставага кирип кетет. Ал эми артынан кууп жетип келген жүздөгөн хун жоокерлерин тигил жаш хун баладан тартып алган жаа менен аткылап өлтүрүп жатып, араң кутулат алардан. Анан дароо Хань ордосуна кайтып барган кезде ордо аны (Ли Гуанды) аскер сотуна өткөрүп берет. Ли Гуандын айынан көп адам өлүп, дагы көп адам жарадар болуп, өзү (Ли Гуан) болсо тируулөй душман колуна түшкөндүгү үчүн сот аны өлүм жазасына тартылсын деп чечим чыгарат. Бирок Ли Гуан акча берип өлүм жазасынан кутулат, ээлеген кызматынан бошотулуп, карапайым калктын катмарын толуктайт.

Ли Гуан өз үйүндө бош жатып калганынан бери андай-мындай дегиче бир нече жыл өтүп кетет. Ли Гуандын үй-бүлөсү көзү өтүп кеткен *Ин-инь*[1] беги Гуань Индин небереси Гуань Цян менен чогуу элден оолак Ланьтяньде аскеттик өмүр сүрүп, бат-бат түштүк тоолоруна ууга чыгып турат. Бир жолу Ли Гуан түн ичинде атчан чоросун ээрчитип, талаага чыгат. Талаада бирөө менен отуруп шарап ичет. Кайтып келген кезде Балин күзөт секисне барып караса, күзөтчү мас болуп калыптыр... кыйкырып бакырып тилдеп, Ли Гуанга кирүүгө тыйуу салат. Ли Гуандын чоросу "Бул мурун кол башчы болгон" дейт. Күзөтчү ага "Мурунку кол башчы эмес, керек болсо азыркы кол башчы келсе да кирүүгө уруксат бербейм!" деп жооп берип, Ли Гуанды токтотуп, Балин күзөт секисинин алдына түнгө тургузуп койот. Көп өтпөй хундар *Ляоси*[2] округуна кирип келип, округ башчысын өлтүрүп, генерал

---

[1] Ин-инь 颍阴 – Байыркы географиялык аталыш. Ал азыркы Хэнань провинциясынын Сюйчан шаарынын ордунда болгон.

[2] Ляоси 辽西 – Округ. Азыркы Ляонин провинциясынын Исянь уездинин ордунда болгон.

李将军列传第四十九
Кол башчы (генерал) Ли тууралуу баян

Хань Аньгонун колун да талкалашат. Император Хань Аньгону *Оң-Бэйпин*[1] округуна которуп, Ли Гуанды дароо Оң-Бэйпинге башчы кылып дайындайт. Ли Гуан ошондо Балин күзөтчүсүн чогуу алып кетүүнү суранат, анан күзөтчү лагерге келээри менен эле өлтүрүп таштайт.

Ли Гуан Оң-Бэйпинге жайгашканын уккан хундар аны "Хань ордосунун учуучу генералы" деген ылакап ат менен аташып, көп жылдар бою даай албай, Оң-Бэйпинге кирип келүүгө батына албай калышат.

Ли Гуан талаага ууга чыкканда чөптүн арасынын бир [жолборско окшош] таш көрүп, жолборс деп ойлоп, ага ок чыгарат. Аткан жебеси тийип, учу кирип кетет. Барып карап, таш экенин көрөт. Кайрадан дагы жаа тартат, бирок аткан жебеси ташка кайрадан кирбей койот. Ли Гуан караган округдардын баарында жолборс бар экен деп угаары менен дароо өзү барып атып өлтүрчү. Ал эми Оң-Бэйпинди карап жаткан убакта бир жолу жолборско ок атса, жолборс секирип келип Ли Гуанды жарадар кылган. Ошентсе да Ли Гуан ал жолборсту акыры атып өлтүргөн.

Ли Гуан таза жана сатылбас башкаруучу болгон. Белек-бечкек, тартууларды алаары менен дароо өзүнүн кол астындагыларына таратып берген. Тамакты да дайыма солдаттар менен чогуу жеген. Ли Гуан өз өмүрүндө кырк жылдан ашык кызматта болуп, эки миң шы маяна иштептир. Ал эми үйүндө ашыкча мүлкү жок болгон. Дүнүйө маселесин эч качан кеп кылбаган. Ли Гуандын тулку бою бийик, чоң, колдору маймылдыкындай узун болуптур. Анын жааны мыкты тартканы өзүнчө тубаса талант болгон. Өзүнүн балдары жана башка жат адамдар андан жаа тартууну

---

[1] Оң-Бэйпин 右北平 - Округ. Борбору азыркы Ички Монголия аймагындагы Нинчэн уездинин түштүк-батышынан орун алган.

57

司马迁与李陵
Сыма Цянь жана Ли Лин

үйрөнүшсө да, бирок эч ким анчалык кыйын ата алган эмес. Ли Гуан сөзгө чоркок болгондуктан көп сүйлөгөн эмес. Ал жаа атуу менен көңүл ачкан. Өлгүчө жаа тарткан. Ли Гуан жоокерлери менен баратканда эгерде нан-суу тартыш жерлерде суу көрсө, жоокерлери сууга тоймой сайын, ал сууга жакындабаган, жоокерлер тамак жемей сайын ал тамактан ооз тийбеген. Ли Гуан солдаттарына март, айкөл, жумшак мамиле жасап, эч качан катуу кармабаган, андыктан солдаттар да аны абдан сыйлашып, ага чын дилден кызмат кылышкан. Ли Гуандын жаа тартуу ыкмасы мындай болгон: жоонун жакын келишин күткөн, эгерде ондогон кадамдай аралыкка жакын келмей сайын жебе атпаган. Эгер атса эле, жаанын жибинин добушун улай душман жерге кулаган.

Көп өтпөстөн *Ши Цзянь*[1] каза болот. Император Ли Гуанды чакырып алып, Ши Цзяньдын ордуна император сарайынын күзөтүнүн бачысы кызматына дайындайт. *Юаньшонун*[2] алтынчы жылы (б.з.ч. 123-жыл) Ли Гуан кайрадан колбашчы болуп дайындалып, генерал *Вэй Циндин*[3] кошуунунун артынан ээрчий, Динсян уездиндеги заставадан ары чыгып, хунга каршы жортуулга чыгат. Көптөгөн аскер башчылар жоонун башын алгандыгы үчүн жаңы титулдарга ээ болушат, а Ли Гуандын аскерлери болсо көп салым кошо албаптыр. Мындан эки жыл өткөн соң Ли Гуан төрт миң атчан жоокерди баштап, Оң-Бэйпин заставасынан жолго чыгат.

---

[1] Ши Цзянь 石建 – Хань императору У-динин учурундагы ири сановник.

[2] Юаньшо 元朔 – Император У-динин бийлик урааны (Девиз правления). Б.з.ч. 128-123 жылдарды өзүнө камтыган.

[3] Вэй Цин 卫青 (Б.з.ч. ? – 106 ж.). Хундарга каршы согушта чоң роль ойногон атактуу Хань генералы.

李将军列传第四十九

Кол башчы (генерал) Ли тууралуу баян

Бовандык[1] бек *Чжан Цянь*[2] он миң колду баштап, Ли Гуан менен бирге жортуулга чыгып, бирок экөө эки башка жолго бөлүнүшөт. Жоокерлер жүздөгөн ли жолду басып өткөн соң, хун *Улуу сяньваны*[3] кырк миң колу менен Ли Гуанды курчоого алат. Ли Гуандын аскерлери абдан коркуп кетишет. Ошондо Ли Гуан уулу Ли Ганьды хундардын лагерине карай ат чаптырат. Ли Гань ондогон атчан жоокерлер менен куюндай учуп барып, хун курчоосун ортосунан түптүз жарып өтүп, анан кайра эки канатына тийип, кайтып келип, Ли Гуанга: "Хун жоокерлерине каршы туруу оңой тура!" деп доклад кылганда гана жоокерлер тынчый түшүшөт. Ли Гуан жоокерлердин жүздөрүн сыртты карата тегеретип тизет. Хундар катуу чабуул салып, жебелерди жамгырдай жаадырышат. Хань жоокерлеринин жарымы өлөт, жебелери да сарпталып түгөнөт. Ошондо Ли Гуан өз жоокерлерине жааны тартып, бирок ок чыгарбагыла деп буйрук кылат. Ли Гуан өзү дахуан арбалети менен атып хун колбашчысынын бир нече орун басарларын атып өлтүргөндө гана хун аскерлери акырындан тарай башташат. Ушул маалда караңгы кире баштаган, офицерлер менен солдаттар баарынын жүзү кубарып коркуп турушса да, Ли Гуан өзүн кадимкидей кармап, ого бетер астейдил жоокерлерди жайгаштырат. Ушундан улам солдаттар Ли Гуандын эр жүрөктүгүнө аябай таң беришет.

---

[1] Бован 博望 – Географиялык аталыш. Азыркы Хэнань провинциясынын Наньян шаарынын Фанчэн уездинин аймагындагы Бован кичи шаарчасынын айланасында орун алган.

[2] Чжан Цянь 张骞 – (Б.з.ч. 164 - 114-жыл) Байыркы кытай саякатчоочусу, дипломаты. Кытайды Орто Азия менен байланыштыруудагы ролу өтө зор, мындан тышкары, Индия жана башка регионлор тууралуу байма-бай маалымат жыйнаган.

[3] Улуу сяньван 左贤王 – Хундардагы такты мураскеринин титулу. Кытайлык кыргыз окумуштуу-лардын эмгектеринде "Сол билге кан" деген котормосу колдонулуп келет. // Мамбеттурду Мамбетакун, Тарыхый жазмалар, 110-ором, Гундар санжырасы.

司马迁与李陵
Сыма Цянь жана Ли Лин

Эртеси күнү кайра эле барып катуу согушат. Бован бегинин кошууну да келип кошулат, ошондо хундар курчоону ачып, артка чегинүүнү башташат. Хань жоокерлери абдан чарчагандыктан тигилерди кууганга да алы келбей калат. Ошол жолу Ли Гуандын армиясы дээрлик толугу менен талкаланып, эптеп ордого кайтып келген. Хань империясынын мыйзамына ылайык, Бован бегинин кошууну кечигип, убакытты кетиргендиги үчүн ал (бовандык бек Чжан Цянь) өлүм жазасына тартылыш керек болчу, бирок ал акча менен жазасынан кутулуп, карапайым букара макамына түшүрүлгөн. А Ли Гуан болсо, жетишкен ийигиликтери кетирген жаңылыштыктарынын эсебинен жоюлуп, сыйлык ала албай калган.

当初，李广的堂弟李蔡和李广一起侍奉汉文帝。景帝时，李蔡的功劳累积起来，已经做到二千石的高官。武帝时，升到了代国相的位置。元朔五年被任命为轻车将军，跟随大将军卫青攻打匈奴右贤王有功，符合封侯标准，被封为安乐侯。元狩二年，替代公孙弘为丞相。李蔡的品级在九品中属第八等，名气声望比李广相差甚远，可是李广没有得到爵位和封邑，做官没有超过九卿，而李蔡却被封为列侯，担任丞相。李广麾下的一些军官和士兵们，有的也得到了侯爵和封赏。李广曾经同观测星象云气、占卜吉凶的阴阳家王朔私下交谈说："自从汉朝攻打匈奴以来，我李广没有一次不参加战斗。而各军校尉以下的军官，他们的才能比不上中等的人，以攻打匈奴有功而取得侯爵高位的却有几十人。我李广不比别人差，可是不承认我有尺寸之功而给以封邑的待遇，这是为什么呢？难道是我的骨相不应该封侯，还是本来命运注定这样呢？"王朔说："将军自己回想一下，是不是曾经做过自己认为遗憾的事？"李广说："我曾经做过陇西太守，有一次羌人反叛，我用计诱降，投降的有八百多人，我用欺骗的手段在一天之内把他们全杀了。直到今天，使我

李将军列传第四十九
Кол башчы (генерал) Ли тууралуу баян

感到最大遗憾的，就只有这一件事。"王朔说："罪过没有比杀死已经投降的人更大的了，这就是将军所以不能封侯的原因啊。"

两年后，大将军和骠骑将军大举出征匈奴，李广多次请求随军出征。武帝认为他年纪太大，没有允许，过了好久，才允许他出征，任命他为前将军。这一年，是元狩四年。

李广跟随大将军卫青出击匈奴，出了边塞，卫青捉到俘虏，问出了单于所住的地方，他就自己率领精锐部队去追赶单于，而命令李广的部队隶属于右将军赵食其，将两支部队合并，从东路出发。东路稍为迂曲绕远，而这支大部队又行经水草稀少的地方，其势不能聚集行进。李广就自动向卫青请求说："我是部队前将军，现在大将军却把我改调从东路行军。况且我年轻时就开始和匈奴作战，今天才得到一次与单于对阵的机会，我愿意担任前锋，首先与单于决一死战。"大将军卫青曾秘密受到武帝的告诫，认为李广年老，又命运不好遇事不吉，不要让他正面同单于对阵，因为这样子恐怕不能达到取胜单于的愿望。而这时，公孙敖刚刚失掉侯爵，担任中将军跟随大将军出征，大将军也想让公孙敖同自己一起与单于对阵，所以调开前将军李广。李广当时也知道内情，向大将军表示坚决不出东道。大将军不理会李广的请求，命令长史下一道公文给李广的幕府，说道："赶快到右将军的大营去报到，照文书的命令执行。"李广不辞而别，内心怨怒地回到大营，带领士兵和右将军的人马合并从东路出发。部队没有向导，又迷了路，落在大将军的后面，耽误了和大将军约定的军期。大将军与单于交战，单于逃走了，未能擒得单于而还。大将军向南穿过沙漠，才遇到前将军和右将军。李广谒见大将军后，回到自己军营。大将军派长史拿着干粮酒浆送给李广，顺便问了李广、赵食其迷失道路的情况，卫青要上书向天子报告军事详情。李广没有回答，大将军派长史迫令李广的幕府人员前去听候审讯。李广说："校尉们都没有罪，是我自己迷失了道路，现在我亲自上供状，到幕府听候

61

司马迁与李陵
Сыма Цянь жана Ли Лин

审问。"

回到大将军幕府,李广对他的部下说:"我从年轻时起与匈奴作战,大大小小经历了七十多次战斗,现在有幸跟随大将军出战,直接对阵单于。可是大将军又把我的部队调开,去走迂回遥远的路,偏又迷了路,难道不是天意吗!况且我年纪六十多了,终究不能忍受那些舞文弄墨的刀笔吏的侮辱了。"于是就拔刀自刎了。李广所部全军都哭了。老百姓听到这消息,不论是认识他的还是不认识他的,是年老的还是年轻的,都为他流泪。而右将军赵食其单独被移送法官审理,本应处以死刑,他出钱赎罪降为平民。

Башында Ли Гуан эки-бир тууган иниси (аталаш бир тууганы) Ли Цай менен биргеликте император Вэнь-диге кызмат кылышкан. Император Цзин-динин тушуна жеткенде Ли Цай көп кызмат өтөгөндүктөн бир жылда эки миң шы дан алган кызматка жетишип калат. Ал эми император У-динин доорунда Дай бектигинин баш вазири кызматына чейин жетет. Юаньшонун бешинчи жылы (б.з.ч. 124-жыл) жеңил арабачандардын (легкая колесница) кол башчысы болуп дайындалып, улуу генерал Вэй Циндин кошуунунун артына жайгашып, хундардын *Оң сяньванын*[1] жеңүүдө чоң эрдик көргөзүп, жоо башын алуудагы норманы аткарып, *Лэань*[2] беги наамын алат. *Юаньшоунун*[3] экинчи жылы (б.з.ч. 121-ж.) Дайлык (Дай

---

[1] Оң сяньван 右贤王 – Хундарда экинчи рангдагы князь. Шаньюйдүн балдары жана инилерине ыйгарылган. Кытайлык кыргыз окумуштуулардын эмгектеринде "Оң билге кан" деген котормосу колдонулуп келет. // Мамбеттурду Мамбетакун, Тарыхый жазмалар, 110-ором, Гундар санжырасы.

[2] Лэань 乐安 – Батыш Хань доорундагы бектик (вотчина). Борбору азыркы Шаньдун провинция-сынын Босин уездинин түндүгүндө жайгашкан.

[3] Юаньшоу 元狩 – Император У-динин бийлик урааны, б.з.ч. 122 - 117 жылдарды камтыган.

李将军列传第四十九
Кол башчы (генерал) Ли тууралуу баян

округу) *Гунсунь Хун*[1] баш вазир кызматына дайындалат. Ли Цайдын жөндөмү мындан (Гунсунь Хундукунан) төмөн денгээлде, Анын абройу болсо Ли Гуандыкынан ылдый болгон. Ошентсе да Ли Гуан титулга жана вотчина жерге жете алган жок, мамлекеттик кызматтагы даражасы да *цзюцинден*[2] өйдө көтөрүлбөдү, а Ли Цай болсо бек макамына жетишип, кызматта даражасы *саньгунга*[3] чейин жеткен. Ли Гуандын кол алдындагы офицерлер жана солдаттардын кээ бирлери да хоу титулун алды. Ли Гуан бир жолу астролог Ван Шо менен баарлашууда мындай дейт: "Хань ордосу хунга согуш ачкандан бери тарта мен бир да жолу калтырбай катышып келе жатам. Ал эми ар кайсы кошуундардагы наамы төмөнүрөөк, жөндөмү жөнөкөй адамдардан артык эмес болгон кол башчылардын арасынан да ондогон адамдар хун согушундагы салымы үчүн бек титулун алышты. Мен алардан кем калышпайм, бирок вотчина алганы эмгегим жетишпей жатат окшойт. Буга эмне себеп болушу мүмкүн? Же менин маңдайыма вотчина жазылбаганбы? Же менин тагдырым нары жагынан ушундай жазылганбы?" Ван Шо "Генералым, өзүңүз бир ойлонуп эстеп көрүнүзчү, балким учурунда туура эмес кылган өкүнүчтүү ишиңиз бар чыгар..." дейт. Ли Гуан ага: "Мен учурунда Лунси округун жетектеп турган маалда бир жолу цяндар козголоң чыгарышкан. Мен амалкөйлүк менен аларды алдап,

---

[1] Батыш Хань доорундагы атактуу окумуштуу жана саясий ишмер. Өмүр жылдары б.з.ч. 200-121 жж.

[2] Цзюцин 九卿 - Жогорку даражадагы тогуз сановник (Ритуалдар министрлиги, Ордо күзөтү, Гвардия, Император кланынын иштери боюнча министрлик, Император аттарын караган министрлик, Сот министрлиги, Вассалдык элдер менен байланышты тескеген министрлик, Каржы министрлиги, Салык иштери жана император кланын тейлөө министрлиги).

[3] Саньгун 三公 - Эң жогорку үч сановник: сыма 司马 - аскердик министрликтин начальниги, сыту 司徒 - культ жана түлөө иштери боюнча министрликтин жетекчиси, сыкун 司空 - коомдук иштер боюнча министрликтин жетекчиси.

司马迁与李陵
Сыма Цянь жана Ли Лин

багынткамын. Жалпы жонунан сегиз жүздөй киши багынып беришкен. Мен ошол эле күнү аларды амалга салып баарын жайлап салганмын. Ушул жашка келип мени өкүнткөн иш бир ушул эле". Ван Шо "Өзү багынып берген кишини өлтүрүү бул эң бир адамга балээ алып келчү жагдай. Бул да болсо сизге, кол башчым, вотчина тийбей жүргөндүн себебидир..." дейт.

Мындан дагы эки жыл өткөн соң улуу генерал Вэй Цин жана генерал *Хо Цюйбин*[1] көп кол жыйнап, хунга каршы аттанышат. Ли Гуан бир нече жолу өзү жеке императорго кайрылып, барууну өтүнөт. Бирок император анын жашы өтүп калды деп макулдук бербей, акыры арандан зорго ага барууга уруксат берип, авангард колду баштоону тапшырат. Ал жыл Юаньшоунун төртүнчү жылы (119-жыл) болчу.

Ли Гуан көп өтпөй улуу генерал Вэй Цинди коштоп хундарга каршы жортуулга чыгат. Чегара заставасынан өткөн соң Вэй Цин бир душман жоокерин кармап алып, андан шаньюйдүн турган жери тууралуу билип калат. Ошондо дароо өзү гана мыкты жоокерлерин ээрчитип шаньюйдү кармап келүүгө жөнөйт. А Ли Гуанга болсо оң кол башчынын кошуунуна кошулуп, чыгыш маршрут менен барып, чабуул койууну буйруйт. Чыгыш маршрут алыс жол менен айланганыдыктан, анын үстүнө чоң кошун чөп-суу тартыш жердин шартында болуп, барып кошулуп алга жүрүү такыр мүмкүн эмес болгон. Ли Гуан жеке өзү суранат: "Менин кызматым авангард кол башчысы, бирок бүгүн улуу кол башчы мага чыгыш жол менен жүр деп буйруду... А мен болсо жаштайыман бери хун менен согушуп келип, бүгүн гана биринчи жолу шаньюй менен бетме-бет чабышуу мүмкүнчүлүгүнө ээ

---

[1] Хо Цюйбин 霍去病 – Хань доорундагы атактуу кол башчы. Ал хундарды талкалап, азыркы Ганьсу провинциясынын аймагынан кууп чыккан. Өмүр жылдары - б.з.ч. 140 - 117 жж.

болдум. Ошон үчүн авангардка чыгып, шаньюй менен бир катуу согушууну каалайм". Император өзү Улуу кол башчы Вэй Цин жортуулга жөнөөрдөн мурун – "Ли Гуандын жашы картайып калды... маңдайы да ачылбады... аны шаньюйгө бетме-бет чыгарба, антпесең шаньюйдү туткунга алуу максатыбыз ишке ашпай калышы ыктымал" – деп эскертүү берген. Ошол учурда *Гунсунь Ао*[1] жаңы гана бек титулунан ажырап, орто кол башчы кызматна дайындалып, улуу кол башчыны ээрчий жортуулга чыгат. Улуу кол башчы да Гунсунь Ао менен биргеликте шаньюйгө каршы аттанууну каалап, авангард кол башчы Ли Гуанды атайылап четтетүүнү көздөйт. Жагдайдын чоо-жайын түшүнүнгөндүктөн Ли Гуан улуу кол башчыдан буйрукту жокко чыгарууну кесе өтүнөт. Улуу кол башчы макул болбой, катчысына мындай деп буйруйт: "Оң кол башчынын кошуунуна тезинен барып кошул. Катта жазылгандай кылып аткар". Ли Гуан улуу кол башчы менен коштошпостон, ичинен ызалана өз колун баштап жолго аттанып, барып кичи кол башчы Чжао Шициге кошулуп, чыгыш маршруту менен жөнөп кетишет. Бирок, жоокерлердин арасында жолду көргөзгөн киши жок болгондуктан жолдон адашып, натыйжада, улуу кол башчыга жете албай артта калып калышат. Улуу кол башчы (Вэй Цин) шаньюй менен согушуп жатканда шаньюй качып кетет. Вэй Цин ийгиликсиз кайтууга мажбур болот. Улуу кол башчы түштүктү көздөй жүрүп, чөлдөн өткөн соң, авангард кол башчысы менен оң кол башчысына жоолугат. Ли Гуан улуу кол башчынын алдына кирип чыккан соң өз лагерине кайтат. Улуу кол башчы катчысын жиберип, Ли Гуанга кургак азыктар менен шарап тартуулайт жана жолдон адашкандыктын чоо-жайын териштирет. Себеби Вэй Цин Асман уулуна

---

[1] Гунсунь Ао 公孙敖 – (? - б.з.ч. 96 ж.) Хань генералы.

司马迁与李陵
Сыма Цянь жана Ли Лин

согуштук жагдай тууралуу доклад жасашы керек болчу. Ли Гуан жооп бербей койот. Улуу кол башчы катчысын кайрадан жиберип, Ли Гуандын алдындагы офицерлеринин сурака келүүсүн катуу талап кылат. Ли Гуан "Офицерлеримдин эч кандай күнөөсү жок. Мен өзүм адашып калдым. Мен азыр өзүм жеке улуу кол башчынын штабына барып сурак берейин" деп айтат.

Улуу кол башчынын штабына жеткен соң Ли Гуан өз кол астындагыларына кайрыла, "Мен жаштыгымдан бери хундар менен жетимиш жолудан ашуун согуштарда беттештим... А бул жолу болсо, бактыма жараша, улуу кол башчыны коштоп чыгып, шаньюй менен согушмакмын... бирок, улуу кол башчы менин кошуунумду узак айланма жолго айдап салды... анын үстүнө жолдон да адаштып кеттик... Бу Көк асмандын эрки эмей эмине?! Анын үстүнө, мынтип жашым алтымыштан ашып калган кезде мына бул катчылардын кайра-кайра кемсинтүүсүнө чыдаганым да болбос" деп туруп, дароо өзүнө өзү бычак урат. Ли Гуандын аскерлеринин баары катуу кайгыга түшүп ыйлашат. Карапайым калк бул кабарды укканда тааныса да, таанымаса да, жашы карысы дебей, баары Ли Гуанды жоктоп көз жашын төгүшөт. Оң кол башчы Чжао Шици өзү жалгыз сотко өткөрүлөт, өлүм жазасына өкүм чыгат, бирок, акча менен жазадан кутулат, макамынан ажырап, букаралардын катарына кошулат.

李广有三个儿子，名叫李当户、李椒、李敢，担任郎官。有一次，汉武帝和宠臣韩嫣戏耍，韩嫣稍有失礼，李当户就打了韩嫣，韩嫣就逃走了。因此天子认为李当户勇敢。李当户很早就死了。武帝封李椒为代郡太守，都先于李广而死。李当户有个遗腹子李陵。李广死于军中时，李敢正跟随骠骑将军霍去病。李广死后的第二年，李蔡身为丞相却侵占了汉景帝陵园前大道两边的空地，罪当惩办，李蔡不愿去受审，也自杀了，封国被废除。李敢以校尉的身份跟随骠骑将军攻打匈奴的右贤王，奋力作战，夺得了右贤王的战鼓和帅旗，斩获了很多敌人首级，被封关内侯，食邑两百家，接替李广做了郎中令。不久，李敢怨恨大将军卫青使得他父亲含恨而死，便打伤了大将军，大将军宽容了这件事。过了不多久，李敢侍从汉武帝到雍县去打猎。骠骑将军霍去病和卫青有亲戚关系，射杀了李敢。霍去病当时正是显贵又受武帝宠幸，武帝隐瞒了真相而故意说李敢是被鹿撞死的。过了一年多，霍去病也死了。李敢有个女儿是太子的宫女，受到宠爱，李敢的儿子李禹也受到太子宠信，但他很贪利，李家的门第声望也就日益衰落了。

李陵长大成人后，被选拔任用为建章宫羽林郎的监督官，监管那些骑兵。他善于射箭，爱护士兵。天子认为李家世代为将，就任用他为八百骑兵的长官。他曾经深入匈奴境内二千多里穿过居延海观察地形，没有看到匈奴踪影而回来。任用为马都尉，率领丹阳楚兵五千人，在酒泉、张掖教授射箭，屯驻防御匈奴。

过了几年，到天汉二年秋，贰师将军李广利率领三万骑兵攻击匈奴右贤王于祁连山，同时派李陵率领射手和步兵五千人北出居延一千多里，想用来分散匈奴的兵力，不让匈奴集中力量阻击贰师将军。李陵到了预定的期限往回撤兵却遭到了匈奴单于率领的八万大军围攻。李陵只有五千人，箭射完了，兵士死了一大半，但他们杀伤的匈奴兵达到一万多。李陵边退边战，不停顿地战斗了八天，往回走到距离居延海还有一百多里时，匈奴截断了通路，李陵军缺少粮食，而救兵又不来，匈奴加紧攻击，并劝降李陵。李陵说："我没脸面回报皇上。"于是投降了匈奴。他的部队全军覆没，其余逃散回到汉朝的只有四百多人。

单于得到李陵以后，因一向听说李家的名声，看到他打仗又非常勇猛，就把自己的女儿嫁给了李陵，让他显贵。汉朝听到消息，就杀了李

司马迁与李陵
Сыма Цянь жана Ли Лин

陵的母亲、妻子及全家。从那以后，李家名声败落，曾做过李氏门客的陇西士人，都深深地感到耻辱。

Ли Гуандын үч уулу болгон: Ли Данху, Ли Цзяо, Ли Гань. Үчөө тең император сарайындагы күзөт кызматын аркалашкан. Бир жолу Асман уулу кошоматчы бай Хань Янь менен ойноп жатканда Хань Янь бир аз бетпактык кылып койот. Ли Данху барып Хань Яньды сабайт. Хань Янь качып кетет. Ошондон баштап Асман уулу Ли Данхунун эрдигин байкап калат. Ли Данху эрте көз жумган. Ли Цзяо болсо Дай округунун жетекчиси болуп дайындалган. Булар экөө тең Ли Гуандан мурун дүйнө салышкан. Ли Данху өлгөндөн кийин төрөлгөн анын уулунун аты Ли Лин. Ли Гуан лагерде көз жумган учурда уулу Ли Гань жеңил атчан аскерлер кол башчысы Хо Цюйбиндин кошуунунда болчу. Ли Гуан өлгөндөн соң эки жылдан кийин Ли Цай биринчи вазир макамында туруп, император Цзин-динин күмбөз багынын алдындагы чоң жолдун эки тарабындагы бош жерди ээлеп алгандыгы үчүн күнөөлүү деп табылып, сотко тапшырылмай болот, бирок Ли Цай сурак берүүдөн баш тартып, өзүн өзү өлтүрүп алат. Ал эми анын бектиги (вотчина) жоюлат. Ли Гань офицер макамында кол башчы Хо Цюйбинди коштоп хун сол-сяньваны менен айыгышкан күрөш жасап, анын согуштук барабаны менен туусун тартып алып, көптөгөн душман жоокерлерин өлүмгө дуушар кылгандыгы үчүн бек титулуна жетет, эки жүз кожолукту ээликке алат жана Ли Гуандын ордуна гвардия жетекчиси болуп дайындалат. Мындан көп өтпөй, Ли Гань улуу кол башчы Вэй Цин атасын өлүмгө түрткөндүгү үчүн андан (Вэй Цинден) өч алуу максатында чаап жарадар кылат. Улуу кол башчы бул окуя жөнүндө эч кимге айтпастан сыр бойдон калтырып койот. Мындан дагы көп узабай Ли Гань бир жолу

李将军列传第四十九
Кол башчы (генерал) Ли тууралуу баян

императорду жандап Юнсянь уездине барып, *Ганьцюань тоосуна*[1] ууга чыгышат. Жеңил атчан аскерлер кол башчысы Хо Цюйбин менен Вэй Цин тууган мамиледе болгондуктан Ли Ганьды жаа менен атып өлтүрүшөт. Хо Цюйбин дал ошол учурда жогорку кызматты ээлеп, жана ошондой эле императордун сүймөнчүгүндө болуп турган. Император чындыкты жашыра, Ли Ганьды бугу сүзүп өлтүрдү деп айтат. Мындан бир жыл өткөн соң Хо Цюйбин да каза болот. Ли Ганьдын бир кызы такты мураскорунун токолу болуп, сүймөнчүктө болгон. Ли Ганьдын уулу Ли Юй да такты мураскорунун сүймөнчүгүндө болгон, бирок дүнүйөкор жана пайдага көп кызыккандыктан Ли тукуму акырындап таасирин жогото баштайт.

Ли Лин эр жеткен соң Цзяньчжан кошунунун башкаруучусу кызматына дайындалып, баардык атчан жоокерлердин үстүнөн көзөмөл жүргүзгөн. Ал жаа тартуу жагынан мыкты болгон жана аскерлерге дайыма жакшы кам көргөн. Асман уулу (император) Ли уругу кол башчылык өнөрүн муундан муунга өткөрүп келатышат деп Ли Линге сегиз жүз атчан жоокерди башкарууга тапшырат. Ли Лин мурун өз учурунда хун чегарасын өтүп, эки миң ли аралыка чейин кирип барып, *Гашун-Нур*[2] көлүн өтүп, жер жагдайына назар салып, жоо жолуктурбай кайра кайтып келген. Кийин атчан аскерлер башчысы макамын алып, *даньяндык*[3] беш миң жоокерди жетектеп, *Цзюцюань*[4], *Чжан-е*[5] округдарында жаа атуу боюнча машыгуу

---

[1] Ганьцюань тоосу 甘泉 – Янчжоу шаарынан отуз беш километр түндүк-батыш аралыкта жайгашкан. Бул жерде император У-динин сарайы жайгашып, мында көптөгөн мааанилүү иш-чаралар өткөрүлүп турган.

[2] Гашун-Нур 居延海 – Кытайдагы Алашань чөлүнүн түндүгүндө жайгашкан туздуу көл.

[3] Даньян 丹阳 – Жер аталышы. Азыркы Цзянсу провинциясынын аймагында жайгашкан.

[4] Цзюцюань 酒泉 – Азыркы Ганьсу провинциясынын түндүк-батышындагы Хэси коридорунун батыш тарабында жайгашкан округ.

[5] Чжан-е 张掖 – Хэси коридорунун ортолорунда жайгашкан округ.

司马迁与李陵

Сыма Цянь жана Ли Лин

өткөрүп, ошол жерде жайгашып, хунга каршы туруу үчүн калып калат.

Бир нече жылдан соң *Тяньхань дын*[1] экинчи жылынын (б.з.ч. 99-жыл) күзүндө *эрши кол башчысы Ли Гуанли*[2] отуз миң колду баштап чыгып, *Цилянь тоосуна*[3] жеткенде хун оң-сяньванына чабуул жасайт. Император У-ди Ли Линге беш миң жаачы жоокерди баштатып жөнөтөт. Алар Гашун-Нур көлүнөн түндүктү көздөй бир миң ли аралыктагы жерге барышат. Мындай амал менен душман колун алаксытып экиге бөлсө, эрши кол башчыга көп кыйын болбойт деп максат коюшат. Ли Лин алдына ала белгиленген мөөнөт жеткенде кайтмак болот, бирок шаньюй өзүнүн сексен миң кошууну менен Ли Линдин колун курчоого алып, чабуул жасайт. Ли Линдин колунда болгону беш миң аскер бар болгон. Жебелер атылып түгөнүп, аскерлердин жарымы өлөт. Бирок, хундан он миңден ашуун аскер кырылат. Ли Линдин жоокерлери согушканча артка чегинип отурушуп, сегиз күн урушушат. Чегинип-чегинип Гашун-Нур көлүнө жүз лидей калганда хундар тар тоо капчыгайын тосуп, жолду бөгөп салышат. Ли Линдин жоокерлеринде азык-түлүк түгөнөт, куткаруучу жардам да келбей койот. Жоо басымын күчөтүп, Ли Линди багынып берүүгө үндөйт. Ли Лин

---

[1] Тяньхань 天汉 - Император У-динин бийлик ураансы. Б.з.ч. 100 - 97 жылдарды камтыйт.

[2] Эрши кол башчы Ли Гуанли 贰师将军李广利 "Эрши кол башчы" - Аскердик ишмер Ли Гуанлиге ыйгарылган генералдык титул. Мында Эрши 贰师 биздин заманга чейинки Орто Азиядагы Давань мамлекетинин борбор шаарын түшүндүрөт. Бул шаар азыркы Кыргызстандын Ош шаарынан алыс эмес жердеги Өзбекстандын Мархамат айылынын жанында жайгашкан. Ал эми Ли Гуанлиге мындай титулдун берилишинин себеби - император У-динин буйругуна ылайык, б.з.ч. 103-102 жылдары кол башчы Ли Гуанли Фергана өрөөнүнө чейин келип, мында жайгашкан Давань мамлекетинин борбору Эршиде болуп, мындан көптөгөн мыкты күлүк аттарды алып кеткен (Кытай булактарында "Асман аттары" 天马 деп аталат). Ушундан улам "Эрши кол башчысы" аталышы пайда болгон.

[3] Цилянь тоосу 祁连山 - Цинхай провинциясынын түндүк-чыгыш бөлүгү менен Ганьсу провинциясынын батыш бөлүгүн ээлеген тоо кыркалары.

李将军列传第四十九
Кол башчы (генерал) Ли тууралуу баян

"Мен эми кайсыл бетим менен барып императорго отчет берем" дейт да хунга колго түшүп берет. Анын армиясы дээрлик толук бүлгүнгө учурап, төрт жүздөй гана калган-каткан жоокерлер качып кутулуп Хань ордосуна кайтып барат.

Ли Лин шаньюйдүн алдына барган соң, шаньюй лилердин атагын мурда угуп жүргөндүктөн жана алардын согуштагы эрдиктери үчүн өз кызын Ли Линге турмушка берип, анын (Ли Линдин) зоболосун көтөрөт. Хань ордосу бул кабарды уккан соң Ли Линдин апасын, аялын, балдарын кошуп бүт үй-бүлөсүн өлүм менен жазалашат. Ушул окуядан кийин Лилердин аты, наамы булганат. Лунси аймагында Ли уругуна кызмат кылган бардык адамдар да ушул жагдайдан улам шерменде болушат.

太史公说：古书上说"本身行为端正，不用命令人们也遵行；本身行为不端正，虽然三令五申人们也不遵从"。这话就像是对李将军说的啊！我看李将军诚诚恳恳像个乡下人，口齿木讷不会讲话。他死的那一天，全天下认识他的人和不认识他的，都在为他尽哀。他那一颗忠诚的心确实感动了士大夫。谚语说："桃树李树都不会讲话，但树底下却踩出了一条条小路。"这话虽然很小，可说明了一个大道理。

Ордо историографы айтты: Луньюйдө мындай жазылган: "эгерде жогоруда отургандар өздөрү үлгүлүү болушса, буйрук бербесе да иш жүрө берет; эгерде өздөрүнүн жүрүм-туруму начар болсо, буйрук берсе да, аны угуп аткарган киши болбойт". Бул жерде дал ошол кол башчы Ли жөнүндө сөз болуп жатпайбы?! Мен көргөн кол башчы Ли, оор басырыктуу, адамгерчиликтүү, кадимки айылдан келген карапайым кишилерге окшош эле, көп да сүйлөбөйт болчу. Бирок, ал дүйнө салган күнү аны тааныса да

71

司马迁与李陵
Сыма Цянь жана Ли Лин

тааныбаса да "Асман астындагы" ар бир адам аза күттү. Анын ошол таза, чынчыл, сатылгыс сапаты бардык аскерлердин ишенимин багынтты го чиркин! Ылакапта айтылгандай: *"Шабдалы менен кайноолу дарагы сүйлөй албаса да, алардын түбүнө дайыма киши үзүлбөй келип, жол пайда болуп калат*[1]*"*. Бул жерде кичинекей бир иш жөнүндө сөз болгону менен, бирок, муну чоң бир чындыктын маңызын ачуу үчүн да колдонсо болот.

---

[1] Түз мааниси: шабдалы, кайноолу дарактары сүйлөгөндү, мактанганды билбейт, бирок, жазда кооз гүл ачып, күздө таттуу мөмө байлап, айланадагы адамдардын көңүлүн өздөрүнө бурат. Кыйыр мааниси: Эгерде адам таланттуу, акылдуу, жүрүм-туруму таза болсо, ал мактанып көп сүйлөбөсө деле, ага дайыма башка адамдар өздөрү тартылышып, ээрчишип, колдоп жүрүшөт.

匈奴列传第五十

匈奴的始祖是夏后氏的后代,叫淳维。唐尧、虞舜以前有山戎、猃狁、荤粥,生活在北方蛮荒之地,随着畜牧地点而迁徙。他们那里的牲畜,成群的是马、牛、羊,特异的牲畜则是骆驼、驴、骡、駃騠、騊駼、驒騱。他们追寻水草迁徙,没有城郭等固定住处和农耕之业,但也各有分占的牧地。没有文字书籍,用语言为约束。儿童能骑羊,拉弓射鸟鼠,稍长大则射狐狸、兔子以充当食物。男子的力气能弯弓,都当骑兵。匈奴的习俗,平常无战事,就随着牲口游牧,以射猎飞禽走兽为谋生手段,遇到有紧急情况,就人人练习攻战的本领,侵掠攻取是他们的天性。他们的长兵器是弓箭,短兵器是刀矛。打仗时,顺利就前进,不利就后退,不以逃跑为羞耻。只要有利可图,他们就不顾礼义。从君王以下,人人都吃牲畜的肉,穿皮革,盖毡裘。青壮年吃肥美的食物,老年人吃剩余的。匈奴看重壮健人,轻视老弱。父亲死后,儿子娶后母为妻;兄弟死后,活着的兄弟就娶死者的妻子为妻。他们的习俗是每人有名,称呼不必避讳,没有姓氏和字。

当夏朝国运衰微的时候,后稷的公刘失去了世袭的农官,改用西戎的习俗。在豳地建立聚邑。经过三百多年后,戎狄进攻周太王古公亶父,古公亶父逃奔岐山之下,而豳地人都跟随古公亶父到岐山聚居,兴建了周邑。这以后一百多年,周君西伯姬昌攻打畎夷氏,十多年后,周武王伐纣而营建洛邑,却又回到酆镐,把戎夷驱逐到泾河、洛河的北面,令他们按时进献贡物,命名为"荒服"。这以后两百多年,周朝国运衰落,周穆王攻打犬戎,获得四只白狼和四只白鹿而归。从此以后,

司马迁与李陵
Сыма Цянь жана Ли Лин

荒服的戎狄就不来朝贡了。当时周朝便制定了《甫刑》的法律。穆王之后二百多年，周幽王为了宠姬褒姒的缘故，与申侯有了矛盾。申侯一怒之下联合犬戎攻杀周幽王于骊山之下，犬戎夺取了周朝的焦获，进住到了泾河、渭河之间，侵犯华夏。秦襄公护救周朝，于是周平王离开沣京而东迁洛邑。这时，秦襄公讨伐戎人一直到岐山，开始为诸侯。过了六十五年后，山戎越过燕国进攻齐国，齐釐公在齐国的城郊应战。在之后又过了四十四年，山戎进攻燕国，燕国向齐国告急，齐桓公北伐山戎，山戎战败逃走。这以后二十多年，戎狄来到洛邑，攻打周襄王，襄王逃奔到郑国的汜邑。当初，周襄王打算讨伐郑国，所以娶了戎狄之女为王后，与戎狄兵共同攻伐郑国。不久，废黜了狄后，狄后心怀怨恨，襄王的后母叫惠后，有儿子名叫子带，惠后想立他为王。于是，惠后、狄后与子带做内应，给戎狄大开方便之门，戎狄因此得以进城，打败并赶跑了周襄王，而立子带为周天子。当时，戎狄有的居住在陆浑，向东扩张到卫国，侵掠中原各国。中原各国痛恨他们，因而诗人作诗说"抗击戎狄"，"讨伐猃狁，到了大原"，"战车出动，声势浩大，修筑城邑在那北方"。周襄王已经在外寄居了四年，才派使者到晋国告急。晋文公刚刚登位，想要建立霸业，便起兵讨伐，驱逐戎狄，诛杀王子带，迎回周襄王，让他住进洛邑。

  当时，秦国、晋国是强国。晋文公排斥戎狄，让他们居住在河西地区的圁水、洛河之间，称为赤狄、白狄。秦穆公得到由余的辅佐，西戎八国归顺秦国，所以从陇山以西有绵诸、绲戎、狄、獂等戎族，在岐山、梁山、泾水、漆河的北边有义渠、大荔、乌氏、朐衍各支戎族。而晋国的北边有林胡、楼烦各支戎族。燕国的北边有东胡、山戎。这些戎狄各自分散居住在溪谷里，都有自己的君长，常常相聚居住的有一百多个戎族部落，可是不能统一。

  从此以后一百多年，晋悼公派魏绛去同戎狄讲和修好，戎狄朝见晋

匈奴列传第五十
Хун[дар] баяны

君。又一百多年以后，赵襄子越过勾注山，攻破并且吞并了代国，逼近了胡、貉地区。后来赵襄子又和韩、魏两家共灭智伯，分占了晋国的土地，这样，赵拥有代地和勾注山以北的领土，魏国占有河西、上郡，跟戎人邻境。后来，义渠戎建筑城郭以自卫，而秦国逐渐蚕食它的领地，到秦惠王时，便夺取了义渠二十五座城邑。秦惠王进攻魏国，魏国献出了河西和上郡的全部领土。秦昭王时，义渠戎王和秦昭王之母宣太后私通，生了两个儿子。宣太后用欺诈手段在甘泉山杀死义渠戎王，接着发兵攻破义渠。这时，秦国占有陇西、北地、上郡，修筑长城以防御胡人。而赵武灵王也改革赵国的习俗，穿胡人服装，学习骑马射箭的本领，向北打败了林胡、楼烦。修筑长城从代地沿阴山山麓延伸，直到高阙都修筑了关塞。同时又设置了云中郡、雁门郡和代郡。后来燕国有一位贤能的将军秦开，在胡人那里做人质，胡人很信任他。他回国后，率兵袭击东胡，打败并且赶走了东胡，东胡退却了一千多里。跟随荆轲去行刺秦王的那个秦舞阳便是秦开的孙子。燕国也修筑了长城，从造阳到襄平。设置上谷、渔阳、右北平、辽西、辽东各郡以防御胡人。在这个时候，具有文明礼俗而互相攻伐的中原国家有七个，其中有三个靠近匈奴。后来，在赵将李牧镇守边塞时，匈奴不敢入侵赵国边境。再后来，秦灭六国，秦始皇派蒙恬率领十万大军北击匈奴，尽收黄河河套以南土地。秦凭借黄河为塞，修筑四十四座县城靠近黄河，迁徙被罚戍边的人去充实那些县城。又修通直道，北起九原直抵云阳，沿着山岭、险沟、溪谷因势修筑长城，从临洮到辽东连绵一万余里。又渡过黄河占据阳山、北假地区。

当时，东胡强大而月氏兴盛。匈奴单于名叫头曼，头曼敌不过秦朝，向北迁徙。十几年后，蒙恬死了，原六国贵族反叛秦朝，中原地区扰攘动荡，那些被秦朝打发去戍边的人也都离开了，于是匈奴摆脱了困境，又渐渐地渡过黄河，来到南岸，与中原原有的关塞接界。

司马迁与李陵
Сыма Цянь жана Ли Лин

头曼单于所立太子名叫冒顿。后来头曼所宠爱的阏氏生了一个小儿子，就打算废冒顿而改立小儿子，便让冒顿到月氏那里当人质。冒顿已经在月氏当人质，而头曼急攻月氏。月氏想杀害冒顿，冒顿偷了月氏的良马，骑着逃归匈奴。头曼认为冒顿勇猛，让他率领一万骑兵。冒顿就制造了一种响箭，用来训练部队骑马射箭，下令说："我的响箭射向什么目标而不跟着尽力发射的，就杀他的头。"冒顿射猎鸟兽，发现有不射向响箭所射目标的人，就杀掉他。不久，冒顿用响箭射自己的良马，部下有不敢跟着发射的，冒顿马上杀了他们。过了些日子，冒顿又用响箭射自己的爱妻，手下人有的很害怕，不跟着射，冒顿又将他们杀了。又过了一段时间，冒顿出去打猎，用响箭射单于的良马，手下人都跟着发射。这时冒顿知道他的部下都可以利用了。一次，冒顿跟随父亲头曼单于打猎，他用响箭射头曼，他的部下也都跟着响箭发射的目标，射杀了头曼单于。于是他杀尽后母、弟弟以及不听命于他的大臣们。冒顿自立为单于。

冒顿继位的时候，东胡很强盛。听说冒顿杀死父亲自己立为单于，东胡便派使者对冒顿说，想要得到头曼骑的千里马。冒顿询问大臣们，大臣们都说："千里马是匈奴的宝马，不要给他。"冒顿说："怎能和人家国境毗连却爱惜一匹马呢？"于是把千里马送给了东胡。过了一些日子，东胡认为冒顿怕他，便又派使者对冒顿说，想要得到单于的一位阏氏。冒顿又问左右大臣，大臣们都愤怒地说："东胡人没有道义，竟然索要阏氏，让我们发兵攻打他们。"冒顿说："怎能和人家国境毗连却爱惜一个女子呢？"就把自己宠爱的阏氏给了东胡。东胡王越发骄横起来，向西侵掠。东胡跟匈奴交界的中间地带，有一条隔离的荒地没人居住，长一千多里，双方只是在各自的地缘设立守备的哨卡。东胡派使者对冒顿说："匈奴同我们边界哨卡以外的荒弃地区，匈奴到不了那里，我们想占有它。"冒顿垂询大臣们，大臣中有人说："这是荒弃地区，给他们也行，不给也行。"当时冒顿非常愤怒地说："土地，是国家的根本，怎么可以

匈奴列传第五十
Хун[дар] баяны

送给他们！"那些主张把土地奉送给东胡的臣僚都被杀头。冒顿骑上马，发布命令说国中有后退的就杀头，便向东袭击东胡。东胡当初轻视冒顿，并未防备。等到冒顿率兵来到，发起冲击，一战大败东胡，消灭了东胡王，掳掠了他的百姓和牲畜财产。冒顿征服东胡回来后，向西打跑了月氏，向南吞并了楼烦和白羊河南王。又全部收回了秦朝派遣蒙恬所夺取的匈奴土地，与汉朝原有的河南塞为界，到达朝那、肤施，进而侵扰燕地、代地。这时汉军与项羽相持不下，中原被战火弄得疲惫不堪，因此冒顿得以自强，掌握着能弯弓射箭的强兵三十多万。

从淳维到头曼一千多年，匈奴的势力时大时小，别散分离，由来已久了，它的传代世系无法依次排列出来。但是到冒顿时匈奴最为强大，使所有北方各部族都服从他的统治，同时在南方与中原王朝为敌国，它的世系承传、职官称谓才能加以记述。

匈奴职官设有左右贤王、左右谷蠡王、左右大将军、左右大都尉、左右大当户、左右骨都侯。匈奴人称贤能为"屠耆"，所以常由太子担任左屠耆王。从左右贤王以下到当户，大者有部众万骑，小者有部众数千，共有二十四个首领，名号叫"万骑"。各大臣的官职都是世袭的。呼衍氏、兰氏，后来有须卜氏，这三姓是匈奴的显贵家族。各位左方的王、将领居住在东方，正对上谷以东地区，东接秽貉、朝鲜；右方的王、将领居住在西方，正对上郡以西地区，西接月氏、氐族、羌族；而单于王庭正对代郡、云中地区。他们各有自己分管的土地，寻求水草而迁移。而左右贤王、左右谷蠡王最大，左右骨都侯辅政。二十四个首领也各自设置千长、百长、什长、裨小王、相封、都尉、当户、且渠之类职官。

每年正月，各位首领在单于王庭小型聚会，举行春祭。五月，在茏城举行盛大的集会，祭祀祖先、天地、鬼神。秋天，马长肥了，在蹛林举行大规模集会，核算人口、牲畜数目。习惯法规定：拔刀出鞘一尺者，为意向杀人罪，要处死，犯盗窃罪者罚没其家属并没收其家产；有轻罪

77

司马迁与李陵

Сыма Цянь жана Ли Лин

者用刀刺面，有重罪者处死。坐牢时间长的不过十天，全国囚犯不过几人而已。单于早晨走出营房，敬拜初升的旭日，夜晚敬拜月亮。匈奴人坐的规矩是以左为尊，正位坐北而南向太阳，习俗以戊、己两日为良辰。他们的丧葬习俗是，有棺椁、金银、衣裘，不起坟墓，不在葬地种树，不穿丧服；单于死了，他的近臣、爱妾殉葬者多达几十人、上百人。兴兵打仗要观测星月，月圆的日子就攻战，月亏的日子便退兵。在战斗中，斩杀一个敌人得到一壶酒的赏赐，而所得的战利品就归给他，俘虏了敌人可以带回去作为奴婢。所以他们一旦参加作战，人人都在寻找自己的利益，善于运用诱敌置伏的手段攻击敌军。所以他们看见敌军便逐利而至，好像鸟雀飞集一般；他们受围困挫败，便土崩瓦解、风流云散了。战时谁能把战死的同伴尸体运送回来，谁就可以得到死者的全部财产。

后来冒顿单于向北又降服了浑庾、屈射、丁零、鬲昆、薪犁等国。对此，匈奴的贵族和大臣们都非常佩服，认为冒顿单于贤能。

Хун[дар] баяны[1]

Хундардын бабасы – бул Сяхоу уруусунун тукуму Чуньвэй аттуу киши болгон. *Тан Яо*[2], *Юй Шуньга*[3] чейин эле шаньжун, сяньюнь жана сюньюй

---

[1] Бул бапта б.з.ч. экинчи жана биринчи миң жылдыкта азыркы Кытайдын түндүгүндө жана Монголияда көчүп-конуп жашап жүргөн көчмөн элдер тууралуу сөз болот.

[2] Тан Яо же Тао Тан 唐尧 / 陶唐 – Кытай мифологиясындагы жана тарыхындагы акылман башкаруучу. "Беш байыркы императорлордун" төртүнчүсү, анын образында адамга жана кудайга таандык сыпаттар айкалышып сүрөттөлөт. Анын негизги кошкон салымдарынын бири катары дамбалар менен каналдардын курулушу жана Хуанхэ дарыясынын ташкындоосуна каршы туруусу эсептелет.

[3] Юй Шунь же Шунь 虞舜 / 舜 – Уламыштаргы ылайык, б.з.ч. XXIII кылымда жашап өткөн

匈奴列传第五十
Хун[дар] баяны

уруулары түндүктөгү бош жерлерде жашашып, мал-чарбачылыктын талабына жараша көчүп-конуп жүрүшкөн. Алардын мал-жандыктары көбүнчө жылкы, уй жана кой болгон. Сейрек кездешчү мал-жандыктардан төө, эшек, качыр, бою пас жапайы жылкы жана куландарды айтсак болот. Мол чөп менен сууну ээрчип көчүп-конушат. Сепилдүү калаалары жана дайым жашаган турак-жери жок. Жер иштетүү менен алектенишбейт, бирок, ар кимдин өзүнүн ээлеген үлүш жери болот. Хундарда жазуу, китеп жок болгондуктан келишимдерди ооз эки түзүшөт. Жаш балдар бат эле теке минип, жаа менен канаттууларды же чычканды ата алышат, а бир аз жетилген соң түлкү, койондорду атып, тамакка иштетишет. Эр жеткен жаштар баары жаа тартууну билишет, баары курал-жарак, соот-шаймандар менен согуштук аттарды минип жүрүшөт. Хундар тынчтык заманда жай-баракат көчмөндүк жашоону сүрүп, куш-канаттуулар менен жапайы жаныбарларга ууга чыгуу менен алектенишет. Ал эми өзгөчө кырдаал түзүлсө, баардыгы согуш өнөрү менен машыгышып, чабуул салууга, тартып алууга даярданышат. Бул алардын табияты. Аларда алыстан урушууга ылайык куралдардан жаа менен жебе бар, жакынкы салгылашууга ылайык куралдан кылыч менен келте найза бар. Жагдай онунан чыкса чабуул коюшат, болбосо артка чегинишет. Качууну уят катары деле эсептешпейт. Пайда чыгышын билсе эле этикет же милдетке карабай, оюн ишке ашырышат. Өкүмдардан баштап карапайым калкына чейин баары жаныбардын этин негизги тамак катары колдонушат, кайышын кийим кылып, үстүнө жүндүү кайыш тондорду кийишет. Күчкө толгон жаштар

кытай легендарлуу императору. "Беш байыркы императордун" акыркысы. Ал музыка жана календардын реформатору деп эсептелип, жана ошондой эле ата-энени кадырлоо, берилгендик жана адептүүлүктүн символу катары эскерилет.

司马迁与李陵
Сыма Цянь жана Ли Лин

жакшы тамактарды жеп, карыларга калган кешиктен беришет. Жаш, ден-соолугу чың адамдарга көп көңүл бөлүшөт да, кары, ден-соолугу начар адамдарды карашпайт. Атасы каза болгондо баласы өгөй апасына үйлөнөт. Агасы өлсө, анын аялын иниси аялдыкка алат. Хундардын ысымы болот, бирок ага табу жок. Фамилиясы же ылакап аты болбойт.

Ся[1] ордосунун тартиби (саясий бийлиги) бошоңдой баштаган кезде *Гун-лю*[2] айыл-чарбасын тескөө кызматынан ажырап, батыштагы *Жундарга*[3] барып, алардын үрп-адаттарын өзгөртүп, *Бинь*[4] жергесинде турак (поселение) негиздейт. Мындан үч жүз жыл өткөн соң Жундар менен *Дилер*[5] *Чжоу*[6] улуу ваны *Дань-фуга*[7] кол салышат. Дань-фу Цишань тоосунун этегине качып барат. Ал эми биньдиктер да аны ээрчип, Цишаньга келишип, мында калаа курушат, ошентип Чжоу мамлекети түптөлгөн. Мындан дагы бир жүз жылдан ашуун убакыт өткөн соң батыш гегемону чжоулук *Цзи Чан*[8] *цюаньи*[9] урууларына каршы жортуулга

---

[1] Ся 夏 – Божол менен б.з.ч.2070-б.з.ч.1600 жылдары Кытай аймагында бийлик жүргүзгөн Кытай мамлекетинин жана ошол доордун аталышы.

[2] Гун-лю 公刘 – Чжоу мамлекетинин жол башчысы. Фамилиясы Цзи 姬 [Ji], аты Лю 刘 [Liu]. Урматтоо менен Гун-лю деп аталган. Өмүр жылдары белгисиз.

[3] Жун 戎 – Кытайдын батышындагы көчмөн элдердин жалпы аталышы.

[4] Бинь 豳 – Азыркы Шэньси провинциясынын Чэньсянь уездинде орун алган.

[5] Ди 狄 – Кытайдын түндүк тарабында жашаган көчмөн элдердин жалпы аталышы.

[6] Чжоу 周 – Б.з.ч. 1046 - б.з.ч. 256 жылдар аралыгында Кытайда бийлик жүргүзгөн кытай мамлекетинин аталышы жана ошол доордун аталышы. Чжоу доору жалпысынан эки этапка бөлүнөт: 1) Батыш Чжоу б.з.ч. 1046 - б.з.ч. 771 жж. 2) Чыгыш Чжоу б.з.ч. 770 - б.з.ч. 256 жж.

[7] Дань-фу 亶父 – Гун-люнун тогузунчу муундагы урпагы.

[8] Цзи Чан 姬昌 – Чжоу мамлекетинин түптөөчүлөрүнүн бири. Көбүнчө Вэнь-ван деген храм ысымы менен таанылган.

[9] Цюаньи 畎夷 – Кытайдын түндүк-батыш тарабында жашаган көчмөндөр.

匈奴列传第五十
Хун[дар] баяны

барып, аларды жазалаган. Мындан он жылдан ашууン убакыт өткөндөн кийин Чжоу өкүмдары *У-ван*[1] *Шан*[2] өкүмдары *Чжоу-ванга*[3] каршы жортуул жасап, анда *Лои*[4] турагын түптөгөн. Анан кайра *Фэнцзин*[5] жана *Хаоцзин*[6] калааларына кайтып барып жашайт. Жун жана и уруулары нын (элдерин) Цзиншуй дарыясы менен Лошуй дарыясынан ары түндүктү карай кубалап чыгарып салуу менен бирге аларды Чжоу ордосуна "хуанфу" деп аталчу алым-салыгын берип турууга мажбурлайт. Мындан эки жүз жылдан ашык убакыт өткөн соң, Чжоу ордосунун саясаты солгундай баштаган кезде, Чжоулук *Му-ван*[7] жундарга каршы жортуулга барып, алардан төрт ак карышкыр жана төрт ак бугу тартууга алып, кайтып келет. Ушул окуядан кийин жундар менен илер Хаоцзинге салык алып келүүнү токтотушту. Ошондо Чжоу ордосу "жазык кодексин" иштеп чыккан. Му-ван

---

[1] Чжоу У-ваны 周武王 – Чжоу мамлекетинин негиздөөчүсү (? - б.з.ч. 1043 ж.). Өз фамил иясы – Цзи 姬, аты – Фа 发. Чжоу Вэнь-ванынын экинчи уулу.

[2] Шан 商 – Болжолу менен б.з.ч. 1600 - 1046 жылдары Кытайда бийлик жүргүзгөн мамле кеттин же ордонун аталышы жана ошондой эле ошол доордун аталышы.

[3] Чжоу-ван 纣王 – Шан доорунун акыркы өкүмдары. Өз фамилиясы Цзы 子, аты Шоу 受. Өмүр жылдары: б.з.ч. 1105 - 1046 жж. Башкарган жылдары: б.з.ч. 1075 - 1046 жж.

[4] Лои 洛邑 – Азыркы Лоян шаары.

[5] Фэнцзин 沣京 – Азыркы Сиань шаарынын түштүк багытындагы 25-километрде жайгашкан.

[6] Хаоцзин 镐京 – Азыркы Сиань шаарынын батыш тарабында жайгашкан.

[7] Му-ван 穆王 – Батыш Чжоу өкүмдарынын маркум ысымы. Өз фамилия-аты Цзи Мань 姬满. Б.з.ч. 977 - 922 жылдары бийликте турган. Ал эми кошумча "ван" термини Чжоу доорунда жана ага чейинки Шан доорунда өлкөдөгү абсолюттук бийликке ээ өкүмдар, башкаруучу, өлкө башчынын титулу болгон. Мисалы, көчмөн элдердин тарыхындагы "хан" сыяктуу. Бул мааниде Корей жана Вьетнам тарыхында да ушул термин колдонулганын көрө алабыз. А бирок кийинчерээк Согушчул бектиктер доорунда ар кайсыл бектиктердин бектери да өздөрүн көтөрмөлөп бул титулду өздөрүнө ыйгара баштап, сөздүн түпкү мааниси өзгөргөн, баркы кеткен. Б.з.ч. 221-жылы Цин Шихуанди бүт өлкөнү бириктирип, өзүн "император" деп жарыялаган соң, бул "ван" титулун мамлекетке эмгек сиңирген инсандарга ыйгарып, энчи жер (вотчина) тартуулап, кайсы бир деңгээлде автономия бере баштаган.

81

司马迁与李陵

Сыма Цянь жана Ли Лин

өлгөндөн эки жүз жылдан кийин Чжоу *Ю-ваны*[1] токолу Бао Сыны жакшы көргөндүгүнөн улам Шэньхоу (жундардын бир бөлүгүнүн башчысы) менен касташып калат. Шэньхоу каарданып, жундарды баштап, Лишань тоосунун алдында Ю-ванга чабуул кылып, аны өлтүрүп, Чжоу ордосу жайгашкан *Цзяоху*[2] жергесин басып алып, Цзиншуй жана Вэйшуй дарыяларын аралыгында жайгашып жашай башташкан, ошону менен *Орто түздүкө*[3] кирип келишкен. Ошондо *Цинь*[4] өкүмдары *Сян-гун*[5] Чжоу ордосуна жардамга келет, анан Чжоу Пин-ваны Фэн-цзин менен Хаоцзинден кетип, чыгышка көздөй жылып Лоиге көчкөн. Ушул эле убактарда циньдик Сян-гун жундарга жортуул кылып, Цишаньга чейин жеткендиги үчүн "бек" титулун алган. Мындан алтымыш беш жыл өткөн соң шаньжундар *Янь бектиги*[6] аркылуу өтүп келип *Ци бектигине*[7] кол салышат. Ци бектигинин өкүмдары Ли-гун бектиктин сепилинин сыртында жундарга каршылык көргөзөт. Мындан дагы кырк төрт жылдан кийин шаньжундар Янь бектигине чабуул кылышат; яньдыктар Ци бектигинен жардам сурап

---

[1] Ю-ван 幽王 – Батыш Чжоу өкүмдарынын маркум ысымы. Б.з.ч. 782 - 771 жылдары тактыда отурган.

[2] Цзяоху 焦获 – Азыркы Шэньси провинциясынын Цзин-ян уездинин түндүк-батыш бөлүгүндө жайгашкан шаарча.

[3] Орто түздүк 中原 – Хуанхэ дарыясынын орто жана төмөнкү бассейндери. Бул чөлкөм кытай маданиятынын мекени, кытай улутунун бешиги болуп эсептелет.

[4] Цинь 秦 –Б.з.ч. 770 - 207 жылдары Кытайда өмүр сүргөн бектик. Ал башында кичинекей бир уделдик бектик болуп, а б.з.ч. 221 жылга карай Циншихуандын жетекчилиги астында өз бийлигин бүткүл кытайга жайылтууга жетишип, империяга айланган.

[5] Сян-гун 襄公 – Цинь өкүмдары. Ал б.з.ч. 777 - 766 жылдары Цинь бектигин башкарган.

[6] Янь бектиги 燕国 – Б.з.ч. 1044 - 222 жылдары өмүр сүргөн бектик. Акыры аны Цинь бектиги багындырып, өз курамына кошуп алган.

[7] Ци бектиги 齐国 – б.з.ч. 1046 –жылы Чжоу ордосунун карамагындагы уделдик бектик катары түзүлгөн. Б.з.ч. 221 – жылы Цинь бектигинин карамагына кирген.

匈奴列传第五十
Хун[дар] баяны

кайрылышат, Ци өкүмдары Хэн-гун түндүккө карай шаньжундарга каршы аттанат, анан ошондо алар (шаньжундар) качып жоголушат. Мындан жыйырма жылдан ашык убакыт өткөндөн кийин жундар менен дилер Лоиге келишип, Чжоу башчысы Сян-ванга кол салышат. Сян-ван *Чжэн бектигиндеги*[1] *Фаньи*[2] шаарчасына качып барат. Мурдараак чжоулук Сян-ван Чжэн бектигине кол салуу үчүн жун жана ди урууларынан аял алып, жун жана ди жоокерлери менен биргеликте Чжэн бектигине каршы жортуулга чыкмак болгон. Көп өтпөй Сян-ван дилик аялына көңүл бурбай койот. Аялы абдан ачууланат. Сян-вандын өгөй-апасы Хуэй-хоу өзүнүн Цзыдай аттуу уулун ван кылууну эңсеген. Ушундан улам Хуэй-хоу, дилик аял жана Цзыдай болуп үчөө бириге калып, жундар менен дилер келгенде шаар капкасын ачып беришкенден кийин алар шаар ичине кирип келишип, Чжоу армиясын талкалап, Сян-ванды кубалап, ордуна Цзыдайды Асман уулунун тактысына отургузушат. Ошентип жундар менен дилер *Лухуньда*[3] жашай башташат, чыгышта *Вэй бектигине*[4] чейин жетишип, Орто түздүк калкынын тынчтыгын буза башташат. Андыктан "*Ши цзин*"[5] авторлору "Жундар менен дилерди талкаладык", "Сяньюньдарга каршы аттандык, Тайюаньга чейин кууп салдык", "Согуш арабалары жолго чыгып,

---

[1] Чжэн бектиги 郑国 – Б.з.ч. 806-375 жылдар аралыгында Кытайда өмүр сүргөн бектиктердин бири. Акыры Хань бектиги тарабынан багындырылган.

[2] Фаньи 氾邑 – Азыркы Хэнань провинциясынын Сянчэн уездинде жайгашкан.

[3] Лухунь 陆浑 – Азыркы Хэнань провинциясынын Гаосянь уездинин түндүк-чыгыш аймагы.

[4] Вэй бектиги 卫国 – Божол менен б.з.ч.1117 - 209 жылдары Кытайда өмүр сүргөн бектик. Акыры Цинь тарабынан багындырылган.

[5] Ши цзин《诗经》– Ырлар китеби же трактаты. Байыркы кытайдын ар кайсы аймактарынына- дабияты, тили, идеологиясы, этикасы жана каада-салттары чагылдырылган булак, эстелик. Конфуцианствонун беш канондук трактаттарынын бири. Мында ар кандай жанрдагы 305 ыр топтолуп, б.з.ч. XI - VI кылымдардагы кытай жашоосунун ар тармактары чагылдырылган.

司马迁与李陵
Сыма Цянь жана Ли Лин

согуш аттары кылкылдады", "Түндүктө сепил курулду" деген сыяктуу ыр саптарын жазып калтырышкан. Чжоу Сян-ваны сыртта төрт жыл жашайт. Анан Цзинь бектигине киши жиберип, жардам сурайт. Ал учурда Цзинь өкүмдары Вэнь-гун жаңы гана бийлик кылууну баштап, [Асман астында] өзүнүн үстөмдүгүн орнотууну эңсеп турган. Андыктан жоокер жиберип, жундар менен дилерди кууп чыгып, Цзыдайды өлтүрүп, Чжоу Сян-ванын кайра ордуна отургузуп, Лоиге жайгаштырып койот.

Ошол учурда Цинь жана *Цзинь*[1] бектиктери күчтүү болуп турган. Цзинь өкүмдары Вэнь-гун кууп чыккан жундар менен дилер Хэси коридорундагы Иньшуй жана Лошуй дарыяларынын аралыгын байырлап жашап, кызыл ди жана ак ди делип атала башташкан. Цинь өкүмдары Му-гун *Ю-юйдун*[2] жардамы менен батыш жундарынын сегиз мамлекетин Цинь бектигине каратып алат. Ушундан улам *Луншань*[3] тоолорунан ары күн батышка карай мяньчжу, кунь-жун, ди, хуань-жун сыяктуу жун уруулары жашап, ал эми Цишань, Ляншань тоолорунан жана Цзиньшуй, Цишуй дарыяларынан ары түндүккө карай ицзюй, дали, уши жана цюйянь сыяктуу

---

[1] Цзинь 晋 – Божол менен б.з.ч.1033 - б.з.ч.376 жылдары Кытай аймагында өмүр сүргөн бектик.

[2] Ю-юй 由余 – Жаз-күз доорунда Цзинь бектигинде жашап, козголоң чыкканда жундарга качып барып баш калкалайт. Жундардын жетекчиси аны Цинь бектигине чалгындоого жиберет. Цинь беги Му-гун Ю-юйдун талантын байкап калып, жогорку кызматка дайындап, жундарды багынтууда анын акыл-кеңештерин колдонгон.

[3] Луншань тоолору 陇山 – (Башкача аталыштары – Лунди, Лунбинь ж.б.) Бул тоолор ал доордогу Кытайды анын түндүк-батышында жашаган бөтөн элдерден ажыратып турган табигый чегара катары кызмат кылган. Мяньчжу жундары азыркы Ганьсу провинциясынын Тяньшуй уездинин аймагында жашашкан; хуань жундары ушул эле провинциянын азыркы Лунси уездинин аймагын байырлашкан; ицзюйлөр ушул провинциянын азыркы Нинсянь уездинин территориясын мекедешкен; дали жундары азыркы Шэньси провинциясынын Дали уездинин ичинде көчүп конушкан; уши жундары азыркы Ганьсу провинциясынын аймактарында, цюйянь жундары да ушул провинциянын азыркы Яньчжи уездинин тегерегинде турушкан.

匈奴列传第五十
Хун[дар] баяны

жун уруулары жайгашат. Ал эми Цзинь бектигинин түндүк багытындагы аймактарды линьху, лоуфань сыяктуу жун уруулары байырлашып, а Янь бектигинин түндүгүндө болсо дунху жана шаньжундар жашашкан.Алар ар уруу өзүнчө капчыгайларда турушкан жана алардын өздөрүнүн башчылары болгон. Бат-бат жолугуп турган жун урууларынын саны жүздөй болгону менен бирок алар бир туунун астына бириге алышпаган.

Ушундан жүз жылдан ашуун убакыт өткөн соң Цзинь өкүмдары *Дао-гун*[1][элчиси] Вэй Цзянды жундар менен дилерге тынчтык мамилесин түзүүгө жиберет. Жундар менен дилер Цзинь бектигинин ордосуна каттай башташат. Жүз жыл өткөндөн кийин *Чжао*[2] бектигинин өкүмдары *Сян-цзы*[3] Гоучжу тоолорун ашып өтүп, сокку уруп, Дай бектигин өзүнө каратып алуу менен *Хулар*[4] менен *Молор*[5] жашаган аймакка жакындап барат. Мындан кийин чжаолык Сянцзы, Хань беги Кан-цзы, Вэй беги Хэн-цзы менен биргелешип, *Чжи-бону*[6] талкалашкан соң Цзинь бектигинин жерин бөлүп алышат. Ошентип Чжао бектиги Дай жерин жана Гоучжу тоосунун түндүк жагындагы жерлерди ээлесе, Вэй бектиги болсо Хуанхэ өзөнүнөн ары батышты карай жаткан жерлерди жана Шан аймагын ээлеп, чегарасы жундар менен түздөн түз чектешип калат. Мындан соң ицзюй уруусундагы жундар шаарча айлантып сепил куруп, коргонууну башташкан. Ал эми

---

[1] Дао-гун 悼公 – Б.з.ч. 573 - б.з.ч. 558 жылдары Цзинь бектигин башкарган.

[2] Чжао бектиги 赵国 – Б.з.ч. 403 - 222 –жылдары Кытайда өмүр сүргөн бектик.

[3] Сян-цзы 襄子 – Б.з.ч. 457 - б.з.ч. 425 жылдары Чжао бектигин башкарган.

[4] Ху 胡 – Байыркы Кытайдын түндүк жана түндүк-батыш тарабында көчүп-конуп жашаган көчмөн элдердин шарттуу түрдөгү жалпы аталышы.

[5] Мо 貉 – Байыркы Кытайдын түндүк тарабында жашаган көчмөн эл.

[6] Чжи-бо 智伯 – Цзинь бектигинин жогорку даражадагы сановниги болгон, кландар арасындагы ич-ара күрөштөргө жигердүү катышкан. Б.з.ч. 476 - жылы Цзинь беги болууга жетишкен. Б.з.ч. 453 – жылы союздаштары тарабынан өлтүрүлгөн.

司马迁与李陵

Сыма Цянь жана Ли Лин

Цинь бектиги аларды акырындап өзүнө каратып, *Хуэй-ван*[1] тушунда ицзюйлөрдүн жыйырма беш шаарчасын басып алат. Хуэй-ван Вэй бектигине чабуул жасап, Хуанхэ өзөнүнүн батыш тарабындагы жерлер менен *Шан*[2] аймагын ээлеп алат. Цинь беги *Чжао-вандын*[3] тушунда ицзюйлөрдүн башчысы Сюань-тайхоу менен жыныстык байланышка барып, эки уул төрөлөт. Сюань-тайхоу Ганьцюань сарайында амалкөйлүккө салып, ицзюй башчысын өлтүрүп, жоокрлерди жиберип, ицзюйлөрдү жок кылат. Ошентип Цинь бектиги Лунсин жергесин, түндүк аймактарды жана Шан аймагын ээлеп, сепил куруп, худардан коргонууну баштайт. Ал эми Чжао беги *Улин-ван*[4] өз каада салттарын өзгөртүп, ху кийимдерин кийип, ат үстүндө жаа тартуу өнөрүнө машыгып, анан түндүктөгү линхулар менен лоуфаньдарды талкалайт. Узун сепилди курдуруп, сепилди Дай жергесинен баштап, Иньшань тоосун бойлой улантып, *Гаоцюэ*[5] аймагына чейин жеткирген. Заставаларды курдуруп, Юньчжун, Яньмэнь жана Дай округдарын негиздеген. Мындан кийин Янь бектигиндеги Цинь Кай аттуу бир акылман кол башчы пайда болуп, ал хуларга ак үйлүүгө (почетный заложник) барат. Хулар ага өзгөчө ишеним көргөзүшөт. Ал кийин өз мекенине кайткан соң кайра *Дунхуларга*[6] каршы чабуул кылып, хулар

---

[1] Хуэй-ван 惠王 – Б.з.ч. 337-311 жылдарда башкарган Цинь беги.

[2] Шан округу 上郡 – Согушчул бектиктер доорунда түзүлгөн округ. Азыркы Шэньси провинциясынын түндүк тарабында жайгашкан. Кийинчерээк Цинь империясынын 36 округунун бири болуп калган.

[3] Чжао-ван 昭王 – Б.з.ч. 306 - 251 жылдары Цинь бектигин башкарган.

[4] Улин-ван 武灵王 – Б.з.ч. 325 - 298 жылдары Чжао бектигин башкарган ван (өкүмдар).

[5] Гаоцюэ 高阙 – Иньшань тоолорунун батыш тарабында жаткан аймак, ал бүгүнкү Ички Монгол автоном районунун территориясындагы Ордос аймагынын бир бөлүгүн да камтып турган.

[6] Дунху же Чыгыш ху 东胡 – Байыркы кытайдын түндүк чыгыш тарабында жайгашкан көчмөн эл. Алар хундардын чыгыш тарабында жайгашкандыктан улам кытай эмгектеринде чыгыш хулары деп аталган.

качып, миң ли аралыкка чегинип кетишет. Баягы жылы *Цзин Кэ*[1] менен бирге Цинь ванына (Цинь Шихуанга) кол салган Цинь У-ян дал ушул Цинь Кайдын небереси эле. Янь бектиги да *Цзаояндан*[2] *Сянпинге*[3] чейин созулган узун сепил куруп, *Шангу*[4], *Юйян*[5], *Оң-Бэйпин*[6], *Ляоси*[7], Ляодун округдарын негиздөө аркылуу хулардан коргонгон. Ушул мезгилде өз маданияты, жөрөлгөсү бар жана ар дайым бири бири менен согушуп турган жети чоң бектик болгон, алардын үчөө хундар менен чектеш жашашкан. Кийинчерээк, Чжао бектигинин кол башчысы кызматына Ли Му дайындалган соң, хундар бул бектиктин аймагына кирүүгө батына албай калышкан. Ананыраак Цинь ордосу алты бектикти талкалап, *Цинь Шихуан*[8] кол башчы *Мэн Тяньды*[9] жүз миң колду жетектетип түндүккө хундарга жортуулга жиберип, Хуанхэ өзөнүнүн түштүгүндөгү жерлердин баарын кайтарып алат. Хуанхэ чегара линиясына айланат. Хуанхэны бойлой кырк төрт шаарча салынып, жаза өтөөгө сүргүнгө айдалгандар бул жакка

---

[1] Цзин Кэ 荆轲 – Цинь Шихуанга кол салып, өлтүрүүгө майнапсыз аракет кылган киллер.

[2] Цзаоян 造阳 – Азыркы Хэбэй провинциясынын Хуайлай уездинде жайгашкан.

[3] Сянпин 襄平 – Азыркы Ляонин провинциясынын Ляоян шаарынын ордундагы турак.

[4] Шангу 上谷 – Азыркы Хэбэй провинциясынын түндүк-батыш бөлүгүндө жайгашкан округ болгон.

[5] Юйян 渔阳 – Округ Азыркы Хэбэй провинциясынын Хуайтоу уездинин аймагында жайгашкан.

[6] Оң-Бэйпин 右北平 – Азыркы Хэбэй жана Ляонин провинцияларынын аймагында жайгашкан округ.

[7] Ляоси 辽西 – Азыркы Ляонин жана Хэбэй провинцияларынын аймагынан орун алган округ.

[8] Цинь Шихуан 秦始皇 – (Өмүр жылдары: б.з.ч. 259-210) Өз аты – Ин Чжэн 嬴政. Кытайдын биринчи императору. Кытай тарыхындабүт территорияны бириктирип, биринчи империя - Цинь империясын – негиздеген стратег, саясатчы, реформатор.

[9] Мэн Тянь 蒙恬 – Болжол менен б.з.ч. ? - 210 жылы өмүр сүргөн Цинь генералы. Ал б.з.ч. 215- жылы хундарга каршы ийгиликтүү жортуул жасаган соң, ага Улуу сепилди куруу жана чегараны бойлой жолдорду салуу буйрулган.

司马迁与李陵
Сыма Цянь жана Ли Лин

чек араны коргоого жиберилет. *Цзююаньдан*[1] *Юньянга*[2] алып баруучу түз жол салынат. Линьтаодан Ляодунга чейин он миң лиден ашык аралыкка жол түшүп, тоо капчыгайындагы ыңгайлуу жерлерге коргонуу шаарчалары түшкөн. Анан дагы Хуанхэ өзөнүн кечип өтүп, Яншань жана *Бэйцзя*[3] аймактарын ээлейт.

Ушул заманда дунху уруулары күчкө толуп, ал эми *Юэчжилер*[4] аябай өсүп-өркүндөп турган. Хун шаньюйү *Тоумань*[5] *Цинь империясын*[6] жеңе албай, түндүккө оогон. Он жылдан ашууш убакыт өткөн соң Мэн Тянь каза болот, бектер Цинь ордосуна каршы козголоң чыгарышып, Орто түздүктө башталамндык орун алган. Цинь ордосу чегараны коргоого жиберген жанагы сүргүндөгү кишилер да баары үйлөрүнө баса беришкендиктен хундар кенен мүмкүнчүлүк алып, дагы кайра акырындап Хуанхэны кечип өтүп, Хуанхэнын түштүгүндөгү мурунку чег ара линиясы аркылуу[Цинь менен] чектеше баштайт.

Тоумань шаньюйдүн *Модэ*[7] деген мураскор уулу болгон, кийинчерээк

---

[1] Цзююань 九原 – Цзююань округунун борбордук калаасы. Азыркы Баотоу шаарынын Цзююань районунун Мачи айылдык аймагынын ордунда жайгашкан.

[2] Юньян 云阳 – Цинь бектигиндеги ири шаарлардын бири. Бектиктин борбор калаасы Сяньяндын түндүк багытынын 80-чакырымында жайгашкан.

[3] Бэйцзя 北假 – Цзююаньдын түндүк тарабындагы жерлер.

[4] Юэчжи 月氏 – Орто азияда жашаган чыгыш-иран диалектилериндне сүйлөгөн эл. Тарим ойдуңун, азыркы СУАР, Ганьсу провинциясынын аймактарын байырлап турушкан.

[5] Тоумань 头曼 – Хундарды жетектеген биринчи шаньюй. Кытайлык кыргызда-рдын эмгектеринде Түмөн деген ат колдонулат.

[6] Цинь империясы 秦朝 – Цинь бектиги башка алты бектикти багындырууну б.з.ч. 221 жылы ийгиликтүү аяктаган соң Цинь империясы түзүлгөн. Бул кытай тарыхындагы биринчи империя. Б.з.ч. 206 – жылга чейин өмүр сүргөн. Негиздөөчүсү – Цин Шихуанди.

[7] Модэ 冒顿 – Хун империясын негиздөөчүсү жана башкаруучусу (Б.з.ч. 209 - 171 жж.). Өмүр жылдары б.з.ч.?-174 ж. Кытай кыргыз адабиятында Бактуг деген ат Модэ атынын түркчө варианты катары колдонулуп келет. Бирок, орус жана кыргыз тилдеринде Модэ варианты колдонулгандыктан мында да ушул варианттын иштетүүнү туура көрдүк.

匈奴列传第五十
Хун[дар] баяны

сүйүктүү аялынан дагы бир уулдуу болот. Ошондо Тоумань Модэнин ордуна кичүү уулун мураскор кылууну эңсеп, Модэни юэчжилерге ак үйлүүгө жиберип салат. Модэ юэчжилерге бараары менен Тоумань юэчжилерге кол салат, юэчжилер Модэни өлтүрмөк болгондо, Модэ алардын жакшы атын уурдап минип хундарга качып кетет. Тоумань анын эрдигине баа берип, ага бир түмөн колду жетектөөгө берет. Модэ ышкырма жебени колдонууга киргизет, ат жалынан жаа тартуу өнөрүн өз жоокерлерине үйрөтөт. Модэ "Эгерде менин ышкырма жебем мерчемделген бутага кимде ким жебе атпаса, башын алам" деп айтып, ууга чыгып, доңуз, канаттуу куштар жана жырткыч айбандарга жебе атат, ал жебе аткан багытка жебе атпагандардын башын алат. Көп өтпөй, Модэ ышкырма жебе менен өз минген атын атып өлтүрөт, жан жөөкөрлөрүнүн арасындагы өз атын ата албагандардын башын алат. Дагы бир аз убакыт өткөн соң Модэ ышкырма жебе менен өзүнүн сүйүктүү аялын атып өлтүрөт. Жанындагы жоокерлердин арасында өз аялына жаа тарта албагандардын бышан алдырат. Дагы бир нече күндөн кийин Модэ ууга барып, ышкырма жебе менен шаньюйдүн (атасынын) асыл тукум атын атып өлтүрөт, тегерегиндегилер да жебе атышат. Ошондо Модэ өз айланасындагы адамдар эң ишеничтүү экенине ынанат. Ал Тоумань шаньюйдүн артынан ууга барып, ышкырма жебени колдонуп Тоуманьдын башына атат. Тегерегиндеги адамдар баары Тоуманьдын башына карай жаа тартып, атып өлтүрүшөт. Мындан соң өгөй апасын, инисин жана башка баш ийбеген сановниктердин баарын тең атып өлтүрүшөт. Ошентип Модэ өзүн өзү шаньюй кылып жарыялайт.

Модэ шаньюй болгон мезгилдерде дунхулар аябай күчкө толуп турган, алар Модэнин атасын өлтүрүп, тактысын ээлегенин угуп, Модэге киши жиберип, Тоуманьдын бир күндө миң ли аралыкты чуркап өтчү күлүк атын сурашат. Модэ жанындагылардан кеңеш сураганда, алар айтышат: "Күлүк – хундардын асыл кенч аты... бербеңиз!" Модэ анда "Кошуна болуп туруп кантип бир атты аяйбыз?!" деп, күлүктү дунхуларга бере салат. Бир нече убакыт өткөн соң дунхулар Модэни коркуп калды деп ойлошуп, киши жиберип, анын (шаньюйдүн) аялын сурашат. Модэ кайра эле жакын вазирлерине кеңеш салат, вазирлери баары ачууланып "Дунхулардын абийирсиздиги чектен чыгып кетти. кантип сиздин аялыңызды сурашты?! кол жиберип, талкалаңыз!" дешет. Модэ аларга "Жакын кошуна болуп туруп, кантип бир аялды аяйлы!?" деп айтып, өзүнүн сүйүктүү аялын дунхуларга тартуулайт. Дунхулар барган сайын текебердике алдырып, батышты көздөй басып кире баштайт. Дунху менен хундардын ортосунда миң лидей эч ким жашабай бош жаткан жер болчу. Эки тарап бул аймактын эки жагына өздөрүнүн застава посторун курган. Дунхулар Модэге чабарман жиберип, "Силер хундар застава курган жайдан бери жагындагы жерлерге силер кирбегиле, биз бул жерлерди ээледик" деп айттырат. Модэ жанындагы вазирлеринен сураганда бир вазир мындай дейт: "Бул ташталган бош жер, аларга берип салсак да боло берет, бербей койсок да боло берет". Ошондо Модэ катуу каарданып, "Жер – бул мамлекеттин негизи, Кантип эле берип койолу?!" деп, жерди берүүнү сунуштаган вазирлердин баарын өлүм жазасына буйруйт. Модэ атына минип, эгерде кимде ким артка чегинсе өлүмгө буйруйт да, дароо чыгышты көздөй жол алып, дунхуга чабуул салат. Дунхулар башында хундарды жеңил ойлоп, маани беришбей, тийешелүү деңгээлде коргонушбайт. Модэ армиясы менен жетип келгенден кийин согуш башталганда эле дароо жеңилип калышат. Дунху жетекчиси жок кылынып, карапайым калк туткунга алынып, мал-мүлкү таланып тонолот. Модэ кайтып келген соң батыштагы юэчжилерди

匈奴列传第五十
Хун[дар] баяны

кууп салып, түштүгүндөгү лоуфаньдар менен байяндарды да өзүнө каратып алат жана ошондой эле Цинь империясы Мэн Тяньды жиберип басып алган бардык жерлерди кайра кайтарып алат. Ошентип Хун-Хань чегара линиясы мурункудай Хуанхэнын түштүгү менен белгиленип, Чжаоно, *Фуши*[1] жерлерин камтып, хундар Янь бектиги менен Дай жергесин басып алышат. Бул мезгилдерде Хань армиясы болсо *Сян Юйдүн*[2] чоң колу менен катуу согушуп, Орто түздүк согуштан жапа чегип турса, ал эми Модэ күчкө толуп, колунда үч жүз миң жаачы аскери болгон.

Шуньвэйден Тоуманьга чейин миң жылдан ашык убакыт өтүптүр. Хундардын кубаты кээде күчтөнүп, кээде начарлап, дайыма чачылып бөлүнүп турду. Бул убакыт өтө узак болгондуктан алардын санжырасын катары менен тизип чыгуу мүмкүнчүлүгү жок. Бирок, Модэ шаньюй тактысына отурган учурда хундардын күчү өтө көп болуп, түндүктөгү бардык элдерди өздөрүнө каратып, түштүктөгү Кытай мамлекети (Цинь менен Хань империясы) менен жоолошуп турду. Ушул убактан тартып хундардын санжырасы, мамлекеттик кызмат орундарынын аталыштары жазылып калды.

Хундарда сол / оң сянь-ван, сол / оң лули-ван, сол /оң кол башчы, сол/ оң дадувэй, сол/ оң даданху, сол / оң гудухоу ж.б.у.с. кызмат орундары түзүлгөн. Хундар татыктуу адамдарды "туци" деп аташкан, ошндуктан шаньюйдүн улуу уулуна (старший сын) көбүнчө "сол туци-ван" титулу берилген. Сол / оң сянь-вандан төмөн карай данхуга чейинки кызматтарды

---

[1] Фуши 肤施 – Азыркы Шэньси провинциясынын Суйдэ уездинин территориясы.

[2] Сян Юй 项羽 – Кытай генералы (Өмүр жылдары б.з.ч. 232-202 жж.). Ал б.з.ч. 208 - 202 жылдардагы Цинь ордосуна каршы чыккан бектердин кыймылын жетектеп, натыйжада Цинь бийлигин кулатып, өзүн Батыш Чу өкүмдары деп жарыялаган.

司马迁与李陵
Сыма Цянь жана Ли Лин

ээлегендердин кол алдында көп болгондо бир түмөндөн, аз болгондо бир нече миңден атчан жоокерлери болгон. "Түмөн атчан" титулун алып жүргөн командирлер баары биригип жыйырма төрт болгон. Бардык жогорку кызмат орундар мураска берилген. Хуянь уругу, Лань уругу анан кийинчерээк Сюйбу уругу кошулуп, ушул үч урук алардын ак сөөк уруктары болуп эсептелген. Сол тараптагы (кызматында сол приставкасы коюлган) бардык вандар менен кол башчылар чыгыш тарапта жашашып, Шангу округунан чыгышты карай жайгашып, вэймо жана чосондорго (корейлердин бабалары) чейин турушкан. Оң тараптагы бардык вандар менен кол башчылар болсо, батыш тарапта жашашып, Шан округунан батышты карай жайгашып, юэчжи, ди жана цян элдери менен чектеш турушкан. Шаньюйдүн өзүнүн ордосу болсо Дай жана Юньчжун округдарына жакын жерге жайгашкан. Алардын ар биринин өзүнө бөлүнгөн аймактары болгон, мол чөп-сууну ээрчий көчүп-конуп жашай беришкен. Сол жана оң сянь-вандар менен сол жана оң лули-вандардын макамы эң жогору болгон. Сол жана оң гудухоулор шаньюйгө мамлекетти башкаруу жагынан жардам көргөзүшкөн. Жыйырма төрт командир дагы өз алдынча миң башы, жүз башы, он башы, кичи сяо-ван, сян, дувэй, данху, цецюй жана башка кызмат орундарын түзүшкөн.

Ар жылдын биринчи айында командирлер шаньюйдүн ордосуна кичи жыйынга келишип, түлөө өткөрүшкөн. Бешинчи айда *Лунчэнге*[1] чоң жыйынга келишип, ата-бабаларына, Асман менен Жер кудайларына, маркумдарынын арбактарына жана асман рухтарына түлөө беришкен. Күзүндө, жылкы семиз учурда, *"дайлинь"*[2] чоң жыйынына чогулушуп,

---

[1] Лунчэн 茏城 – Хундардын түлөө өткөрүүчү жайы. Азыркы Ички Монгол автоном районунун Уланчаб шаарынын чыгыш бөлүгүндө жайгашкан.

[2] Дайлинь 蹛林 – Хундардын ар жылы күзүндө чогулуп түлөө өткөрүү жөрөлгөсү.

匈奴列传第五十
Хун[дар] баяны

адам саны менен мал санын текширишкен. Хундардын мыйзамына ылайык, киши өлтүрүү максаты менен кылычын кынынан бир *чи*[1] чыгарса да ал киши өлүм жазасына тартылган; уурулук кылгандардын мал-мүлкү конфискацияланган; жеңил жоруктар үчүн таяк менен уруу, оор кылмыш үчүн өлүм жазасы бажарылган; түрмөгө камоонун мөөнөтү эң көбү он күндү түзгөн, бүт өлкө боюнча түрмөдө отургандардын саны бир учурда ондон ашпаган. Шаньюй эртең менен чатырынан сыртка чыгып, жаңы гана көтөрүлүп жаткан Күнгө сыйынып, кечинде Айга сыйынган. Жашы улуулар сол тараптан орун алып, түндүк тарапты карап отурушкан. У 戊 жана цзи 己 циклдик белгилерине туура келген күндөр ыйык болуп саналган. Маркумдарды жерге берүүдө табыттар, алтын-күмүштөр жана кийим-кечелер пайдаланылган, бирок, көрүнүн үстүндө дөңсөсү менен айландырып эккен дарактары болбойт, аза күтүүдө кийген кийими жок. Шаньюй өлгөндө анын жакын жана сүйүктүү вазирлери менен аялдары-токолдору бирге жерге берилип, көп болгондо ондогон же жүздөн ашык адам чогуу коюлган. Согушка аттанаарда оболу жылдыздар менен айга байкоо жүргүзүшкөн, эгер ай толуп турса, анда дароо жортуулга чыгышкан, эгер ай кем болсо, анда колду артка кайтарышкан. Хундарда жоокерлер согушта жоону өлтүргөндүгү же туткунга алгандыгы үчүн сыйлыкка бир чайнек шарап алышкан, ал эми колго түшкөн бардык олжолорду жоокерлерге бөлүп беришип, кармап алган адамдарын кул-күң кылып өздөрүнө беришкен. Ошондуктан согуш учурунда ар бир жоокер өзүнүн пайдасы үчүн аракет кылышып, жоосуна буктурма коюп капысынан кол салып турушкан. Жоону көрөөрү менен өз пайдасын ойлоп, канаттуу

---

[1] Чи 尺 – Узундукту өлчөө бирдиги. 1чи хань доорунда 27,6 сантиметрге барабар болгон.

司马迁与李陵
Сыма Цянь жана Ли Лин

куш сымал учуп жетишкен, бирок эгерде коркунучту сезип калышса, туш-тарапка чачырашып, туман сымал жоголушкан. Согуштан өлгөн жолдошунун сөөгүн алып келе алган кишиге маркумдун бардык мүлкү өткөн.

Кийинчерээк Модэ түндүктөгү хуньый, цюйшэ, *Динлин*[1], *Гэкунь*[2], синьли элдерин толук өзүнө баш ийдирди. Ошондон кийин хундардын ак сөөктүү вазирлер Модэге чын жүрөктөн багынышты жана Модэнин кыйындыгына ынанышты.

这时，汉朝刚刚平定中原，把韩王信迁到代国，建都马邑。匈奴大举进攻并包围马邑，韩王信投降了匈奴。匈奴得了韩王信，便率军南进，越过勾注山，进攻太原，打到晋阳城下。汉高皇帝亲自统率军队前去抗击匈奴。遇上冬天大寒、雨雪交加，士兵中冻掉手指的十有二三，这时冒顿假装败逃，引诱汉兵。汉兵追击冒顿，冒顿埋伏精兵在后面等待，前面只用老弱兵挑战，引诱汉兵，汉兵全部出动，中了冒顿之计。汉全军三十二万人，主要是步兵，向北追击匈奴。高皇帝先到平城，汉兵没有全部跟进，冒顿派出精锐部队四十万骑兵，把高皇帝围困在白登山，前后七天，汉军内外不能互相接济军粮。匈奴的骑兵，西边全骑白马，东边全骑青马，北边全骑黑马，南边全骑红马。高皇帝便派使者暗中给阏氏送去厚礼，阏氏就对冒顿说："两主不要互相困逼。如今即使占领汉

---

[1] Динлин 丁零 – Энесайдан Байкалга чейинки аралыкта жашаган түрк тилдүү эл.

[2] Гэкунь 鬲昆 – "Кыргыз". Сыма Цяньдын "Тарых жазмалары" эмгегинде Эне-Сай дарыясынын баш жагында жашаган кыргыздар тарыхта биринчи жолу эскерилип, аларды белгилөө үчүн ушул эки иероглиф 鬲昆 [gekun] колдонулган. Кытай тарыхый эмгектеринде "кыргыз" этнонимин туюнтуу үчүн ар кайсыл доорлордо ар башка иероглифтер колдонулган. Мисалы, 鬲昆 gekun, 坚昆 jiankun, 契骨 qigu, 纥骨 hegu, 黠戛斯 xiajiasi, 辖戛斯 xiajiasi, 吉利吉思 jilijisi, 乞儿吉思 qi'erjisi, 布鲁特 bulute. Булардын баары "кыргыз" этнонимин билдирет.

94

匈奴列传第五十
Хун[дар] баяны

朝土地，单于终究也不能住在那里。何况汉王也有神灵保佑，请单于明察。"冒顿与韩王信的部将王黄、赵利约定日期会合，而王黄、赵利兵没有到，于是怀疑他们与汉军有密谋，也就听从了阏氏的话，就解开包围圈的一角。于是高皇帝命令士兵全部拉满弓、搭上箭、面朝外，从解围的一角直冲而出，终于跟大军会合，而冒顿也就率军撤退。汉朝也收兵停战，派刘敬前去缔结联姻和亲的盟约。

此后韩王信充当匈奴将领，其部将赵利、王黄等多次违背汉匈和约，侵掠代郡、云中郡。过了不久，陈豨叛汉，又跟韩王信合谋进攻代郡。汉朝派樊哙前去攻打他们，又夺取了代郡、雁门、云中各郡县，未出边塞。当时，匈奴因有汉朝的将领们去投降，所以冒顿经常来来回回侵掠代地。对此，汉朝甚为忧虑，高皇帝便委派刘敬奉送皇族女儿以公主身份去做单于的阏氏，每年奉送匈奴丝棉、绸绢、酒、米、食物各有一定的数额，相约结为兄弟之国，实行和亲政策，冒顿的侵扰才稍有收敛。后来燕王卢绾叛汉，率领他的党羽几千人投降匈奴，往来劫掠上谷以东地区。

汉高祖逝世后，在孝惠帝、吕太后执政时，汉朝因刚刚安定下来，因此匈奴很骄横。冒顿竟写信给吕太后，大发狂言。吕太后想要反击匈奴，将军们劝阻说："以高皇帝的贤能英武，尚且还在平城被围困。"吕太后这才作罢，仍然跟匈奴和亲。

到汉文帝登皇位之初，继续奉行和亲政策。文帝三年五月，匈奴右贤王进占黄河河套以南地区，侵扰上郡归服汉朝的各部族，屠杀劫掠人民。当时，汉文帝指令丞相灌婴出动战车和骑兵八万五千人，进军高奴，攻打右贤王。右贤王逃出边塞。文帝到了太原。这时济北王反叛，文帝回京，停止了丞相反击匈奴的军事行动。

第二年，单于写给汉朝的信中说："天所立匈奴大单于敬问皇帝平安。前些日子皇帝所言和亲之事，跟来信的意思一致，双方皆大欢喜。

司马迁与李陵
Сыма Цянь жана Ли Лин

汉朝边境将吏侵侮右贤王。右贤王未向我请示，而听从后义卢侯难氏等人的主意，与汉朝将吏相对抗，断绝了两国君王的盟约，离间了兄弟的情谊。皇帝两次送来责备我们的书信，我派出使者带着书信前往汉朝回复，使者却没有回来，而汉朝的使者又没有到来，汉朝因为这个缘故不同我们和解，我们作为邻国也不得归附。现在因为小吏破坏和约的缘故，我惩罚了右贤王，派他到西方寻找月氏并打击它，托天之福，将士精良，战马强壮，因此消灭了月氏，把他们全部斩杀、降服了。平定了楼兰、乌孙、呼揭及其附近的二十六国，它们都已归属匈奴统辖。各游牧民族合为一家。北方已经平定，我愿意停止战争，休养士兵，牧养马匹，消除先前的误会，恢复过去的和约，用以安定边民，用以顺应自古以来的友好传统，让少年得以成长，老年人能够安居，世世代代和平安乐。未知皇帝意下如何，所以委派郎中系零浅呈送国书请安，进献骆驼一匹、坐骑二匹、驾车之马八匹。皇帝如不愿意让匈奴靠近边塞，那就姑且诏令官吏百姓远离边塞居住。使者抵达后，请即打发他们回来。"匈奴使者于六月中旬来到边塞薪望这个地方。国书送到朝廷，汉朝计议攻战与和亲哪种政策有利。公卿大臣都说："单于新近打败了月氏，处在胜势，不可攻打。况且即使得到匈奴的土地，那里都是盐碱不毛之地，不是可以居住的地方。和亲很有利。"汉朝答应了单于的请求。

　　汉文帝前元六年，汉朝给匈奴的回书中写道："皇帝敬问匈奴大单于平安。您委派郎中系零浅送给我的书里说：'右贤王未经请示，听从后义卢侯难氏等人的主意，断绝了两国君的盟约，离间了兄弟的情谊，汉朝因此不同我们和解，我们作为邻国也不得归附。现在因为小官吏破坏和约，所以惩罚右贤王让他西击月氏，已全部平定了。希望停止战争，休养士兵、牧养马匹，消除从前的误会，恢复过去的和约，以安定边民，让少年人得以成长，老年人能够安居，世世代代和平安乐，我对此十分赞赏'，这是当代圣王的意愿。汉朝与匈奴相约为兄弟，所以赠送给单

匈奴列传第五十
Хун[дар] баяны

于的礼物非常丰厚。背弃和约，破坏兄弟情谊的，多在匈奴方面。至于右贤王那回事发生在大赦之前，单于就不要过分地责备。单于如能按照来书所说的意思去办，那就明确地告诫大小官吏，让他们不要背弃和约，遵守信用，我将郑重地按照给单于的回书中所表达的意愿来做。使者谈及单于亲自率军攻伐敌国颇费工夫，打仗很辛苦，特将皇帝服装绣表绮里的夹衣、绣夹长袄、锦夹袍各一件，精制梳子一把，黄金装饰的腰带一条，黄金带钩一枚，彩绸十匹，锦缎三十匹，赤绨、绿缯各四十匹，委派中大夫意、谒者令肩赠送单于。"后来不久，冒顿死，子稽粥继位，称为老上单于。

老上稽粥单于刚登位，文帝又派送皇族女儿以公主名分去做单于阏氏，并派宦官燕地人中行说辅佐公主。中行说不愿意去，汉朝强迫他去。中行说说："一定要我去的话，我就要成为汉朝的祸根。"中行说到了匈奴那里，就投降了单于，单于很宠信他。

当初，匈奴喜欢汉朝的绸绢丝帛和食物，中行说说："匈奴人口抵不上汉朝的一个郡，然而所以强大的原因，是因为衣食和汉人不同，没有什么要依赖汉朝的。现在单于改变习俗，爱好汉朝的东西，汉朝只要拿出十分之二的东西，那么匈奴就全归属于汉朝了。请把那些来自汉朝的绸绢丝帛，用来制成衣着，驰骋于野草荆棘之中，无论衣服裤子都开裂破败，以表明它们不如匈奴毡裘之完美。把来自汉朝的食物都扔掉，以表明它们不如乳酪方便味美。"当时，中行说又教给单于身边的人员文字书记，以统计他们的人口牲畜。

汉朝给单于的国书，木牍用一尺一寸长，开头的言辞是："皇帝敬问匈奴大单于平安。"接着写明所赠送的礼物和要说的话等。中行说教单于给汉朝的国书，木牍用一尺二寸的规格，印章封泥都做得又大又宽又长，开头的言辞要傲慢自大地说："天地所生、日月所置匈奴大单于敬问汉皇帝平安。"接着也写赠送的礼物和要说的话等。

97

司马迁与李陵
Сыма Цянь жана Ли Лин

汉朝使者有的说："匈奴风俗轻视老年人。"中行说诘难汉朝使者说："你们汉人的风俗，对于那些参军戍边奉命出发的人，他们的年老双亲难道不是拿出自己享用的暖衣美食来送给他们上路吗？"汉朝使者说："是这样。"中行说说："匈奴人十分明确以打仗为大事，那些老弱者不能参加战斗，所以把家里的肥美饮食给壮健者，就是为了保卫自己，这样父子各得长久相保，怎么能说匈奴轻视老人呢？"汉朝使者说："匈奴的父母子女竟然同在一个毡帐里睡觉。父亲死了，儿子娶他的后母为妻；兄弟死了，活着的兄弟都娶死者之妻为妻。没有戴冠衣带的服饰，缺少朝廷的礼仪。"中行说说："匈奴的习俗，是人人吃牲畜肉，喝它的乳汁，穿它的皮等；牲畜吃草饮水，随时转移。所以他们紧急时期就人人训练骑马射箭，和平时期便人人安乐无事，他们的约束简便，容易做到。君臣关系简便，一国的政务好像一个人的身体一样。父子兄弟死了，娶死者的妻为妻，这是怕族姓没有后代。所以匈奴的伦常虽乱，却一定要保住他们的宗嗣种族。现在中国虽然假正经，不娶自己父兄的遗孀为妻，但亲属逐渐疏远且互相残杀，直到改朝换代，却是由这类假正经造成的。况且礼义所产生的弊端，导致上下互相怨恨，而且追求宫室的高大华美，必然耗尽民力。既要致力于耕田种桑来获得衣食的需要，又要修筑城郭保卫自己，过着这样的生活方式，所以你们的百姓紧急时不熟习战争，和平时疲于生产。唉！你们这些住土石房屋的汉人，不要再多费口舌了，即使你们喋喋不休，沾沾自喜，衣冠高贵，又有什么了不起？"

从此以后，汉朝使者还想要辩论的，中行说就说："汉朝使者不要多言多语，只要管好汉朝所送给匈奴的绸绢丝帛、精米酒曲，保证数量足够，质量要好就行了，何必多费口舌呢？况且，你们所给的东西保质保量也就罢了；如果数量不足质量又差，那就等到秋收季节，瞧我们用铁骑驰骋来践踏你们的庄稼吧。"中行说时刻教单于窥伺有利于入侵的要害之处。

匈奴列传第五十
Хун[дар] баяны

汉文帝十四年，匈奴单于率领十四万骑兵攻入朝那、萧关，杀死北地郡都尉孙卬，掳掠了很多的汉人和牲畜财产，进而打到彭阳。单于派突袭部队焚烧回中宫，侦骑深入到甘泉宫。当时文帝任用中尉周舍、郎中令张武为将军，出动战车千辆、骑兵十万，驻扎在长安附近，以防备匈奴的侵扰。又任命昌侯卢卿为上郡将军，宁侯魏遬担任北地将军，隆虑侯周灶担任陇西将军，东阳侯张相如担任大将军，成侯董赤担任前将军，大量出动战车和骑兵前去迎击匈奴。单于留在边塞内一个多月才离去，汉军追出边塞便回师，没能大量斩杀敌人。匈奴骄悍日甚一日，岁岁侵入边塞，杀掠许多汉人和牲畜，云中、辽东两郡受害尤为严重，连同代郡达万余人。汉朝对此感到忧虑，便派使者给匈奴送去国书。单于也派当户回话答谢，再谈和亲之事。

文帝后元二年，汉朝派使者送给匈奴的国书说：

皇帝敬问匈奴大单于平安。您委派当户且居雕渠难、郎中韩辽送给我两匹马，已送到，敬受。先帝规定：长城以北，弯弓射箭的国家，受单于管辖；长城以内，戴冠束带的国家，由我来加以统治。要让万民耕织射猎以取得衣食，父子不离散，君臣得安居，都不要暴虐横逆。现在听说邪恶不轨之徒贪图掠夺之利，背弃信义，破坏和约，不顾万民的性命，离间两国君王的友谊，然而这些不愉快的事情已经过去了。来书说："我们两国已经和亲，两主欢悦，停止战争，休兵养马，世世代代昌盛安乐，祥和友好的局面重新开始。"我非常赞赏单于的这些话。圣明的君主言行道德天天都有长进，有了过失改弦更张，使老年人得以安息，少年人得以成长，各人都能保持身家性命而享天年。我和单于都本着这种精神，顺应天意，体恤民情，世代相传，延续无穷，天下人无不称便。汉朝和匈奴是势均力敌的邻国，匈奴地处北方，天寒地冻，一年之中肃杀的阴气来得早，因此我命令官吏每年送给单于定额的粮食、酒

司马迁与李陵
Сыма Цянь жана Ли Лин

浆、金帛、丝絮和其他物资。眼下天下太平，万民和乐，我和单于都做了百姓的父母。我回忆往事，不过是因为一些微末小事闹误会，是谋臣们计议失策，发生摩擦，都不足以离间兄弟的情谊。我听说过"天地无私，上天不会只覆盖一方，大地不会只承载一处"。我和单于都应当捐弃前嫌，不去计较小是小非，都遵循天下大道，消除以往的怨恨，以图长久和好，让两国之民如同一家儿女。千千万万善良的人民，下及鱼鳖，上及飞鸟，所有爬行、喘息、蠕动的走兽昆虫，无不趋向平安有利而躲避危险灾难。所以只要来归顺的就不加阻止，此乃天道。我们一同化解以往的恩恩怨怨；我宽赦逃往匈奴的人民，单于也不要再提章尼等人的事。我听说古代帝王订约分明，从不背弃诺言。单于要留心记住和约，天下太平，实行和亲之后，汉朝决不先背约。请单于仔细考虑。

单于已经缔约和亲，文帝便下达诏书给御史，说："匈奴大单于给我送来国书，说和亲已定，收留逃亡的人不足以增加人口扩大土地，今后匈奴人不准入塞，汉朝人不准出塞，违犯现有和约的杀头，这样才能长久和亲，以后臣民再不要挑起边境事端，对汉匈两国都有好处。我已经答应了单于，将这件事布告天下，让举国上下明确知道。"

又过了四年，老上稽粥单于死去，儿子军臣继位为单于。他继位之后，文帝又跟匈奴和亲。而中行说又侍奉新单于。

军臣单于登位四年多，匈奴又断绝与汉朝和亲的盟约，大举侵入上郡、云中，分别出动三万骑兵，杀了许多人，劫掠了很多财物才离去。当时汉朝派张武、苏意、免三将军率军分别驻防北地郡、代郡的勾注山和赵国的飞狐口，沿着边境地带，汉朝也部署了坚固的守卫，以防备匈奴的入侵。又设置周亚夫、徐厉、刘礼三将军分别驻扎在长安城西细柳、渭河北岸棘门和霸上，形成两道防线，以防备匈奴入侵。匈奴的骑兵入侵了代郡句注的边界，烽火传到甘泉、长安。过了几个月，汉朝军队抵

匈奴列传第五十
Хун[дар] баяны

达边塞，匈奴的军队就远离边塞而去，汉军也就停止了军事行动。一年多以后，孝文帝死，孝景帝立，赵王刘遂就暗地里派人去和匈奴勾结。吴、楚七国反叛时，匈奴想跟赵王合谋入侵边境。汉军围攻赵国，把赵国打败，匈奴也停止了入侵行动。从这以后，景帝又跟匈奴和亲，开放边境互市市场，赠送财物给匈奴，嫁公主给单于，比照从前的盟约行事。整个景帝时期，虽然有时有小股匈奴侵入边境劫掠，但没有发生大规模的入侵。

Ушул убакта Хань ордосу Кытайга жаңы гана өз бийилигин орнотуп, *Хань Синьди*[1] Дай жергесине дайындап, Маи шаарын түптөйт. Хундардын чоң колу Маиге чабуул салат, Хань Синь багынып берет. Хундар Хань Синьди колго алаары менен дароо аскерлерин баштап түштүктү көздөй жүрүп, Гоучжу тоолорунан өтүп, *Тайюаньга*[2] чабуул салып, андан өтүп Цзиньяндын сепилине чейин жетип келишет. *Гао-ди*[3] өзү колду жетектеп чыгып барып хундарга каршы согушат. Ызгаардуу кыштын күнү болгондуктан Хань жоокерлеринин ондон эки-үч бөлүгү колдорун үшүккө алдырып алышат. Ошондо Модэ жеңилип качымыш болуп, Хань

---

[1] Хань Синь 韩信 – (Б.з.ч. ? - 196-жыл) Батыш Хань доорунун башындагы кол башчылардын бири. Лю Бан (Хань ордосунун негиздөөчүсү) Сян Юйгө каршы күрөшүп жатканда, Хань Синь анын тарабына өтүп, Хань бектигин багындырып бергени үчүн, Хань Синьге Хань ваны титулу ыйгарылган. Мындан улам айрым текстерде Хань ваны Синь (же Хань беги Синь) деп эскерилет.

[2] Тайюань 太原 – Бул облус Чжао бектигинин борбору Ханьдань шаарынын түндүк-батыш тарабында орун алып, Цинь империясы түзгөн 36 облустун (округдун) бири болгон. Азыркы Шаньси провинциясынын Тайюань шаарынын айланасы.

[3] Гао-ди же Гао-хуанди 高帝 –Хань империясынын негиздөөчүсү Лю Бандын маркум ысымы. Өмүр жылдары божол менен б.з.ч. 256 - 195 жж. Дыйкандын үй-бүлөсүндө төрөлгөн. Жаш кезинде Пэй уездин жетектеп, Пэй-гун титулуна ээ болгон. Цинь империясы кулаган соң Хань ваны титулуна ээ болгон. Б.з.ч. 202-жылы Асман астындагы жогорку бийликти ээлеп, Хань империясын түзүп, өлгөнгө чейин башкарган. Эл оозунда өз ысымы Лю Бан менен атагы чыккан.

101

司马迁与李陵

Сыма Цянь жана Ли Лин

жоокерлерин азгырып алдайт. Хань жоокерлери Модэнин артынан кууп жөнөшөт. Модэ өзүнүн мыкты жоокерлерин жашырып, кары-картаң, чабал жоокерлерин гана чыгарат. Ал эми Хань тарап бүт аскерин чыгарат ошону менен Модэнин ою ишке ашат, Хань тараптын жарымынан көбү жөө аскерлер, баары болуп үч жүз жыйырма миң киши, түндүктү карай хундарды кубалап жөнөшөт. Гао-ди адегенде *Пинчэн*[1] калаасына жетет, бирок жөө аскерлеринин баары келе электе, Модэ өзүнүн төрт жүз миң тандалма атчан жоокерлерин жетектеп, Байдэн тоосунун үстүндө Гао-дини курчоого алат. Жети күн ичинде Хань аскерлери сырттан жардам, тамак-аш ала албай калат. Хундардын атчан жоокерлери батыш тарапка жалаң аппак түстөгү ат мингендер, чыгыш тарапка жалаң ак-боз ат мингендер, түндүк тарапка кара ат мингендер, түштүк тарапка кер ат мингендер жайгаштырылат. Ошондо Гао-ди жашырындан Модэнин байбичесине көптөгөн белек жиберет, анан байбичеси Модэге мындай дейт: "Сиздер, эки тараптын башчылары, бири бириңиздерге жолтоо эмессиздер. Эгерде Хань ордосунун жерин басып алсаңыз да баары бир сиз, шаньюй, ал жерге жашай албайсыз. Анын үстүнө Хань ванын (өкүмдарын) рухтар да колдойт экен. Ушул жагын да ойлонуп көрүңүз". Модэ Хань Синьдин кол башчылары Ван Хуан жана Чжао Ли менен биригүү күнүн белгилейт, бирок алар (Ван Хуан, Чжао Ли) белгиленген убакытта келишпеди, ошондо Модэ алар Хань тарап менен көмүскө бүтүмгө барышкан окшойт деп ойлоп, байбичесинин сунушуна ылайык, курчоонун бир четин ачып берет. Гао-ди жоокерлерине жааны даярдып тартып, хундарга карай мелжеп туруп, Модэ ачып берген коридор менен ыкчам чыгып кетүүнү буйруйт. Чыгып барып аскерлердин негизи бөлүгүнө кошулушат. Модэ аргасыз артка чегинет, Гао-

---

[1] Пинчэн 平城 – Азыркы Шаньси провинциясынын Датун шаарынан алыс эмес жерде.

ди өз колу менен кайтып келген соң Лю Цзинди хундар менен *жек-жааттык келишимин*[1] түзүүгө жиберет.

Мындан соң Хань Синь хундарда кол башчылыкка дайындалып, Чжао Ли менен Ван Хуан үчөө биргеликте Хань ордосунун хундар менен түзүлгөн союзун көп жолу бузушуп, Дай жана Юньчжун округдарына кирип келип, талап-тоноп турушкан. Көп убакыт өтпөй, Хань (Кытай) кол башчысы Чэнь Си козголоң чыгарып, Хань Синь менен көмүскө бүтүмгө келип, Дай округуна кол салат. Хань ордосу Фань Куайды аларга каршы чабуулга жиберип, Дай, Яньмэнь жана Юньчжун округдарын кайра тартып алуу менен чектелип, заставадан ары чыкпайт. Ушул мезгилдерде бир канча Хань кол башчылары хундарга өтүп кеткендиктен улам Модэ бат-бат Дай жергесине чаптырып кирип, талап-тоноо иштерин уюштуруп турган. Хань ордосу буга абдан тынчсызданып, [император]Гао-ди [кол башчы] Лю Цзинди хундарга жиберип, императорго тектеш(император тукумунан) канбийкени шаньюйгө аялдыка тартуулатып, ар жылы хундарга пахта, жибек, шарап, күрүч жана башка азык-түлүктөрдү белгилүү өлчөмдө тартуулап турууну бекитишип, бири бирин агайын деп таанышып, жек-жааттык келишимин түзүшкөн. Ошондо гана шаньюй талап-тоноону токтоткон. Кийин Янь *ваны*[2] Лу Вань козголоң чыгарып, өзүнүн миңдеген

---

[1] Жек-жааттык келишим – Жоолошкондор кыз берүү же кыз алуу аркылуу туугандык мамиле куруп, анын негизинде тынчтык келишимин түзүшкүн.

[2] "Ван" термини Чжоу доорунда жана ага чейинки Шан доорунда өлкөдөгү абсолюттук бийликке ээ өкүмдар, башкаруучу, өлкө башчынын титулу болгон. Мисалы, көчмөн элдердин тарыхындагы "хан" сыяктуу. Бул мааниде Корей жана Вьетнам тарыхында да ушул термин колдонулганын көрө алабыз. А бирок кийинчерээк Согушчул бектиктер доорунда ар кайсыл бектиктердин бектери да өздөрүн көтөрмөлөп бул титулду өздөрүнө ыйгара баштап, сөздүн түпкү мааниси өзгөргөн, баркы кеткен. Б.з.ч. 221-жылы Цин Шихуанди бүт өлкөнү бириктирип, өзүн "император" деп жарыялаган соң, бул "ван" титулун мамлекетке эмгек сиңирген инсандарга ыйгарып, энчи жер (вотчина) тартуулап, кайсы бир деңгээлде автономия бере баштаган.

司马迁与李陵
Сыма Цянь жана Ли Лин

тарапташтары менен бирге хундарга өтүп алып, Шангу округунан ары чыгышты көздөй жаткан жерлерге чабуул кылып, тынчын ала баштайт.

Гао-цзу дүйнө салган соң, император *Сяохуэй-ди*[1] менен императордун апасы *Люй-тайхоу*[2] учурунда Хань ордосу жаңы гана тынчтанып, алсыз турганда хундар ого бетер текеберлик кылышкан. Модэ императордун апасы Люй-тайхоуго кат жазып, ойуна келгенди айткан. императордун апасы Люй-тайхоу башкаруу ага каршы сокку уруну ойлойт, бирок, бардык кол башчылар ага: "Император Гао-ди ошончолук акылман жана эржүрөк болсо да азыркыга чейин пинчэнде курчоого алынууда" дешкендиктен Люй-тайхоу сокку уруудан баш тартып, хундар менен жекжааттык мамиледе калууну чечкен.

Император *Вэнь-ди*[3] жаңы гана тактыга отурган соң, ал дагы жекжааттык саясатын жүргүзүүнү уланткан. Вэнь-динин 3-жылынын (б.з.ч. 177-жыл) 5-айында хундардын оң сянь-ваны Хуанхэ өзөнүнүн түштүгүнө кирип жайгашып, чек арадагы шаарчалардагы мань жана и уууларын талап-тоноп, тургундарды кыра баштайт. ошондо Вэнь-ди биринчи министри Гуань Инге сексен беш миң атчан жана арабачан жоокерлерди баштатып, Гаонуга кирип, оң сянь-ванга сокку урууга буйрук берет. Оң

---

[1] Сяохуэй-ди же Хуэй-ди 孝惠帝 – Өз аты Лю Ин (Өмүр жылдары б.з.ч. 211 - 188 жж.). Хань мамлекетинин экинчи императору. Император Гао-ди менен императрица Люй-хоунун экинчи уулу. Б.з.ч. 195-188 жылдары тактыда отурган, бирок, мамлекет башкаруу иштерин негизинен апасы регентша Люй-хоу аткарган.

[2] Люй-тайхоу же Люй-хоу 呂太后 / 呂后 – (Б.з.ч. ?-180 ж). Өз аты Люй Чжи. Хань императору Лю Бандын аялы. Лю Бан өлгөн соң б.з.ч. 195 - 180 жылдары тул-императрица титулунда болгон. Кытай тарых жазмаларында эскерилген биринчи императрица жана биринчи тул-императрица.

[3] Вэнь-ди 文帝 – Б.з.ч. 180 - 157-жылдары бийлик жүргүзгөн Хань императорунун храм ысымы (храмовое имя). Өз аты - Лю Хэн. Хань империясынын негиздөөчүсү Лю Бандын уулу. Өмүр жылдары б.з.ч. 203 - 157 жж.

сянь-ван заставадан ары качып чыгат. Хань императору Вэнь-ди өзү Тайюаньга барган учурда Цзибэй-ван козголоң чыгарат, ушул себептен Вэнь-ди дароо ордого кайтып келип, хундарга каршы жиберген биринчи министрдин колун кайра чакырып алып, таратып жиберет.

Кийинки жылы хун шаньюйү Хань ордосуна жиберген катында мындай дейт: "Асман өзү дайындаган хун улуу шаньюйү императорго салам айтат. Мурунураак император жек-жааттык келишими жөнүндө кеп кылган болчу... тынчтык каттын маңызына шайкеш келет. Биз эки тарап баарыбыз кубанычтабыз. Бирок Хань ордосунун чегарачы сановниктери биздин оң сянь-ванды шылдыңдашканда ал шаньюйдөн акылдашпастан туруп, Хоу И Лу Хоу (титулдук термин) Наньчжи жана башкалардын сөзүнө кирип, Хань сановниктери менен каршылашып, Хун-Хань жек-жааттык келишимин бузуп, хундар менен ханьдардын ортосундагы агайындык жакын мамилени бузушту. [Сиз] император эки жолу кат жиберип [бизди] хундарды күнөөлөдүңүз, биз чабарман аркылуу кат жиберип, жагдай жөнүндө кабар бердик. Бирок жыйынтыгында биздин чабарманды Хань ордосу кармап, кайтарбады... А Хань ордосунун элчиси да келбеди... Хань ордосу ушул иштин айынан биз менен тынчтык мамилеге келбесе, анда биз да моюн сунбайбыз. Бүгүнкү күнгө кичинекей чиновниктер келишимди бузгандыгына байланыштуу мен оң сянь-ванды жазалоо иретинде аны батышка *Юэчжилерге*[1] каршы жибердим. Теңирдин колдоосу менен чиновниктер менен жоокерлер баары мыкты, согушка минчү атыбыз табында болгондуктан юэчжилерди багынттым. Ал эми баш ийбегендердин баарын өлтүрдүм, карапайым калктын башын ийдирдим. Лоулань, усунь,

---

[1] Юэчжи 月氏 – Орто азияда жашаган чыгыш-иран диалектилериндинде сүйлөгөн эл. Тарим ойдуңун, азыркы СУАР, Ганьсу провинциясынын аймактарын байырлап турушкан.

司马迁与李陵
Сыма Цянь жана Ли Лин

хэцзе жана ошондой эле аларга коңшулаш жыйырма алты мамлекет багынып, эли Хун букарасына айланышты. Баардык жаа тартып жебе атууга мыкты элдер биригишип бир үй-бүлө болдук. Түндүктө тынчтык орун алды. Биз согушту токтотуп, жоокерлерди өргүүгө жиберип, аттарды багып семиртип, ортобуздагы баардык жагымсыз жагдайларды унутуп, мурунку келишимди тикелөөгө даярбыз. Ошентип Хун-Хань арасындагы байыртан келаткан жакшы мамилеге шайкеш, чегарадагы калктын жыргал өмүр сүрүшүн камсыздап, жаштарды чоңойтуп, карыларга бейкапар жашоо арнап, муундан муунга тынчтыкты өткөрүп уласак болот. Бирок, император, бул боюнча сиздин пикириңиз бизге белгисиз... андыктан ланчжун Сиюйцяньды кат менен жиберип, сиздин оюңузду сурап жатам... муну менен бирге бир төө, эки согушка минээр ат жана сегиз согуш арабасына чегилчү атты сизге тартуулайм. Эгерде император хундардын Хань чегарасына жакындабоосун кааласаң, анда мен чиновниктерим менен карапайым калкка Хань чегарасынан алыс конууга буйрук кылам. Элчим жетээри менен батыраак кайра кайтарууңузду өтүнөм."6-айдын орто чендеринде Хун элчиси Синьван (Байыркы жердин аталышы) жергесине жетип келди. Катты алган соң Хань ордосу согуш жана тынчтык саясатынын кайсынысы пайдалуу болушун таразалап, кеңеш курду. Сановниктер баары мындай дешти: "Шаньюй жаңы эле юэчжилерди талкалап, руху көтөрүңкү турган учур, аны менен азыр согушууга болбойт. Анын үстүнө хундардын жерин тартып алсак деле баары бир пайдасыз, жашай албайбыз ал жакта. Андыктан жек-жааттык келишими бизге пайдалуу болчудай". ушул себеп менен Хань ордосу хундардын сунушуна макул болот.

Вэнь-динин императору тактыга келгенден кийинки 6 - жылы (б.з.ч. 174 ж.) Хань ордосу хундарга жиберген катында мындай дейт: "Император урматтоо менен [Сиздин] Улуу шаньюйдүн аманчылыгын сураймын. Сиздин ланчжун Сиюйцянь алып келген катта 'Оң сянь-ван шаньюйдөн сурабастан Хоу И Лу Хоу Наньчжи жана башкалардын сөзүнө кирип, Хун-Хань тынчтык келишимин бузуп, агайындык жакын мамилени алыстатышты. Хань ордосу ушул иштин айынан биз менен тынчтык мамилеге келбесе, анда биз да моюн сунбайбыз. Бүгүнкү күнгө кичинекей чиновниктер келишимди бузгандыгына байланыштуу мен оң сянь-ванды жазалоо иретинде аны батышка юэчжилерге каршы жиберип, аларды толук багынттым... Биз согушту токтотуп, жоокерлерди өргүүгө жиберип, аттарды багып семиртип, ортобуздагы баардык жагымсыз жагдайларды унутуп, мурунку келишимди тикелөөгө даярбыз. Ошентип Хун-Хань арасындагы байыртан келаткан жакшы мамилеге шайкеш, чегарадагы калктын жыргал өмүр сүрүшүн камсыздап, жаштарды чоңойтуп, карыларга бейкапар жашоо арнап, муундан муунга тынчтыкты өткөрүп уласак болот'. деп жазыптырсыз. Мен мындай пикирди абдан жактырдым, себеби бул биздин байыркы замандардагы акылман өкүмдарларыбыздын мүдөөсү болуп келген. Хань ордосу хундар менен тынчтык келишимине барып, ага-ини болуп антташкандыктан улам биз хундарга абдан көп тартуулоолорду жөнөтүп турдук. Ал эми тынчтык келишимин бузуп, туугандык жакын мамилени бузган тарап негизинен хундар. Бирок, оң сянь-вандын иши улуу мунапыска чейин орун алгандыгына байланыштуу сиз, шаньюй, бул боюнча [оң сянь-ванды] катуу жазалабай эле коюңуз. Эгерде шаньюйдүн кыймыл аракети да жазган катына шайкеш келсе, ар бир чиновникке ачык эскертүү берип, алар тынчтык келишимди бузууну токтотушса, ишенимди акташса, анда мен да буга шаньюй катта өтүнгөндөй мамиле жасайм. Элчинин айтуусунда шаньюй өзү кол баштап, башка өлкөлөргө жортуул жасап,

司马迁与李陵
Сыма Цянь жана Ли Лин

чоң-чон ийгиликтерге жетишип, эми согуштан чарчап турган учуру экен. Эми *Чжундафу*[1] И менен *Йежелинг*[2] Цзяньди сизге жиберип, төмөндөгү буюмдарды тартуулайм: жибек ичилиги бар гүл менен сайманганган узун халаттан бирди, сайманганган күрмөдөн бирди, кештелүү парча халаттан бирди, бир тарак, бир алтын кур, бир алтын таралга (кур үчүн), гүлдүү жибек кездемесинен он таңгак, сайманган парчадан он таңгак, кызыл атластан кырк таңгак, жашыл жибектен кырк таңгак." Мындан көп өтпөй Модэ каза болуп, уулу *Цзиюй*[3] тактыга отуруп, Лаошан-шаньюй титулун алат.

Лаошан-шаньюй Цзиюй жаңы гана тактыга келээри менен император Вэнь-ди императорго тектеш үй-бүлөнүн кызын шаньюйгө аялдыкка жөнөтөт. Ал эми Янь евнуху Чжунхан Юэни кызга насаатчы катары жиберет. Чжунхан Юэ каалабаса да Хань ордосу аны барууга мажбурлайт. Ал "Эгерде мени жиберсеңер мен келечекте сөзсүз Хань ордосуна балээ алып келем" деп айткан. Чжунхан Юэ жетээри менен дароо шаньюй тарапка өтүп кетет, шаньюй ага абдан ишенген.

Оболу хундар Хань ордосунун кездемеси менен азык-түлүгүн жактырышкан. Чжунхан Юэ шаньюйгө мындай дейт: "Хун калкынын жалпы саны бир Хань округунун калкынын санына да жетпейт. А бирок

---

[1] Чжундафу 中大夫 – Гуанлудафу 光禄大夫 Сановникдин титулу. Цинь Гуанлуга баш ийген расмий өкүлдөрдүн бири. Хань династиясынын императору Тайчунун биринчи жылында (б.з.ч. 104-ж.) Атын Гуанлудафу деп өзгөртүп, талкууга жооптуу болгон.

[2] Йежелинг 谒者令 – Сановникдин титулу. Хань династиясынын императору У-ди Шаншуну (尚书) башкаруу үчүн эбнухту колдонуп, аны орнотту. Оор жазаны алгандан кийин, Сима Цян (司马迁) бул сановник болуп иштеген.

[3] Цзиюй 稽粥 – Лаошан шаньюйдүн өз аты. Модэ шаньюйдүн уулу. Б.з.ч. 174 - 161 жылд-ары хундарды башкарган. Модэнин саясатын улантып, юэчжилерди талкалап, чагараны бекемдеп, кытай качкын сановниктерди мамлекеттик аппаратка жумушка тарткан.

匈奴列传第五十
Хун[дар] баяны

хундардын дарамети күчтүүлүгүнүн себеби алардын ханьдардан өзгөчө тамак-аш жана кийим-кечесинде. хань ордосуна эч нерседен көз каранды болгон эмес. Азыр шаньюй сиз мурунку үрп-адаттарды өзгөртүп, хань кийимдери менен тамактарын жактырууга жол койдуңуз... Хань ордосунан келген буюмдардын саны жалпы сандын ондон эки бөлүгүн түзгөн убактан баштап хундар Хань ордосуна моюн суна баштайт. Эгерде хундарга Хань ордосунан келген кездемеден кийим жасатып кийинтип, тикенек көп талаада ат чаптырсаңыз кийим бат эле жыртылып, тытылып кетет. Ошону менен хань кийими хун кийимине тең келе албаганын көрсөтөсүз. Хань ордосунан келген азык-түлүктүн баарын түгөл таштап салуу менен алардын хун сүт азыктарындай ыңгайлуу жана даамдуу эмес экендигин көргөзөсүз". Ошондо Чжунхан Юэ шаньюйдүн вазирлерин адам санын жана мал-мүлктү эсептөөнүн ыкмаларына үйрөткөн.

Хань ордосунун шаньюйгө жиберген каты узундугу бир чи бир *цунь*[1] болгон тактайчага жазылып, *"Император урматтоо менен Улуу шаньюйдүн аманчылыгын сурайт"* деген сөздөр менен башталып, анан тартууланган буюмдары менен айтайын деген ойлору жазылган. Чжунхан Юэ шаньюйгө бир чи эки цуньдук тактайча колдонуп Хань императоруна кат жазууну жана ошондой эле катка коюлган мөөр менен катбаштыгынын ылай-желимининин көлөмүн чоңойтууну, ал эми текстти төмөндөгүдөй текебер сөздөр менен баштоону сунуштаган: *"Асман менен Жерден туулган, Ай менен Күн дайындаган*[2] *Хун Улуу шаньюйү урматтоо менен Хань императорунун*

---

[1] Чи 尺 – Бир чи хань доорунда 27,6 сантиметрге барабар болгон, ал эми бир цунь 寸 болсо 3 сантиметрди түзгөн. Демек кат жазууга иштеткен тактайчалардын узундугу болжол менен 30 см түзгөн.

[2] Бул формулировка "Манас" эпосундагы "Асман менен Жериңдин тирөөсүндөй бүткөндөй, Айың менен Күнүңдун бир өзүнөн бүткөндөй" деген саптарына үндөш келчүдөй.

109

Сыма Цянь жана Ли Лин

аманчылыгын сурайт". Мындан соң тартуулоочу буюмдарды жана айтайын деген сөздү жазууну сунуштаган.

Хань элчилеринин бири мындай дейт: "Хундардын үрп-адатында кары-картаңдарды кадырлашпайт". Чжунхан Юэ Хань элчисин кескин сындап, – "Силер хандыктардын үрп-адатында жоокерлерди чегара гарнизондорго кызматка жиберээрде алардын улгайган ата-энелери жылуу кийимдер менен жакшы тамактарды өздөрү жебестен, ошол жолго чыгып жаткан балдарына берет го?!"– дейт. Ага Хань ордосунун элчиси – "Ооба, ошондой". – деп жооп кайтарат. Чжунхан Юэ айтат: "Хундардын баары үчүн согуш бул маанилүү иш-чара. Ал эми кара-картаң, ден соолугу начар адамдар согушка жарабай, андыктан ошол жакшы тамактарды дени соо, москоол жаштарга беришет. Бул да болсо өзүн өзү коргоо үчүн кам көрүү десе болот. Ошентип ата-бала бири бирин түбөлүккө коргой алышат. Хундар кары кишилерди кадырлабайт деп айтууга кантип болсун?!" Хань элчиси: "Хундарда ата-бала чогуу бир кийиз үйдө укташат. Атасы өлгөндө баласы өгөй энесине үйлөнөт. Агасы же иниси өлсө, тирүү калган агасы же иниси маркумдун аялын аялдыкка алат. Баш кийимдер жана белкур сыяктуу жасалгалары жок. Ордо этикасы жок". Чжунхан Юэ буга мындай дейт: "Хундардын үрп-адаты боюнча, адамдар жандыктардын этин жешет, сүтүн ичишет, терисин кийим кылып кийишет. Жандыктар чөп жеп, суу ичишет. Убакыттын өтүшү менен жер которуп турушат. Андыктан хундар өзгөчө кырдаал жаралганда ар бир адам ат үстүнөн жаа тартуу өнөрү менен машыгат. Ал эми тынчтык убакта адамдар бекерчиликтен ырахат алышат. Аларды чектеген эрежелер аз, аткарууга оңой. Өкүмдар менен букаранын арасындагы мамиле жөнөкөй. Бир мамлекеттин саясий иштери бул бир адамдын денеси сыяктуу. Ата-бала, ага-ини өлсө, тирүү калганы өлгөнүнүн аялын алат, себеби, тукумдун

110

жоголуусунан (үзүлүшүнөн) чочулашат. Ошндуктан хундардын этикасы баш аламан, бирок, өз тукумун сөзсүз улоого умтулушат. Ал эми бүгүнкү Ортолук өлкөдө (Кытайда) болсо адамдар өздөрүн туура көргөзүмүш болушат, алар, өлгөн туугандарынын аялдарына үйлөнбөгөнү менен, бирок туугандык мамиле барган сайын алыстап бара жатат. бирин бири өлтүргөнгө чейин барышып, эски династияны жаңы династияга алмаштыруусунун себеби да ошол өздөрүн жакшы көргөзүмүш болуусунда. Этиканын кесепетинен өкүмдар менен букара калктын ортосунда душмандык жаралып, анан күмбөздөр көп курулуусу да элдин күчүн алып жатат. Адамдар аракеттенип, жер айдап, жибек өндүрүп, жан багышат. Шаар айлантып сепил куруп, жан сакташат. Мындан улам букара калкыңар коркунуч жаралганда да согуш өнөрүнө машыкпайт, ал эми тынчтык убакта болсо кайра эле эмгек менен алектенип, аябай чарчашат. Ошол! Ылай менен таштан жасалган үйлөрдө жашаган силер хандыктар, азыр көп сүйлөй бербегиле. Ар кайсыны сүйлөп, өзүңөрдү мыкты көрүп, кымбат кийим менен баш кийим кийсеңер."

Ошол учурдан баштап, Хань элчилери талкуу баштаары менен Чжунхан Юэ аларга: "Хань элчилери, көп сүйлөбөңүздөр! Болгону Хань ордосу хундарга жиберчү кездеме, жип, күрүч, угут сыяктуу тартуулардын сапаты жакшы, саны жетиштүү болушун жакшылап көзөмөлдөгүлө. Ашыкча сөздүн эмне кажети бар?! Анан дагы сиздер алып келген заттардын баары сөзсүз түрдө толук жана жакшы болушу абзел. Эгерде сапаты начар, саны да жетпей калса, анда күзүндө түшүм учурунда биздин атчан аскерлерибиз бир заматта түшүмүңүздөрдү тептеп кеткенин көрөсүңөр" – деп кесе айткан. Чжунхан Юэ шаньюйду Ханьдын алсыз жерлерин жана ыңгайлуу учурду табууну күн-түн дебей үйрөтүп турган.

111

司马迁与李陵
Сыма Цянь жана Ли Лин

Хань Вэнь-динин он төртүнчү жылы (Б.з.ч. 166-ж.) Хун шаньюйү бир жүз кырк миң колду баштап, Чаоно менен Сяогуань заставасына чабуул салып, Бэйди окуругунун аскер башчысы Сунь Анды өлтүрүп, көптөгөн адамдар менен мүлктөрдү талап, андан ары *Пэнъянга*[1] чейин жетет. Ал жерден ыкчам отрядды *Хуэйчжун сарайына*[2] аттандырып, аны (сарайды) өрттөтөт. Ал эми хун атчан чалгынчылар Юн жергесиндеги Ганьцюань сарайына чейин барышат. Ошондо Хань императору Вэнь-ди *чжунвэй* Чжоу Шэ менен *ланчжунлин* Чжан Уну кол башчылыкка дайындап, миң даана жоокер арабаларын жана жүз миң атчан солдатты Чаньань жергесине жиберип, хун чабуулунан коргоону табыштайт. Андан сырткары, Чан беги Лу Цинди Шан округуна, Нин беги Вэй Суну Бэйди облусуна, Лунлюй беги Чжоу Цзаону – Лунси округуна аскер башы кылып дайындап, ал эми Дунъян беги Чжан Сянжуга болсо, бардык войскалардын үстүнөн жетекчилик кылууну тапшырат. Чэн беги Дун Чиге – авангардды жетектөөнү милдеттендирет. Көптөгөн жоокер арабалары менен атчан солдаттар жолго чыгып, хундарды талкалоого жиберилет.Хун шаньюйү Хань чегарасынын ичинде бир айдан ашык болгондон кийин гана артка кайтат. Хань аскерлери артынан кууп, чегарадан чыгып, бирок жоого жетип талкалай албай кайра келет. Хундар күндөн күнгө текеберлениешт, ар жыл сайын чегараны бузуп кирип келип, хань калкын өлтүрүп, мал-мүлкүн тонойт. Айрыкча Юньчжун жана Ляодун округдары көп запкы жейт. Дай округун кошуп эсептегенде, жалпысынан он миңден ашуун адам зомбулукка жана өлүм-житимге кабыл

---

[1] Пэнъян 彭阳 – Азыркы Ганьсу провинциясынын Чжэньюань уездинин түштүк-чыгыштарабында жайгашып турган.

[2] Хуэйчжун сарайы 回中宫 – Азыркы Шэньси провинциясынын Лунсянь уездинин түндүк-батышында орун алган.

112

болушат. Хань ордосу мындан улам кайгыланып, хундарга элчи аркылуу кат жөнөтөт. Шаньюй да киши жиберип, Хань ордосуна кат жолдоп, анда ыраазычылык билдирип, эки тарап жек-жааттык келишим тууралуу кайрадан акылдашууну башаташат.

Сяо-вэнь башкаруу доорунун экинчи жылы (Б.з.ч. 162 - ж.) император хундарга элчи жиберип, кат жолдойт: "Император урматтоо менен Хун шаньюйүнүн амандыгын сурайт. Сиз данху цзецзю Дяо Цзюйнань менен ланчжун Хань Ляону жиберип, мага тартуулаган эки аргымак келди, урматтоо менен кабыл алдым. Хань маркум императорунун белгилөөсү боюнча, Улуу сепилдин түндүк тарабындагы аймак жаа тартып, жебе аткандардын өлкөсүнө тиешелүү – шаньюйдүн карамагында. Ал эми Улуу сепилдин ичи – таажы кийип, кур байлагандардын өлкөсүнө караштуу, андыктан менин башкаруу карамагымда. Эгерде элдерибиз эгин эгип, кездеме токуп, аңчылык кылып өз тамак-аш, кийим-кечесин тапсын десек, ата-бала бири биринен ажырабасын десек, өкүмдарлар менен букаралар тынчтыкта жашасын десек, анда зомбулукка жана козголоңго жол койбошубуз керек. Бүгүнкү күнгө чейин, менин билишимче, айрым жаман адамдар өз кызыкчылыктарын көздөшүп, адилеттүүлүктөн кечип, келишимди бузушту. Он миңдеген адамдардын өмүрүн эсепке албай, эки өкүмдардын арасын алыстатууга аракет кылышты. Бирок бул иштердин баары азыр артта калды.Жиберген катыңызда жазыптырсыз: 'Эки өлкөнүн ортосунда туугандыкка негизделген тынчтык орун алды. Биз, эки өкүмдар, кубанычтабыз, согушту токтотуп, жоокерлерибизди өргүүгө жибердик, аттарыбызды жайытка айдадык. Элдерибиз муундан муунга өнүгүүнү, жыргалчылыкта жана тынчтыкта жашоону башташты'. Мындай ойду мен да абдан колдойм. Акылман адамдар күндөн күнгө өсүп-өнүгүп,

司马迁与李陵
Сыма Цянь жана Ли Лин

катачылыктарын оңдоп, жашоону кайра жаңыдан башташат. Карылар тынчтыкка бөлөнүп, жаштар өсүүгө жетип, баары өз өмүрүн сакташып, өз өмүрүн сүрүшөт. Мен жана сиз, экөөбүз тең бул идеяны колдосок, Көктүн каалоосуна жараша аракеттенсек, элдерибиз жөнүндө ойлосок, муундан муунга мындай жагдай улана берет. Бул Асман астындагы бардык адамдарга абдан туура келет. Хань менен Хун бул кубаты бирдей болгон эки кошуна өлкө. Хундардын жери түндүктө жайгашып, аба-ырайы суук, ызгаар эртерээк келет. Андыктан мен шанюйгө ар жыл сайын белгилүү өлчөмдөгү дан, угут, алтын, жибек жана башка заттарды жеткирип турууну чиновниктериме буйрук кылам. Бүгүнкү күндө Асман асты абдан бейпил, эл-журт жыргалчылыкта жашоодо. Мен жана сиз, шаньюй, алардын ата-энеси. Буга чейин болгон ар кандай иштер эчтеке эмес. Болгону ошол айрым чиновниктер өз кызматын аткара албагандыктан улам келип чыккан иштер. Андыктан эки агайындын ортосундагы мамилени буза албайт. Менин угушумча, Улуу Көк конкреттүү бирөөнү гана коргобойт жана ошондой эле Жер да баарын бирдей ажыратпай көтөрөт. Сиз экөөбүз мурунку түшүнбөстүктөрдү уналы, улуу адилеттүүлүккө таянып иштейли, мурунку жаман иштерди эстен чыгаралы, эки өлкөнүн түбөлүктүү кызыкчылыктары жөнүндө ойлойлу, эки өлкөнүн эли бир үйдүн уул-кызындай жашасын. Натыйжада, он миңдеген мээримдүү адамдар, жана ошондой эле сууда жашаган балыктар менен ташбакалар, асманда учкан канаттуулар, жерде сойлогон жандыктардын баары бейпилдикке жетип, коркунуч менен балээден кутулушат. Маңдайга жазылганды көрөбүз – бул Көктүн буйругу. Өткөн иштерди териштирбейли. Мен хундарга өтүп кеткен ханьдыктардын күнөөсүн кечтим, сиз дагы, шаньюй, Ханьга качып келген Чжан Ни жана башкаларды кеп кылбаңыз. Менин угушумча, байыркы өкүмдарлар түшүнүктүү келишимдерди түзүшүп, өз убадаларын бузбаптыр. Эгерде сиз, шаньюй, эске бек тутууңузду суранам, Асман астында тынчтык, бейкуттук орун алат, ал эми жек-жааттык келишимди түзгөн соң Хань ордосу аны эч качан биринчи болуп бузбайт. Ушул жагдайларды эске алсаңыз, шаньюй!"

Шаньюй жек-жааттык келишимге кол койгон соң Хань Вэнь-ди цензорго мындай буйрук кылат: "Хунь шаньюйү мага жазган катында келишимди тастыктаганын айтты. Мындан кийин хундар биздин чегараны бузбайт, Ханьдыктар да чегарадан ары өтпөсүн. Бул тартипти бузгандар өлүмгө буйрулат. Ошентип жакын достук мамилени узакка сактоого болот. Жамандыктарды болтурбоо эки тарапка бирдей пайдалуу. Мен хундардын талабына макул болдум. Бүт өлкөгө жар салгыла, жалпы журт бул тууралуу билгендей болсун".

Төрт жылдан соң Лаошан Цзиюй шаньюй каза болуп, анын уулу Цзюньчэнь тактыга отурат. Цзюньчэнь шаньюй бийликке келгенден кийин император Сяо Вэнь-ди жек-жааттык келишимин хундар менен кайрадан түзөт. Ал эми Чжунхан Юэ Цзюньчэнь шаньюйгө кызмат кылат.

Цзюньчэнь шаньюй тактыда отурган төртүнчү жылы хундар келишимди кайрадан бузушуп, Шанцзюнь, Юньчжун округдарына кол салышат. Отуз миң атчан жоокер жиберип, көптөгөн ханьдыктарды өлтүрүп, көп мал-мүлктү талап-тоноп кайра кетишет. Ошондо Хань ордосу Чжан У жана башка үч генералды аттандырып, Бэйди, Дайцзюнь округдарындагы *Цзюйчжу*[1] тоолоруна жана Чжао бектигиндеги Фэйху тоо өткөлүнө жайгаштырат. Алар чегара сызыгын бойлой аскерлерди жайгаштырып, хундардын кол салуусуна каршы турушат. Хун атчан жоокерлери Дайцзюнь

---

[1] Цзюйчжу 勾注山 – Азыркы Шэньси провинциясынын түндүгүндө.

司马迁与李陵
Сыма Цянь жана Ли Лин

округундагы Цзюйчжу тоосундагы чегарага кирип келишкенде согуш белгиси берилип, кабар Ганьцюань менен Чанъаньга чейин жетет. Бир нече ай аралыгында Хань ордосунан жиберилген жардамчы кол чегарага жетип келип, хундар чегараны таштап, алыс кетишет. Хань аскерлери да аскердик аракеттерди токтотот. Мындан бир жылдан ашуун убакыт өткөн соң император Сао Вэнди кайтыш болуп, тактыга император Сао Цзинди олтурат. Ушул учурда Чжао-ван Лю Суй хундарга тымызын ат чаптырып, союз түзөт. Анан У, Чу жана башка жети бектик козголоң чыгарган маалда, хундар Чжао бектиги менен бирге аракеттенип, Хань чегарасын бузуп киришет. Кийин Хань ордосу Чжао бектигин курчоого алып, талкалайт. Ошону менен хундар да чабуул аракеттерин токтотушат. Ушул окуядан соң император Сао Цзинди хундар менен кайрадан жек-жааттык келишимине кол коюп, заставалардагы базарларды ачып, тартууларды жөнөтүп, канбийкени шаньюйгө аялдыкка жиберет. Мурунку келишимдердин жоболоруна ылайык аткарылат. Император Сао Цзинди башкарган жылдары хундар кээде чегарадагы айыл-кыштактарга кол салып турганы менен бирок чоң чабуулдар болгон жок.

当今皇帝继位，重新明确和亲的有关规定，给匈奴优厚的待遇，开放边境互市市场，赠送丰盛的物资。匈奴从单于以下无不亲近汉朝，往来于长城下。

汉朝派马邑县民聂翁壹犯禁私运货物出塞跟匈奴交易，诈称要出卖马邑城来引诱单于。单于相信了他的话，由于贪图马邑的财物，就率领十万骑兵入侵武州塞。汉朝埋伏了三十多万军队于马邑城附近，御史大夫韩安国担任护军将军，节制四位将军去伏击单于。单于已经进入汉朝边塞，离马邑还有一百多里，看见牲畜遍布四野，却没有人在放牧，感到情况异常，就攻打汉朝的一座亭障哨所。这时雁门郡的一个尉史巡行边塞，发现敌情，便去保卫这座亭障，他是知道汉军的计谋的。单于活捉了他，想要杀他，这个尉史就把汉军埋伏地点告诉单于。单于大吃一惊，说道："我本来就有所怀疑。"便撤兵回去。单于出塞以后，说道："我能得到尉史，真是天意，老天爷让你说出实情。"于是封那个汉尉史为"天王"。汉军计划等单于进入马邑城的伏击圈后，围歼匈奴，但单于没有进入圈套，因此汉军一无所得。汉将军王恢部队出代郡袭击匈奴辎重部队，听说单于回师，军队众多，不敢出击。汉朝认为王恢是当初策划马邑伏兵计谋的人而自己却不进军，就斩了王恢。从这以后，匈奴断绝了与汉朝的和亲，攻击要道上的边塞，常常侵入汉朝边境抢劫，不可胜数。可是匈奴贪心，还是喜欢互市市场，喜爱汉朝财物，汉朝也还是不关闭互市市场，不加拒绝，以投其所好。

马邑军事行动后第五年秋天，汉朝派遣四位将军各率一万骑兵到关市附近攻打匈奴。将军卫青出上谷郡，到茏城，斩杀和俘虏匈奴七百人。公孙贺出云中，无所斩获。公孙敖出代郡，被匈奴打败，损失七千多人。李广出雁门，被匈奴打败，且匈奴生擒李广，李广后来得以逃回。汉朝拘押公孙敖和李广，两人出钱赎罪，被免职为庶人。这年冬天，匈奴屡次侵入边境抢劫，渔阳郡受害尤其严重。汉朝派将军韩安国驻军渔阳防备匈奴。第二年秋天，匈奴两万骑兵侵入汉朝地界，杀了辽西太守，掳走两千多人，围困汉将军韩安国，韩安国当时的一千多骑兵几乎全部消耗殆尽，恰好燕国救兵赶到，匈奴才撤兵。匈奴又入侵雁门，杀掠一千多人。于是，汉朝派将军卫青统率三万骑兵出雁门，李息出代郡，抗击匈奴。汉军斩杀、俘虏匈奴数千人。第二年，卫青又出云中以西直抵陇西，在黄河河套以南地区攻打匈奴所属的楼烦、白羊王，斩杀俘虏敌人数千人，捕获牛羊一百多万头。于是，汉朝便占领了河南地区，修筑朔方城，重新修整原先秦将蒙恬所修要塞，凭借黄河巩固关防，汉朝也放

司马迁与李陵
Сыма Цянь жана Ли Лин

弃了上谷郡中犬牙交错的突出部分，把孤悬而偏远的造阳地方让给匈奴。这一年是汉朝的元朔二年。

这一年的冬天，匈奴军臣单于死。军臣单于的弟弟左谷蠡王伊稚斜自立为单于，打败军臣单于的太子於单。於单流亡，投降了汉朝，汉朝封於单为涉安侯，过了几个月他就死了。

伊稚斜单于登位后的当年夏天，匈奴骑兵几万人入侵代郡，杀害太守恭友，劫掠千余人。第二年，匈奴又侵入代郡、定襄、上郡，每路出动三万骑兵，杀掠数千人。匈奴右贤王怨恨汉朝夺回了他们侵占的河南地区，并修筑朔方城，就屡次入寇，在边境线上掳掠，深入河南腹地，侵扰朔方，杀掠官民甚多。

第二年春天，汉朝任命卫青为大将军，统率六将军共十余万人，出朔方、高阙攻打匈奴。右贤王认为汉军不能到达，喝醉了酒，汉军出塞六七百里，趁夜围攻右贤王。右贤王大惊失色，脱身逃走，所有精锐骑兵纷纷跟随而逃。汉军俘获右贤王部众男女一万五千人，裨小王十几人。这年秋天，匈奴一万骑兵侵入代郡杀死都尉朱英，劫掠一千多人。

第二年春天，汉朝又派大将军卫青统率六将军和十几万骑兵，两度出定襄几百里攻打匈奴，前后斩杀、俘虏共一万九千余人，而汉朝也损失两位将军和三千多骑兵。右将军苏建只身逃回，而前将军翕侯赵信出师不利，投降了匈奴。赵信这个人，本是匈奴的一个小王，投降了汉朝，被汉朝封为翕侯，他作为前将军与右将军两军合在一起，与大部队分道而出，赵信军独遇匈奴单于大军，所以全军覆没。单于得到了翕侯，封他为自次王，将自己的姐姐嫁给他，和他一起谋划对付汉朝。赵信教单于更加向北退避在绝远的沙漠后面，以引诱拖垮汉军，使汉军疲惫已极而后攻取他们，自己不要靠近边塞。单于听从了他的计谋。第二年，匈奴骑兵一万人侵入上谷，杀死数百人。

第二年春天，汉朝派骠骑将军霍去病率领一万骑兵出陇西，越过焉支山一千多里，攻打匈奴，斩杀、俘虏敌人一万八千多人，攻破休屠王并夺得祭天金人。这年夏天，骠骑将军又与合骑侯率领几万骑兵出陇西、北地两千里，攻打匈奴。汉军经过居延攻击祁连山，斩杀、俘虏匈奴三万多人，其中裨小王以下七十余人。这时，匈奴也打过来侵入代郡、雁门，杀掠几百人。汉朝派遣博望侯张骞和李广将军出右北平，攻打匈奴左贤王。左贤王包围李将军大约四千人，汉军伤亡将尽，但斩杀的敌军也超过了自己的损失。正好博望侯救兵来到，李将军得以脱围。汉军损失数千人，合骑侯公孙敖延误了与骠骑将军约定的军期，他与博望侯张骞都犯了死罪，出钱赎罪，被免职为平民。

这年秋天，单于对浑邪王、休屠王驻扎在西方而被汉朝斩杀俘虏了几万人这件事怒不可遏，打算把他们召来处死。浑邪王与休屠王害怕了，商议投降汉朝。汉朝委派骠骑将军前去迎降。浑邪王杀了休屠王，兼领其部众投降汉朝，总计四万人，号称十万。汉朝得到了浑邪王，因此陇西、北地、河西大大减少了匈奴的侵扰，便迁徙关东地区贫民到所夺得的匈奴河南、新秦中地区居住，用以充实边防，并且将北地以西的驻防士兵减少了一半。第二年，匈奴向右北平、定襄两郡各派几万骑兵入侵，杀死和劫掠一千多人而去。

第二年春天，汉朝君臣计议说："翕侯赵信为单于出谋献策，让匈奴住在漠北，以为汉军不可能打到那儿去。"于是用粟养马，出动十万骑兵，加上自备衣粮马匹随军出征的自愿军四万骑，共十四万骑，负责后勤粮草辎重的人马还不在计算之内，命令大将军卫青和骠骑将军霍去病各领一半部队，大将军出定襄，骠骑将军出代郡，并约定两军同时穿过大沙漠攻打匈奴。单于听到这一情报，把军需品运到远方，调集精兵在漠北迎战。单于跟汉大将军交战一天，恰逢夜幕降临，大风狂作，汉军突然出动左右两翼部队包围了单于。单于自料打不过汉军，便独身与几百名精壮骑兵突围向西北逃跑。汉军趁夜追击单于，未能抓获。他们一

司马迁与李陵
Сыма Цянь жана Ли Лин

路前进，斩杀、俘获匈奴一万九千人，北抵阗颜山的赵信城而还。

单于逃走时，他的士兵往往与汉兵互相混杂，设法尾随追赶单于。单于长时间没有跟他的大队人马会合，他的右谷蠡王以为单于死了，便自立为单于。真单于重新收集了他的部众，右谷蠡王才去掉单于称号，恢复右谷蠡王身份。

汉朝骠骑将军出代郡两千余里，与匈奴左贤王交战，汉军斩杀俘虏匈奴共七万多人，左贤王和部将都逃走了。骠骑将军在狼居胥山祭天，在姑衍山祭地，到了翰海才回师。

此后，匈奴逃到很远的地方去，而大漠以南就没有单于王庭。汉朝势力越过黄河，从朔方以西直到令居，到处修通水渠，开垦耕地，有官吏、士兵五六万人，渐渐向北蚕食，国境接匈奴漠南旧地以北。

起初，汉朝两将军大举出兵围攻单于，斩杀、俘虏八九万人，而汉朝士兵死亡也有几万人，战马死掉的达十余万匹。匈奴虽然疲惫远逃，而汉朝也缺少马匹，无力再往北追击。匈奴采用赵信的计策，派遣使者到汉朝来，好言善语请求和亲。天子将此事下交群臣讨论，有人主张和亲，有人主张干脆让匈奴称臣。丞相长史任敞说："匈奴刚被打败，走投无路，应当让他们做外臣，到边塞上朝拜。"汉朝派遣任敞为使者出使匈奴，去见单于。单于听到了任敞的这个计划，勃然大怒，扣留他不准回汉。早先，汉朝也扣留了一些投降的匈奴使者，单于也总以扣留同等数量的汉朝使者相抵偿。汉朝正在组建新的骑兵部队，赶上骠骑将军霍去病死了，没有骁将，于是汉朝很长时间没有北上攻击匈奴。

过了几年，伊稚斜单于继位十三年后死去，子乌维继立为单于。这一年是汉朝元鼎三年。乌维单于登位时，汉天子开始出京巡视各郡县。这以后汉朝忙于向南讨伐南越和东越，没有出击匈奴，匈奴也未入侵边境。

乌维单于登位三年，汉朝已经灭了南越，便派遣前太仆公孙贺统率一万五千骑兵出九原两千余里，抵达浮苴井才回师，没有看见一个匈奴人。汉朝又派遣前从骠侯赵破奴统率一万多骑兵出令居数千里,直到匈河水才回师,也没有看见一个匈奴人。

这时天子巡视边境,到达朔方郡,统御骑兵十八万,以显示汉朝军威,又派郭吉去劝告单于。郭吉到了匈奴,匈奴外交官询问他出使的任务,郭吉屈身行礼讲些漂亮话,说道:"我见了单于亲自面谈。"单于接见郭吉,郭吉说:"南越王的头已经挂在汉朝皇宫北门上了,现在单于如果能够前来与汉军作战,天子已经亲自率军在边境上等待;单于如果不能战,就该面向南方对汉朝称臣。何苦远逃,躲到大漠以北又冷又苦又无水草之地,无所作为!"郭吉话音刚落,单于勃然大怒,立即杀了接待郭吉的那位外交官,又扣留郭吉不让他回去,把他放逐到北海边上,而单于终究没有入侵汉朝边境,休兵养马,练习射猎,多次派遣使者出使汉朝,甜言蜜语请求和亲。

汉朝派王乌等人出使匈奴窥探虚实。匈奴规定:汉朝使者不放下符节并用墨涂脸的,不得进入毡帐。王乌是北地郡的人,熟悉匈奴习俗,他去掉符节,用墨涂脸,所以进入毡帐。单于喜欢王乌,假装用好听的话做些许诺,说是看在王乌的面子上特派他的太子到汉朝做人质,以求和亲。

汉朝又派遣杨信出使匈奴。这时汉朝在东方攻下了秽貉、朝鲜,并在那儿设置了郡县,又在西方设置酒泉郡用以隔绝匈奴和羌人交往的通路。汉朝又向西沟通了大月氏和大夏,又将公主嫁给乌孙王,以分化匈奴的西方援国。又在北方扩大屯垦农田直至乌孙北之胘雷,设置关塞。而匈奴始终不敢提出异议。这一年翕侯赵信死去,汉朝主政大臣认为匈奴已经衰弱到可以让它臣服。杨信为人刚直倔强,素非显贵大臣,单于不太亲近他。单于要在穹庐里召见他,因为他不肯去掉节符,单于只好坐在毡帐外面接见。杨信见到了单于劝说道:"如果单于真心和亲,就派太子到汉朝做人质。"单于说:"这不是从前盟约的精神。按照从前盟

司马迁与李陵
Сыма Цянь жана Ли Лин

约和规定,汉朝经常派遣公主,送给我们一定数额的绸绢、丝棉、食物,用这样的方式保持和亲关系,而匈奴也不扰乱汉朝边境。现在你们竟要一反以往的做法,要我们太子做人质,这是没有希望的。"匈奴的习惯做法是:看到汉朝使者不是皇帝宠信的内官,如果是儒生,便认为他是想要游说,就驳倒他的辩词;如果是年轻人,便认为他是想要行刺,就折杀他的锐气。每次汉朝使者来到匈奴地,匈奴总要回访。汉朝扣留匈奴使者,匈奴也扣留汉朝使者,一定要达到对等才肯罢休。

杨信回来后,汉朝再派王乌出使,而单于仍然用甜言蜜语奉承王乌,想多得到一些汉朝的财物,哄骗王乌说:"我想到汉朝会见天子,当面定约结成兄弟。"王乌回报朝廷,汉朝在长安特地给单于修建了驿馆。匈奴方面说:"非得汉朝显贵人物出任使者,不然我不给你们说实话。"匈奴派遣他们的贵人到汉朝,贵人病了,汉朝给他药物,想治好他的病,但不幸死去。汉朝派遣路充国佩带二千石印信前往出使匈奴,以这个高层身份护送匈奴贵人的灵柩,丰厚的丧葬费用价值数千金,路充国对匈奴说:"我就是汉朝的贵人。"单于认为汉朝杀死了匈奴的尊贵使者,便扣留了路充国,不让回归。单于所说的那些话,不过是空言蒙骗王乌,根本没有诚意到汉朝来,以及派遣太子来做人质。这时,匈奴多次派骑兵侵犯边境,汉朝便任命郭昌担任拔胡将军,同浞野侯驻守朔方以东,防备匈奴。路充国被扣留在匈奴三年时,单于死。

乌维单于在位十年死去,儿子乌师庐继位做了单于。乌师庐年纪小,号称儿单于。这一年是元封六年。自此之后,单于更向西北转移。左方的军队直抵云中郡,右方的军队直抵酒泉郡、敦煌郡。

儿单于登位,汉朝派遣两名使者,一个去慰问单于,另一个去慰问右贤王,想以这种做法离间匈奴君臣。使者抵达后,匈奴把他们都送到单于那里,单于生气了,把使者全都扣留了。汉朝使者被扣留在匈奴的前后有十余批,而匈奴使者来到,汉朝也总是扣留对等数量以相抵。

这一年，汉朝派遣贰师将军李广利西攻大宛，又派遣因杅将军公孙敖修筑受降城。这年冬天，匈奴境内下大雪，牲畜多受饥寒而死。儿单于年轻气盛，好杀人打仗，国内的人多不安定。左大都尉想杀掉单于，派人暗中告知汉朝说："我想要杀掉单于，投降汉朝，但汉朝离得远，如果派兵来接应，我就发难。"当初，汉朝听了这一番话，所以修筑受降城，但仍然认为受降城离匈奴太远。

第二年春天，汉朝派遣浞野侯赵破奴率领骑兵二万多人出朔方西北二千余里，约定到浚稽山才回师。浞野侯按照预期的时间到达浚稽山回师了，左大都尉想要发难而被发觉，单于把他杀了，出动左方军队攻打浞野侯。浞野侯在行进中捕获和斩杀了匈奴几千人。往回走到离受降城四百里的地方，匈奴调动八万骑兵包围了他们。浞野侯夜里私自外出找水，匈奴的侦缉活捉了浞野侯，于是趁机急攻汉军。汉军中，郭纵任护军，维王是渠帅，两人计议说："趁着校尉们都在害怕因丢失了将军朝廷会诛杀他们，不要相劝回归汉朝。"有了投降的意念，汉军于是投降了匈奴。匈奴儿单于非常高兴，于是派遣骑兵攻打受降城。未能攻克，就侵入边塞劫掠一番而离去。第二年，单于想要亲自攻克受降城，还没到达目的地，发病死去。

儿单于在位三年死去。儿子年纪小，匈奴就拥立他的叔父乌维单于的弟弟右贤王呴犁湖为单于。这一年是太初三年。

呴犁湖单于继位后，汉朝派遣光禄勋徐自为出五原塞深入匈奴，近者几百里，远者千余里，修筑城堡哨所直至庐朐，同时派游击将军韩说、长平侯卫伉驻防在沿线一带，派强弩都尉路博德在居延泽边修筑城堡。

这年秋天，匈奴大规模入侵定襄、云中郡，杀掠数千人，打败了几名二千石级的将吏才离去，一边走一边破坏了光禄勋徐自为修筑的城堡哨所。又派遣右贤王入侵酒泉、张掖二郡，掳掠数千人。恰好遇到汉将任文截击而来，救出被虏汉人，右贤王失去了全部战利品而退去。这一

司马迁与李陵
Сыма Цянь жана Ли Лин

年贰师将军攻破大宛，斩杀大宛的国王然后还师。匈奴想拦截他，军队未能赶到。这年冬天，匈奴想攻打受降城，碰巧单于得病死去。

呴犁湖单于在位一年就死了。匈奴就拥立他的弟弟左大都尉且鞮侯为单于。

汉朝征服了大宛，声威震撼外国。天子心想趁机围困匈奴，就下诏书说："高皇帝留给我平城被围的历史忧患，高后时单于来书所言极其荒谬悖逆。从前齐襄公报了九代祖先的仇，《春秋》大力表彰这件事。"这一年是太初四年。

且鞮侯单于继位以后，全部释放了汉朝使者中被扣留而没有投降的人，路充国等得以回归。单于新近登位，怕汉朝发兵袭击他，便自己声称："我这个小孩子，怎敢和汉朝天子相比，汉天子是我的老前辈。"汉朝派遣中郎将苏武送厚礼给单于。单于更加骄傲，礼节上倨傲怠慢，不是汉朝所期望的态度。第二年，浞野侯赵破奴从匈奴逃亡，回到汉朝。

第二年，汉朝派贰师将军李广利率领三万骑兵出酒泉，攻击右贤王于天山，斩杀匈奴一万余人头而回。匈奴用大军围困贰师将军，贰师将军差点全军覆没脱不了身。汉兵战死十分之六七。汉朝又派因杅将军公孙敖出西河郡，和强弩都尉路博德在涿涂山会合，没有什么虏获。汉朝又派骑都尉李陵率领步骑五千人，出居延海北一千余里，与匈奴单于打了一场遭遇战。双方交战，李陵军杀伤敌人一万多人，李陵也兵少食尽，想脱离战斗回归。匈奴围困李陵，李陵投降了匈奴，汉军全军覆没，逃回来的散兵有四百多人。单于为了尊崇李陵，把女儿嫁给他为妻。

过了两年，汉朝再次派遣贰师将军率领六万骑兵，步兵十万，出朔方击匈奴。强弩都尉路博德率领一万余人，跟贰师将军会师，游击将军韩说率领步兵和骑兵共三万人出五原。因杅将军公孙敖率领一万骑兵和三万步兵出雁门。匈奴听到了消息，就把他们那些累赘的家口和繁重的东西远远地迁徙到余吾水以北，而单于带着十万骑兵集结于余吾水南，等

匈奴列传第五十
Хун[дар] баяны

候与贰师将军接战。贰师将军就脱离接触引兵回师，其间，与单于连战十余日。贰师将军听说他们一家因巫蛊之罪被诛杀尽，便收集部队投降了匈奴，得以回归的将士，只有千分之一二。游击将军韩说没有什么收获。因杆将军公孙敖与左贤王交战，不顺利，撤兵回来了。这一年，汉兵出击匈奴的都没有多少功劳，功不当罪。皇帝下诏逮捕太医令随但，因为他透露了贰师将军一家人被朝廷杀尽的消息，致使李广利投降了匈奴。

Азыркы Хань императору У-ди тактыга олтуруп (Б.з.ч.141-ж.), жек-жааттык келишимди тастыктап, хундарга айкөл мамиле кылып, каттамды ачып, чегара базарларын иштетип, хундарга көптөгөн мал-мүлктөрдү белекке берди. Хундар шаньюйдөн тартып букарасына чейин баары тең Хань ордосуна көзү түз, Улуу сепил алдына келип кетип, катташып турат.

Маи шаарчасынын тургуну Не Вэн-и атайын Хань ордосу тарабынан тыйуу салынган товарларды алып, хундарга сатууга жөнөтүлөт. Шаньюйдү азгырып алып келүү максатында, Маи шаарчасын өткөрүп берүүнү калп эле убадалайт. Шаньюй бул сөзгө ишенип, Маи шаарчасынын мал-мүлкүнө көз артып, жүз миң жоокерди баштап, Учжоу уездинин аймагына бастырып кирип келет. Бул аралыкта Хань тарап Маи шаарчасынын жанына үч жүз миң солдатты буктурмага койот. *Юйшидафу*[1] Хань Аньго башкы генерал милдетин алат жана төрт генералдын коштоосунда шаньюйгө каршы буктурмадан сокку урууну көздөйт. Шаньюй Хань чегарасын өтүп, Маи

---

[1] Юйшидафу 御史大夫 – Императордук цензору, байыркы кытайдын расмий аталышы, Цинь династиясынын тушунда түзүлгөн расмий кызматы, Миң шы (石) Расмий эмгек акыдын ырахат Алат.Тан династиясынын башталышында төмөн деңгээлдеги Үчүнчү класстан жогорку деңгээлдеги үчүнчү класска акырындык менен өтүп, Юань династиясында биричи класска өтүп калды.

司马迁与李陵

Сыма Цянь жана Ли Лин

шаарчасына дагы жүз версттей калганда, талаа толо мал жайылып, бирок бир дагы малчы жоктугун байкайт. Бул жагдайга абдан таң калып, анан дароо Хань чалгындоочу постуна кол салат. Мындан алдын Яньмэнь округунун аскердик катчысы чалгындоодо жүрүп, жоо келгенин байкап, постту коргоого аракеттенет, себеби ал Хань тараптын планын билчү. Шаньюй вэйшини (Хань династиясынын чиновник титулу) кармап алып, өлтүрмөкчү болгондо ал шаньюйгө Хань аскерлеринин буктурмада турган жайын айтып салат. Шаньюй аң-таң болуп – "Мен өзү башында эле бул иш боюнча күмөнүм бар эле" дейт. Ошону менен шаньюй жоокерлерин баштап, кайра кайтып кетет. Чегарадан чыгып баратып айтат: "Аскердик катчынын менин колума тийгендиги – бул Көктүн каалоосу. Бул Көк өзү сени мага айттырды". Шаньюй вэйшиге "Көктүн ваны" деген наам ыйгарат. Хань генералдарынын алдына ала сүйлөшүүсү боюнча, шаньюй Маи шаарчасына киргенден кийин гана ага каршы чабуул кылып, кырып жок кылмай болушкан. Бирок шаньюй Маиге жетпегендиктен улам Хань армиясы эч нерсе кыла алган жок. Хань генералы Ван Хуэй Дай облусунан чыгып, хундардын арабаларына кол салмак болгон, бирок, ал шаньюй чоң колу менен кайтып бара жатканын билип, кол салууга батына албады. Ван Хуэй өзү бул жолку согушуу планынын негизги түзүүчүсү болуп туруп, бирок согушка чыкпагандыгы үчүн император аны өлүм жазасына буйруду. Мындан соң хундар жек-жааттык тынчтык келишимин жокко чыгарып, Хань чегарасындагы бекеттерге кол салышып, чегараны бузуп кирип, талап-тоноолорду уюштура башташты. Кол салуулар өтө көп жолу болду. Бирок, хундар ач көз болгондуктан Хань менен чегара соодасын улантууну каалашты. Алар Хань буюмдарын аябай жакшы көрүшөт. Ал эми Хань ордосу чегара соодасын токтотпостон, хундардын каалоосуна ылайык

匈奴列传第五十
Хун[дар] баяны

кылышты.

Маи окуясынан беш жыл өткөн соң, күзүндө Хань ордосу Вэй Цин жана башка үчү генералды кырк минден кол баштатып, чегара базарларынын жанында хундарга чабуул салууга жөнөтөт. Генерал Вэй Цин Шангу округунан чыгып, Лунчэнге жетип, жети жүздөй хундардын кээ бирин өлтүрөт жана кээлерин туткунга алат. Гунсунь Хэ кол баштап, Юньчжун округунан аттанант, бирок ийгиликке жетише албайт. Гунсунь Ао Дайцзюнь округунан жөнөйт, хундардан жеңилип калат, жети миңден ашык солдат жоготот. Ли Гуан кол баштап, Яньмэнь округунан аттанат, хундардан жеңилип, өзү тирүүлөй колго түшөт. Кийинчерээк айла таап, кайра качып келет. Хань ордосу Гунсунь Ао менен Ли Гуанды камакка алат. Ошондо экөө акча төлөп, түрмөдөн кутулат, бирок даражасын жоготуп, кадимки букара макамына түшүрүлөт. Ушул жылдын кышында хундар көп ирет чегараны бузуп кирип, талап-тоноо иштерин жасашат. Мында *Юйян округу*[1] өзгөчө катуу жабыр тартат. Ошондо Хань ордосу генерал Хань Аньгону Юйянга жибреип, хундардан коргоону тапшырат. Кийинки жылдын күзүндө хундардын жыйырма миң колу Хань жергесине басып кирип, Ляоси облусунун башчысын өлтүрүп, эки миңден ашык адамды туткунга алышат. Хундар кайрадан дагы Юйянга кол салышып, андагы миңден ашуун Хань аскерлерин өлтүрүп, генерал Хань Аньгону курчап алышат. Хань Аньгонун миңден ашуун атчан жоокерлери мына-мына кырылмай болгон маалда Янь бегинен жардамга жиберилген кол жетип келип, хундар чегинүүгө мажбур болушат. Хундар кайрадан Яньмэнь округуна кол салышат, миңден ашуун кишини өлтүрүп же туткунга алышат. Ошондо Хань ордосу генерал

---

[1] Юйян округу 渔阳郡 – Азыркы Хэбэй провинциясынын түндүгүндө жайгашкан.

司马迁与李陵
Сыма Цянь жана Ли Лин

Вэй Цинди отуз миң колдун башында Яньмэньдан аттандырат, Ли Си кол баштап Дайцзюнь округунан жөнөп, хундарды талкалап, миңден ашуун хундарды өлтүрүп же туткунга алат. Кийинки жылы Вэй Цин дагы кайрадан Юньчжун округунан батышты көздөй аттанып, Лунси жергесине чейин жетет, Хуанхэ дарыясынын түштүк тарабында жайгашкан хундарга караштуу лоуфань жана байян урууларынын жетекчилерин туткунга алат, миңдеген кишилерди өлтүрүп же туткунга алат, миллион баштан ашуун мал-койлорду колго алат. Ошентип Хань ордосу Хуанхэ дарыясынын түштүгүндөгү жерлерди ээлөөгө жетишип, Шофан шаарчасын түптөп, мурун Цинь доорунда Мэн Тянь курган заставаларды кайра тикелеп, Хуаньхэ дарыясын өзүн коргочу бекем линияга айландырат. Ошол эле учурда Хань ордосу Шаньгу округундагы ыраакы Цзаоян уездинен баш тартып, аны хундарга калтырат. Бул мезгил Хань императору У-динин юань-шо жылдарынын экинчи жылы (Б.з.ч. 127-ж.) эле.

Ошол жылдын кышында хундардын Цзюньчэнь шаньюйү кайтыш болду. Цзюньчэнь шаньюйдүн иниси, цзогули-ван, Ичжисе, өзүн өзү шаньюй деп атап, Цзюньчэнь шаньюйдүн уулу Юйданьга чабуул салып, талкалады. Юйдань качып, Хань ордосуна келип багынып берди. Хань ордосу Юйданьга Шэань беги титулун ыйгарды. Бирок, бир нече айдан кийин ал (Юйдань) кайтыш болду.

Ичжисе шаньюй тактыга олтургандан кийинки жай мезгилинде хундардын он миңдеген колу Дай жергесин басып кирип, тайшоу Гун Юну өлтүрүп, миңден ашуун адамдарды туткунга алып, айдап кетишет. Ошол жылдын күзүндө хундар Яньмэнь округуна дагы кол салышып, миңден ашуун адамды өлтүрүп же туткунга алып кетишет. Кийинки жылы хундар дагы кайрадан отуз миң жоокерди бөлөк-бөлөк жиберип, Дайцзюнь,

匈奴列传第五十
Хун[дар] баяны

Динсян[1] жана Шанцзюнь округдарына кол салып, миңдеген адамдарды өлтүрүп же туткунга алып кетишет. Хань ордосу Хуанхэ дарыясынын түштүгүндөгү жерлерди ээлеп алып, Шофан шаарчасын курганды-гына ачуусу келген Хун оң сяньваны бир нече жолу жортуулга келип, чегарага жакын жайгашкан калкты талап-тоноп, дарыянын түштүгүндөгү аймактарга да кол салып, Шофан шаарчасына чабуул жасап, көптөгөн чиновниктер менен карапайым букараны өлтүрдү да, туткунга да алды.

Кийинки жылдын жазында Хань ордосу генерал Вэй Цинди жетекчиликке дайындап, ага алты генералды баштатып, жүз миңден ашуун жоокер менен Шофандан жана Гаоцюэден жолго чыгышып, хундарга чабуулга жөнөшөт. Хундардын кичи сяньваны Хань армисяы келе албайт деген ой менен шарап ичип мас болуп жатканда, Хань солдаттары чегарадан чыгып, алты-жети жүз ли аралыкты басып өтүп барып, кичи сяньванды курчоого алышат. Кичи сяньван катуу коркуп, өзү качып жөнөйт. Көптөгөн мыкты атчан жоокерлери да аны ээрчип качып кетишет. Хань аскерлери кичи сяньвандын карамагындагы аял-эркек он беш миң адамды жана ондон ашуун бекзаадаларды туткунга алышат. Ошол жылдын күзүндө хундардын он миң атчан жоокери Дайцзюнь округуна кол салып, округдун аскер башчысы Чжу Инди өлтүрүп, миңден ашуун адамды туткунга алышат.

Кийинки жылдын жазында Хань ордосу дагы кайрадан улуу генерал Вэй Цинге алты генералды баштатып, жүз миңден ашуун кол менен экинчи жолу Динсян округунан аттанып, бир нече жүз ли аралыкка чейин чыгып барып хундарга чабуул салат. Хань тарап баары болуп он тогуз миңден

---

[1] Динсян 定襄 – Хань доорунда курулган округ. Азыркы Шаньси провинциясынын Ююй уездинин жана Ички Монгол автоном районунун түштүк-батышын ээлеп турган. Юньчжун жана Яньмэнь округдарынын так ортосунда орун алган.

129

司马迁与李陵

Сыма Цянь жана Ли Лин

ашуун кишини өлтүрүүгө жана туткунга алууга жетишип, бирок, эки генерал менен үч миңден ашуун атчан жоокерин жоготот. Армиянын оң канатын жетектеген Су Цзянь качып кетет; ал эми авангардды жетектеген Чжао Синьдин жолу болбой калып, хундарга багынып берет. Чжао Синь оболу өзү хундардын бекзаадасы болгон, кийин Хань ордосуна баш ийип берген. Ошондо Хань ордосу ага Си беги титулун ыйгарган эле. Бул жолу себеби авангард менен оң канат биригип алып, анын үстүнө негизги күчтөрдөн оолак жүргөндүгүнөн улам шаньюйгө өздөрү кабыл болуп, бүтүндөй талкаланышты. Шаньюй Си бегин (Чжао Синьди) колго алып, ага Цзыцы-ван титулун ыйгарып, өз бир тууган эжесин аялдыкка берип, аны менен Ханьга каршы күрөшүү жөнүндө кеңеше баштайт. Чжао Синь шаньюйгө чөлдү кесип өтүп түндүккө карай жылууну, ошону менен Хань армиясын азгырууну, чаалыктырууну, акыры ханьдыктар чарчап болбой калганда гана аларга чабуул салууну жана ошондой эле Хань чеграсына азырынча жолобоону кеңеш кылат. Шаньюй анын кеңешине макул болот. Кийинки жылы хундардын он миң атчан жоокери Шангу округуна кол салып, жүздөгөн ханьдыктарды өлтүрөт.

Кийинки жылдын жазында Хань ордосу пяоци-генерал *Хо Цюйбинге*[1] он миң колду баштатып, Лун Сиден аттанат. Ал Яньчжи тоолорунан ары миң лидин ашуун аралыкты басып өтүп, хундарга чабуул салып, он сегиз миңден ашуун хундарды өлтүрүп же туткунга алат. Сючу-вандын колун талкалап, Асманга курбан чалуу үчүн пайдаланылчу алтын кишисин тартып алат. Ошол жылдын жай айларында пяоци-генерал менен Хэци-беги биргеликте он миңдеген атчан жоокерлерди жетектеп, Лунси жана

---

[1] Хо Цюйбин 霍去病 – б.з.ч. 140-117 жылдары жашап өткөн атактуу Хань генералы.

130

匈奴列传第五十
Хун[дар] баяны

Бэйди жергелеринен аттанышат. Эки миң ли жолду жүрүп, барып хундарга кол салышат. Цзюйяньды өтүп, Цилянь тоолоруна жеткенде хундарга чабуул жасап, отуз миңден ашуун хундарды өлтүрүп же туткунга алууга жетишишет. Арасында жетимиштей бекзаадалар жана башка даражалуу адамдар да болчу. Ушул эле учурда хундар Дай жана Яньмэнь округдарына кол салып, жүздөгөн адамдарды өлтүрүп же туткунга алып кетишет. Хань ордосу Бован беги Чжан Цянь менен генерал Ли Гуанды Оң-Бэйпинден аттандырып, Хун улуу сяньванына кол салууга жөнөтөт. Улуу сяньван генерал Ли Гуанды курчоого алат. Генерал Линин төрт миңдей жоокери болчу, баары өлүмгө дуушар болушат. Бирок генерал Ли жетектеген жоокерлер өлтүргөн хундардын саны да төрт миңден көп болду. Ушул маалда Бован-бегинин колу да жетип келип, генерал Ли өлүмдөн кутулат. Бул салгылашууларда Хань тараптан бир нече миң киши наабыт болот. Пяоци-генерал (Хо Цюйбин) белгилеген мөөнөттө Хэци-беги жетип келе албады, андыктан ал жана Бован-беги Чжан Цянь өлүм жазасына буйрулду. Бирок, акча берип өлүмдөн кутулуп, жөнөкөй букара макамына түшүрүлдү.

Хуньсе-ван менен Сючу-ван өздөрү батыш тарапта турушса да Хань солдаттарынын колунан он миңдеген кишилери өлүп, туткунга дуушар болгондугу үчүн шаньюй ал экөөнө каарданып, чакырып алып өлүмгө буйрууну ойлойт. Хуньсе-ван менен Сючу-ван катуу коркуп, Хань тарапка тымызын өтүүнүн көздөшөт. Хань ордосу муну угуп, аларды тосуп алууга пяоци-генералды жиберет. Хуньсе-ван Сючу-ванды өлтүрүп, анын жоокерлерин өзүнүкүнө кошуп, баштап келип Хань ордосуна баш ийет. Баары биригип кырк миң адам, айтылышы жүз миң. Хань ордосу Хуньсе-ванды кабыл алган учурдан баштап, Лунси, Бэйди жана Хэси аймактарына хундардын кол салуулары азайа баштайт. Ушуга байланыштуу

131

бош аймактарды эл менен толтуруу үчүн,Хань бийликтери заставанын чыгыш тарабын жайлаган калкты хундардан кайра тартып алынган Хуанхэ дарыясынын түштүк жээгине жана *Синьцинь*[1] аймактарына көчүрүп келди. Ушул эле учурда Бэйди округунун батыш тарабындагы чегара гарнизондорунун саны жарымга кыскарды. Кийинки жылы хундардын он миңдеген жоокерлери Оң-Бэйпин жана Динсян округдарын басып кирип, миңден ашуун адамдарды өлтүрүп, туткунга алып кайтып кетишти.

Кийинки жылдын жазында Хань ордосунда хундарга каршы турууну пландап жатканда мындай деп айтылат: "Си-беги Чжао Синь Хань аскерлери жете албай калат деген ой менен шаньюйгө чөлдүн түндүк жагына жылуу планын сунуштады". Ошондо ханьдыктар аттарын жакшылап багып, жүз миң атчан жоокерди жортуулга чыгарып, бул армиянын жеке керектелүүчү заттарын алып жүрүү үчүн бир жүз кырк миң ат кошо чыгарып, мындан сырткары азык-түлүк ташыган жана араба тарткан аттарды да кошот. Баш генерал Вэй Цин менен пяоци-генерал Хо Цюйбинге колду экиге бөлүү буйрулат: баш генерал Динсян округунан жөнөйт, а пяоци-генерал Дай округунан жолго чыгат. Алар чөлдү кесип өтүп хундарга сокку урууну сүйлөшүп алышат. Мындай планды угуп калган шаньюй жүк-арабаларын терең тылга айдап салып, өзү тандалма күчтөрү менен чөлдүн түндүк тарабында күтүп калат. Хундар баш генералдын колу менен бир күн бою согушат. Кеч кирген маалда катуу шамал башталат. Хань аскерлери шаньюйдү оң жана сол канатынын кирип курчоого алат. Согушууну улантса ханьдыктардан жеңилип калышын сезген шаньюй

---

[1] Синьцинь 新秦 – Хуанхэ дарыясынын түндүктөгү имерилишинде жайгашкан аймак. Цинь Ши-хуанди заманында хундардан тартып алынган. Хань доорунда бул аймак Шофан округунун карамагында болгон.

匈奴列传第五十
Хун[дар] баяны

дароо өзүнүн бир нече жүз мыкты жоокерлери менен бирге курчоону жарып чыгып, түндүктү карай качып жөнөйт. Ханьдыктар түндө кууп, жете албай калышат, бирок, жүрүп отуруп он тогуз миң хундарды өлтүрүп же туткунга алат. Түндүктү көздөй жүрүп, Тяньянь тоосундагы Чжаосинь шаарына чейин жетип, кайра артка кайтышат.

Шаньюй качып кеткен учурда анын солдаттары Хань аскерлери менен аралашып согушат, кээ бирлери шаньюйдүн артынан жөнөйт. Шаньюй узак убакыт өзүнүн негизги күчтөрү менен жолуга албай калат. Анын оң-гуливаны шаньюй өлүптүр деп ойлоп өзүн өзү шаньюй кылып жарыялайт. Бирок, чыныгы шаньюй кайрадан армиясына келип кошулгандан кийин оң-гуливан дароо шиньюй титулунан баш тартып, кайрадан өз макамына кайтат.

Хань пяоци-генералы Хо Цюйбин Дай округунан эки миң ли ашуун аралыкка чейин барып, сол-сяньван менен согушуп, жетимиш миңден ашуун хундарды өлтүрүп же туткунга алууга жетишет. Сол-сяньван өзүнүн колбашчылары менен бирге качып кетет. А пяоци-генерал *Ланьцзюйсюй*[1] тоосуна чыгып, Көккө багыштап түлөө өткөрөт, *Гуянь*[2] тоосуна чыгы Жерге арнап түлөө кылып, *Ханьхайга*[3] чейин жеткенден кийин кайра артка кайтат.

---

[1] Ланьцзюйсюй 狼居胥山 – Хэнтий нуруу, бүгүнкү Монголиядагы Кент тоосу. Хан династиясынын Юаньшоу төртүнчү жылында (б.з.ч. 119-ж.) Батыш Хань династиясынын улуу генералы Хуо Цюбин Хунга кол салуу үчүн аскерлерди жиберип, бул тоодо чоң жеңишке жетишкен.

[2] Гуянь 姑衍山 – Тоонун аталышы, бүгүнкү Монголиядагы Кент тоосунун түндүгүндө.

[3] Ханьхай 翰海 – "Жээксиз деңиз". Бул боюнча ар кандай пикирлер бар: кээ бир замандарда кадимки "Байкал" же "Далайнор" көлдөрүн түшүндүрсө, кээ бир замандарда кыйыр мааниде Гоби чөлүн туюнткан.

133

司马迁与李陵
Сыма Цянь жана Ли Лин

Мындан соң хундар андан ары алыска качып, шаньюйдүн ставкасы чөлдүн түштүк тарабына тигилбей калат. Хань армиясы Хуанхэ дарыясын өтүп, Шофандан батышты көздөй жүрүп, Линцзюйгө жетет. Ал жактагы канал-арыктарды оңдоп куруп, дың жерлерди айдап, элүү-алтымыш миңдей чиновниктер менен солдаттар акырындан түндүк аймагын өздөштүрө баштап, түндүктөгү хундар менен түздөн түз чектешип калышат.

Башында Хань империясынын эки генералы көп кол менен барып, шаньюйдү курчоого алып, сокку урганда сексен-токсон миң хун өлтүрүлүп же туткунга алынган болчу, бирок Хань тараптан да он миңдеген жоокерлер набыт болуп, жүз миңден ашуун ат чыгым болду. Хундар чаалыгып-чарчап, алыска качканы менен, бирок хандар деле аттарын жоготкондуктан улам хундарды кууп жетүүгө алы жок болчу. Хундар Чжао Синьдин планына ылайык, Хань ордосуна жылуу сөздөр менен элчи жиберип, жек-жааттык тынчтык келишимин түзүүнү суранат. Хань Асман уулу бул маселе боюнча сановниктерине кеңеш салат: кээлери келишим түзүүгө макул болууну сунуштаса, кээ бирлери жагдайдан пайдаланып хундарды Хань бийлигине баш ийдирүүнү кеңеш кылат. Биринчи министр Жэнь Чан мындай дейт: "Хундар жаңы эле талкаланды, абалы оор, андыктан аларды өзүбүздүн вассалыбызга айландыралы, ал эми алар жыл сайын жаз-күздө эки жолу чегарага келип, Хань ордосуна таазим кылып турушсун". Ошондо император Жэнь Чанды хундарга барып шаньюйгө жолугуу үчүн жиберет. Шаньюй Жэнь Чандын сунушун угуп, катуу каарданып, аны Хань мамлекетине кайтарбай, кармап калат. Буга чейин Хун элчиси да Хань тарапка өтүп, калып калган, андыктан шаньюй жооп иретинде Хань элчисин кармап калды. Хань бийлиги кайра жаңыдан жоокер жана ат жыйнап баштайт. Дал ушул учурда пяоци-генерал Хо Цюйбин кайтыш

134

匈奴列传第五十
Хун[дар] баяны

болот. Мындан соң Хань армиясы түндүктөгү хундарга жортуулга чыгууну узак убакытка токтотушат.

Бир нече жылдан кийин он үч жыл тактыда отурган шаньюй Ичжисе кайтыш болот. Анын уулу Увэй бийликке келип, шаньюй болот. Бул окуя Хань У-динин юань-дин доорунун үчүнчү жылы эле (Б.з.ч. 114-ж.). Увэй тактыга отурган учурда Хань Асман уулу шаардан чыгып, өлкөнүн ар бир округуна барып текшере баштайт. Мындан кийин Хань ордосу түштүктөгү Наньюэ жана Дунюэ мамлекеттерине каршы жортуул менен алек болуп, хундарга каршы аттанбайт, хундар да Хань чегарасына кол салбай калат.

Шаньюй Увэй тактыда отурган үчүнчү жылы, Хань империясы Наньюэ өлкөсүн жок кылып, мурунку саяпкер Гунсунь Хэ*ге* он беш миң жоокерди баштатып, Цзююань жергесинен аттандырат. Ал эки миңден ашуун ли аралыкты басып өтүп, Фуцзюйцзинге чейин жетип, кайра артка кайтат. Бирок бир да хунду жолуктурбайт. Мындан кийин Хань ордосу Чжао Пону*ну* он миң атчан жоокердин башына коюп, Линцзюй жергесинен аттандырат. Ал бир нече миң ли жол басып, Сюнхэшуй дарыясына чейин барып, бир да хунду жолуктурбай кайра кайтып келет.

Ушул маалда император чегарадагы аймактарды кыдыруу учурунда Шофанга барып, өзүнүн аскердик кубатын даңазалоо максатында бир жүз сексен миң атчан жоокерди жыйнат жана Го Цзини жиберип шаньюйгө кабар берет. Го Цзи хундарга жеткенде, конок тосуучу чиновник андан эмне тапшырма менен келгендиги тууралуу сурайт. Го Цзи өзүн сылык-сыпайы тутуп, жылуу сөздөрдү айтып, мындай дейт: "Мен шаньюйгө жолугуп, өзүм ага жеке айтайын". Шаньюй Го Цзини кабыл алат. Го Цзи: "Наньюэ өкүмдарынын башы Хань борбор калаасынын түндүк дарбазасында илинип турат. Эгерде бүгүн шаньюй жолго чыгып барып Хань армиясы менен

135

согуша алса, анда Асман уулу өзү армияны баштап чегарага барып, сизди күтүп алат. Шаньюй барууга даай албаса, анда Хань бийлигине баш ийсин. Алыс жактарда качып жүрүүнүн кажети жок. Чөлдүн түндүк жагындагы суук жана татаал жерлерде суу-чөп да жок. Мындай кылуунун кереги жок!" Ал сөзүн айтып болгондо шаньюй абдан ачууланып, Го Цзинин кирүүсүнө уруксат берген баягы конок тосуучу чиновникти дароо өлүмгө буйруйт, а Го Цзини болсо кармап калып, кайра кайтууга уруксат бербей, Бэйхай тарапка сүргүнгө жиберет. Шаньюй Хань чегарасына кол салууга батына албай, аттары менен жоокерлерине өргүү берип, жаа тартуу, аң уулоого машыгат. Бир нече жолу Хань ордосуна элчи жиберет, жакшы сөздөрдү айттырат, жек-жааттык келишим түзүүнү өтүнөт.

Хань императору Ван У жана башкаларды хундардын абалын билип келүү үчүн жиберет. Хундардын мыйзамы боюнча, Хань элчилери өздөрүнүн ишеним белгилерин (верительный знак) сыртка коюп, бетине көө сыйпабастан сайын шаньюйдүн алдына кирүүгө укугу жок болчу. Ван У өзү түндүктөгү Бэйди округунан болгондуктан хундардын каада-салтын жакшы билчү. Ал дароо ишеним белгисин сыртка таштап, бетине көө сүйкөп, кийиз үйгө кирип барат. Шаньюй аны жогору баалап, жакшы сөздөрдү айтып, убада берип, өз улуу уулун Хань ордосуна ак үйлүүгө жибермей болот. Бул аркылуу Хань империясы менен жек-жааттык келишимин түзүүнү суранат.

Хань ордосу Ян Синьди хундарга жиберет. Буга чейин Хань империясы чыгыштагы Хуэйло менен Чаосяньды багындырып, ордуна өзүнүн округдарын түзүүгө жетишет. Ал эми батышта болсо *Цзюцюань*[1] округун

---

[1] Цзюцюань 酒泉郡 – Округдун аталышы, Цзюцюань округу Сары дарыянын Батышында жайгашкан, Хан династиясынын Юаншоунун экинчи жылында (б.з.ч. 121-ж.) түзүлгөн.

匈奴列传第五十
Хун[дар] баяны

түзүү аркылуу хундар менен цяндардын байланыш жолун кыркат. Хань элчилери Батышты карай жүрүп, юэчжи эли жана Дася мамлекети менен байланышка чыгат. Усундардын өкүмдарына Хань канбийкесин аялдыкка берет. Ушуну менен хундардын батыш мамлекеттери менен болгон мамилеси үзүлөт. Хань империясы түндүккө карай жерин кеңейтүүнү улантып, Сянълэйге чейин жетип, аны чегара бекетине айлантат. А хундар болсо буга каршы нааразычылыгын билдирүүгө батына албай калат. Ушул жылы Си-беги Чжао Синь кайтыш болот. Хань ордосундагы сановниктер хундар эми алсыз болуп калды, аларды өзүбүздүн карамагыбызга өткөрүп алалы деп ойлоп калышат. Ян Синь аябай күчтүү, түз жана катуу болчу. Бирок ал Хань ордосунда чоң кызмат ээлеген эмес, андыктан шаньюй ага жакын эмес болчу. Кийин шаньюй Ян Синьди чакырганда, ал ишеним белгисин таштабай койот. Ошондо шаньюй үйүнүн сыртына чыгып, аны Ян Синьди кабыл алууга мажбур болот. Ян Синь шаньюйду көрүп, айтат: "Эгерде тынчтык келишимин түзүүнү кааласаңыз, анда улуу уулуңузду Хань ордосуна ак үйлүүгө жибериңиз". Шаньюй: "Анда мурунку келишимдерге дал келбей калат го. Мурунку келишимдер боюнча Хань империясы адатта канбийкесин бизге аялдыкка жиберчү, андан сырткары жибек, кездеме, азык-түлүк жана башка заттарды тартуулачу, ошентип жек-жааттык тынчтык келишими түзүлчү. Ал эми хундар болсо Хань чегарасына кол салууну токтотушчу. Ал эми азыр болсо сиз менин уулумду ак үйлүүгө жиберип, бул илгертен келаткан салтты бузушумду сунуштап турасыз. Буга үмүт да кылбай эле коюңуз!" Хундардын адаты боюнча, эгерде келген Хань элчисинин ордодогу орду бийик эмес болуп, болгону бир конфуцийчи-аалым болсо, анда хундар бул келген элчи аларды бир нерсеге ынандырууга умтулат деп ойлоп, анын аргументтерин жокко чыгарууга аракет кылышчу.

137

司马迁与李陵
Сыма Цянь жана Ли Лин

Эгерде Хань элчиси жаш болсо, ал шаньюйгө кол салганы келди деп болжоп, андыктан анын дымагын сындырууга умтулушчу. Хань элчилери келген сайын, хундар да аларга тартууларды беришчү. Эгерде Хань тарап Хун элчилерин кармап калса, хундар да келген элчилерди кармап, эки тарап кармаган элчилердин саны бирдей болгондо гана кармашын токтотушчу.

Ян Синь Хань ордосуна кайтып келген соң, Хань тарап Ван Уну кайрадан хундарга элчиликке жиберет. Ал эми шаньюй болсо кайра эле мурункудай жылуу сөздөрдү айтып, Хань баалуу буюмдарын көбүрөөк алууну ойлоп, Ван Уга калп эле мындай дейт: "Мен Хань ордосуна барып, Асман уулуна учурашып, союздаш мамиле түзүп, агайын болсом дейм". Ван У Хань ордосуна кайтып келип, отчет берген соң, Чанъаньда шаньюй үчүн атайын резиденция курулат. Натыйжада Хун шаньюйү "Эгерде мага Хань ордосунда орду жогору элчи келбесе, мен олуттуу сүйлөшпөйм" дейт. Хун тарап өзүнүн мартабалуу кишисин Хань ордосуна элчиликке жиберет, ал жолдо ооруп калат. Хань тарап ага дары-дармек берип, айыктырууну ойлойт. Бирок ал баары бир каза болуп калат. Ошондо Хань ордосу Лу Чунгого эки миң *шы* эгин маяна алчу жогорку даражадагы сановниктин курун байлатып, мөөрүн карматып, хундарга элчи кылып жиберет. Лу Чунго хун маркум элчисинин сөөгүн, башка кымбат баалуу тартууларды жана ошондой эле "Бул Хань ордосунун мартабалуу кишиси" деген катты алып барат. Шаньюй Хань ордосу менин мартабалуу элчимди өлтүрдү деп ойлоп Лу Чунгону кармап калды, үйүнө кетирбей койду. Шаньюй тарабынан айтылган жылуу сөздөр бул болгону Ван Уну алдоо үчүн колдонулган, ал эми шаньюйдүн Хань ордосуна барып Асман уулуна жолугуу жана ошондой эле өз уулун ордого ак үйгө жиберүү каалоосу такыр жок болчу. Ошол эле учурда хундардын атчан ыкчам жоокерлери Хань империясынын чегарасын бир нече ирет бузуп кирди. Хань бийлиги Го Чанга баху-генерал чинин ыйгарып, Чжое-беги менен биргеликте Шофан шаарчасынын чыгыш тарабына өз колдору менен жайгашууну жана ошондой эле эгерде хундар чабуул салса, коргонууну буйруйт. Лу Чунго карамалып турган үчүнчү жылы шаньюй кайтыш болот.

Увэй шаньюй он гана жыл башкарып, кайтыш болот. Анын уулу Ушилу тактыга олтурат. Ушилунун жашы кичине болгондуктан улам "Эр-шаньюй" (Уул шаньюй) аталат. Ал жыл Хань императору У-динин юань-фэн доорунун алтынчы жылы эле. Ушул учурдан баштап шаньюй андан ары түндүк-батышка ойит. Анын сол канат армиясы Юньчжун округунун тушуна барып, оң канат армиясы Цзюцюань менен Дуньхуандын тушуна барып калат.

Эр-шаньюй тактыга отургандан кийин Хань ордосу эки элчисин жиберет: бирөө шаньюйгө көңүл айтат, экинчиси –оң сяньванга көңүл айтат. Элчилер ушундай жол менен эки адамдын (шаньюй менен оң-сяньвандын) ортосуна жик салып, өлкөдө козголоң чыгарууну көздөшөт. Элчилер жеткенде хундар аларды шаньюйгө киргизишет. Шаньюй каарданып, Хань элчилерин кармап калат. Жалпысынан хундар кармап калган Хань элчилеринин саны ондон ашуун болчу. Хань ордосуна келип кармалып калган Хун элчилеринин саны да бирдей болчу.

Ошол жылы Хань императору Эрши-генерал Ли Гуанлини батыштагы Давань мамлекетине жортуулга жиберет, ал эми иньюйлук генерал Гунсунь Аого *Шоусянь*[1] шаарынын дубалын курууну буйрук кылат. Кышында хундар жашаган аймактарда катуу кар жаап, мал-койлорунун

---

[1] Шоусянь 受降城 – Азыркы Ички Монгол автоном районунун Урат аймагында жайгашкан.

司马迁与李陵
Сыма Цянь жана Ли Лин

жарымынан көбү жуттан жана сууктан өлөт. Эр-шаньюй жаштык кылып, киши өлтүрүү жана согушууну жакшы көрчү. Андыктан хундардын көпчүлүгү кабатыр болушат. Сол улуу дувэй шаньюйду өлтүрүүнү ойлоп, Хань ордосуна тымызын киши жиберип, кабар берет: "Мен шаньюйду өлтүрүп, Хань тарапка өткүм келет. Хань ордосу алыс. Эгерде Хань ордосу жоокер жиберип, мени тосуп ала турган болсо, мен азыр дароо шаньюйду жайлайм". Негизи Хань ордосу ушул кабарды уккандыктан улам Шоусян шаарынын дубалын курган эле. Бирок, бул шаар хундардан баары бир алыс тургандыгын түшүнүшчү.

Кийинки жылдын жазында Хань ордосу Чжое-беги Чжао Понуга жыйырма миңден ашуун атчан жоокерди жетектетип, Шофан округунан аттанат. Алар түндүк-батышты көздөй эки миң ли жол жүрүп, *Цзюньцзи тоосуна*[1] жетип, кайтмай болушат. Чжое-беги өз убагында белгиленген жерге жетип, кайра артка кайтат. Сол улуу дувэйдин шаньюйду өлтүрөм деген максатын байкап калган соң шаньюй анын өзүн өлтүрүп, сол канаттын аскер отряддарын Чжое-бегине каршы чабуулга жөнөтөт. Чжое-беги жортуул учурунда миңдеген хундарды өлтүрүп, кайра артка кайтып Шоусян шаарына төрт жүз ли калганда, хундардын сексен миң атчан жоокери аны курчоого алат. Түндө Чжое-беги өзү жалгыз сууга чыккан мезгилде аны хундар тирүүлөй кармап алып, Хань жоокерлерине чабуул салышат. Ошондо хуцзюнь Го Цзун менен Вэй Ван акылдашып: "Командирлер өз генералын жоготкондугу үчүн император аларды өлүм жазасына буйруйт, алар мындан коркуп кайтып кетүүгө батына алышпайт". – деп багынып берүүнү ойлошот. Ошентип Хань аскерлери хундарга багынып

---

[1] Цзюньцзи тоосу 浚稽山 – Байыркы тоонун аталышы, азыркы Монголия Тула дарыясынын жана Орхун дарыясынын түштүгүндөгү аймакка жакын.

140

беришет. Эр-шаньюй абдан кубанып, ыкчам отряддарын жиберип, Шоусян шаарына чабуул кылат. Бирок, шаарды ала алышпай, башка заставаларга кол салышат. Кийинки жылы шаньюй өзү Шоусян шаарына жортуулга чыгат, бирок жете электе жолдо оорудан улам кайтыш болот.

Эр-шаньюй бийликте үч жыл туруп эле өлүп калды. Анын уулунун жашы жете электигинен улам, хундар Увэй шаньюйдүн иниси оң-сяньван Гоулихуну тактыга отургузушту. Увэй шаньюй болсо маркум Эрши-шаньюйдүн атасынын иниси болчу. Бул жыл Хань императору У-динин *тайчу*[1] доорунун үчүнчү жылы эле (Б.з.ч. 102-ж.).

Гоулиху шаньюй тактыга отурган соң Хань ордосу *гуанлусюнь* Сюй Цзывэйге *Уюань*[2] чегара бекемдөө бекетинен бир канча жүз ли, алысы миң канча ли чыгып барып чалгындап, коргонуу дубалдарын жана посттарун Луцзюйгө чейин куруну буйрук кылат. Ал эми ыкчам отряддардын кол башчысы Хань Юэге жана Чанпин-беги Вэй Канга Сюй Цзывэйге колдоо көрсөтүүнү буйрук кылат. Мындан сырткары, жаачылардын командири Лу Бодэ Цзюйянь көлүнүн жанына сепил куруу үчүн жиберилет.

Ошол жылдын күзүндө хундар чоң кол баштап барып, Динсян, Юньчжун округдарына кол салып, миңдеген адамдарды өлтүрүп же туткунга алып, бир канча мартабалуу сановниктердин колун талкалап, кайра кайтып кетишет. Ушул жортуул учурунда хундар Сюй Цзывэй курган сепилдерди талкалап салышат. Мындан сырткары, оң-сяньванды Цзюцюань, Чжанъе жергелерине жиберип, ал миңдеген адамдарды туткунга алат. Дал ушул маалда Хань генералы Жэнь Вэнь жардамга келип,

---

[1] Тайчу 太初 – б.з.ч. 104-101 жылдар. У-ди императорунун бийлик урааны.

[2] Уюань 五原 – Уезддин жана чегара бекемдөө бекетинин аталышы. Ал азыркы Ички Монгол автоном районунун аймагында жайгашкан.

司马迁与李陵
Сыма Цянь жана Ли Лин

хундар туткунга алган адамдардын баарын койо берип, кайра кайтып кетүүгө мажбур болушат. Ушул эле жылы Эрши-генерал Ли Гуанли Давань мамлекетин талкалап, өкүмдарынын башын алып, артка кайтат. Хундар Ли Гуанлинин жолун буушту́н аракетин кылып, бирок жетишпей калышат. Ушул жылдын кышында хундар Шоусян шаарын басып алууну көздөшөт, бирок шаньюй оорудан кайтыш болуп калат.

Гоулиху шаньюй бир эле жыл тактыда отуруп, каза болот. Хундар анын иниси, *сол улуу дувэй*, Цети-хоуну, шаньюй тактысына отургузушат.

Хань ордосу Давань өкүмдарын жазалаган соң Хань зоболосу кошуна өлкөлөрдүн үчүн алат. Асман уулу ушул жагдайдан пайдаланып, хундарды курчоого алууну ойлоп, жарлыгын чыгарат: "Император Гао-цзунун кайгысы бизге калды, ал эми императрица Гао-хоу учурунда шаньюй бизди кемсинткен кат жазды. Илгери Ци Сян-гуну тогуз муундан кийин өч алгандыгы үчүн '*Жаз-күз*'[1] эмгегинде даңазаланган". Бул жыл Хань императору У-динин тайчу доорунун төртүнчү жылы эле (Б.з.ч. 101-ж.).

Шаньюй Цети-хоу тактыга отурган соң хундар тарапка өтүүдөн баш тарткан бардык Хань элчилерин койо берет. Лу Чунго жана башкалар үйүнө кайтып келишет. Шаньюй жаңы эле бийликке келген кезде Хань тараптын күтүүсүз соккусунан чочулап, мындай дейт: "Мен жөн эле жаш баламын, кантип эле хань асман уулуна тең келейин?! Хань Асман уулу менден улуу". Хань императору чжунланцзян Су Уну байма-бай белектер менен шаньюйдүн алдына жиберет. Шаньюй андан бетер текеберленип, этикетти сактабай койот. Хань ордосу буга абдан иренжийт. Кийинки жылы Чжое-

---

[1] "Жаз - күз" 春秋 – "Жаз -күзгү Цзин", "Лин Цзин" же "Лин тарыхы" деп аталат. Кытайдын жаз- күз династиясынын хроника тарыхы китеби, анда Лу Ингондун биринчи жылынын Лу Айгондун 14-жылына чейин Лу мамлекетинин маанилүү тарыхый фактылары жазылган.

142

беги Чжао Пону хундардан качып, үйүнө кайтып келет.

Кийинки жылы Хань ордосу Эрши-генералы Ли Гуанлиге отуз миң колду баштатып Цзюцюаньдан аттандырат. Ал Тянь-Шань тоолоруна жетип, Хун оң-сяньванына сокку уруп, он миңден ашуун кишини башын алууга жетишет. Кайтып келе жаткан жолдо хундар Эрши-генералын курчоого алып, качып чыгууга айла болбой, Хань аскерлериин ондон алты-жети бөлүгү набыт болот. Ошондо Хань ордосу Иньюй генералы Гунсунь Аону *Сихэ*[1] аймагынан аттанып, оор жаачылардын командири менен *Чжоту*[2] тоолорунда биригүүгө жиберет. Бирок мындан майнап чыкпайт. Мындан соң император атчан жоокерлер командири Ли Линди беш миң жоокердин башына коюп, Цзюйяньдан аттандырат. Ал миң лиден ашык жол жүрүп, шаньюйгө туш келип, согуша кетишет. Ли Лидин жоокерлери он миңден ашуун хундарды өлтүрүп же жарадар кылат. Аягында ок-дары, азык-түлүгү түгөнгөн кезде Ли Лин качып кутулуп, артка кайтууну ойлойт, бирок Хундар аны курчоого алып алган эле. Ошондо Ли Лин багынып берет, анын колу талкаланат. Болгону төрт-беш жүздөй гана адамы үйүнө кайтып келет. Шаньюй Ли Линди жогору баалап, өз кызын ага аялдыкка берет.

Бул окуядан эки жыл өткөн соң Хань ордосу кайрадан Эрши-генералына алтымыш миң атчан, бир жүз миң жөө жоокерди жетектетип, Шофан округунан аттандырат. Оор жаачандар отрядынын командири Лу Бодэ он миңден ашуун колду баштап барып, Эрши-генералынын колуна кошулат. Юцзи-генералы Хань Юэ отуз миң атчан-жөө жоокерди баштап,

---

[1] Сихэ 西河 – Хань доорунда Ордос аймагынын түндүк тарабында негизделген округ.

[2] Цжоту тоолору 涿涂山 – Тоонун аталышы, бүгүн Монголия Эл Республикасынын Чэрлегинын түштүк бөлүгүндө.

司马迁与李陵
Сыма Цянь жана Ли Лин

Уюаньдан жолго чыгат. Иньюнь-генералы Гунсунь Ао он миң атчан, отуз миң жөө жоокерди ээрчитип, Яньмэнь округунан аттанат. Хундар бул тууралуу кабарды угаары менен дароо керектүү буюмдарын Орхон дарыясынын түндүк жагына алыска көчүрүп, ал эми шаньюй болсо жүз миң жоокерди жетектеп, бул дарыянын түштүк тарабында Хань армиясын күтүп туруп, Эрши-генералы келгенде согуш башталат. Ли Гуанлинин армиясы бөлүнүп-чачылып, он күн бою согуш жүргүзгөндөн кийин артка чегине баштайт. Ушул учурда Эрши-генералы үй-бүлөсүнө көз байлоочулук айыбы тагылып, бүтүндөй өлтүрүлгөнү тууралуу кабарды угат. Ошондо ал өзүнүн жоокерлери менен чогуу багынып, Хун тарапка өтөт. Анын аскерлеринин миңинен бирөө-экөө гана Ханьга кайтып келе алышат. Юцзи-генералы Хань Юэ дагы эч кандай ийигиликке жетише албайт. Иньюнь-генералы Гунсунь Ао сол-сяньван менен согушуп, ийигиликсиз кайтууга мажбур болот. Бул жылы хундар менен болгон согуштарда бир да Хань генералы ийигиликке жетише албады, анча-мынча ийигиликтеринен жоготуулары көп болду. Император *тайилин*[1] Суй Даньды арестке алууну буйруду, себеби, ал Эрши-генералынын үй-бүлөсү өлтүрүлгөндүгү жөнүндө кабар берип, жыйынтыгында Эрши-генералы Ли Гуанли Хун тарапка өтүп кетти.

太史公说：孔子著《春秋》，记鲁隐公、桓公时期的历史彰明显著，写到鲁定公、哀公时期的事情则隐讳含糊，这是因为它们涉及当代的事不便于直切记载，也没有鲜明的褒贬，因而文字不能不有所忌讳。用世

---

[1] Тайилин 太医令 – Кытайдын байыркы медициналык кызматкердин аталышы, медициналык иштерди башкарган эң жогорку офицерди билдирет.

144

匈奴列传第五十
Хун[дар] баяны

俗观点谈论对付匈奴的谋臣，只想求得一时的天子宠信，就醉心于阿顺上意而高谈阔论，以达到有利于自己片面意见的目的，不去验核双方的形势；而征伐匈奴的将帅们又凭借中国广大，意气激发，皇上就依靠这些人来决定匈奴的政策，因此建立的功业不深厚。尧尽管很贤明，没有好的助手也完不成治水的事业，直到得到了禹的辅佐，天下才安宁了。如果想要建立太平盛世，一定要选择任用好的将相，一定要选择任用好的将相啊！

Мен, ордо историографы, мындай дейм: Конфуций жазган "*Жаз-күз*"[1] эмгегинде *Лу*[2] бектери *Инь-гун*[3] менен *Хуань-гундун*[4] башкаруу мезгилдериндеги бардык окуялар даана көрсөтүлүп, ал эми *Дин-гун*[5] менен *Ай-гундун*[6] тушундагы иштер так-даана жазылбай, кыйыр айтылган. Анткени ошол мезгилге таандык тексттерде жөнү жок мактоолор бар жана түз эмес туюндурмалар кездешет. Биздин замандаштар хундар маселеси боюнча кетирген катачылыгы бул алардын утурумдук жагдайды болсо да пайдаланып, императорго кеңеш берүүгө умтулуусунда жана өзүнүн бир тараптуу пикиринен пайда таап, Хун-Хань ортосундагы реалдуу абалды

---

[1] "Жаз-күз" же "Чуньцю" 《春秋》 – Жаз-күз (Жаздар жана күздөр. Орусча "Вёсны и осени"). Б.з.ч. 722 – 479 жылдары, башкача айтканда, Жаз-күз доорунда, Лу бектигинде жана ага коңшулаш бектиктерде орун алган окуя-жагдайларды сүрөттөгөн тарыхый хроника. Мында тышкы саясат, аскердик тарых, өкүмдарлардын турмушу, ички саясат, чарба, сакралдык сфера жана табигый кубулуштар тууралуу баяндар камтылган. Текст 16257 иероглифтен турат.

[2] Лу бектиги 鲁国 – Б.з.ч. 1043 - 255 жылдары азыркы Шаньдун провинциясынын аймагында өмүр сүргөн бектик. Б.з.ч. 255 - жылы Чу бектиги тарабынан аннексияланган.

[3] Инь-гун 隐公 – Б.з.ч. 722-712 жылдары Лу бектигин башкарган.
[4] Хуань-гун 桓公 – Б.з.ч. 711 - 694 жылдары Лу бектигин башкарган.
[5] Дин-гун 定公 – Б.з.ч. 509 - 495 жылдардагы Лу беги.
[6] Ай-гун 哀公 – Б.з.ч. 494 - 468 жылдары Лу бектигин башкарган.

司马迁与李陵
Сыма Цянь жана Ли Лин

эске албагандыгында. Кол башчыларыңар хундарга каршы турууда Ортолук өлкөнүн (Кытайдын) жеринин кеңдигине таянып эрдемсинишет. Асман уулу (император) болсо ушуларга негизденип хундарга каршы саясатын түзөт. Ошон үчүн жетишкендиктери чоң эмес. [Өкүмдар] Яо канчалык акылман болсо да өз күчү менен чоң ийгиликтерге жете алган эмес. Акыры *Улуу Юй*[1] пайда болгон соң гана бүткүл Ортолук өлкөдө (Кытайда) бейкутчулук жаралган. Эгер тынчтык менен бейпилдикти орнотуу керек болсо, кол башчылар менен сановниктерди туура тандап иштетүү керек болгону! Ооба, кол башчылар менен сановниктерди туура тандап иштетүү керек!

---

[1] Улуу Юй же Император Юй 大禹 / 帝禹 – Легендалуу Ся мамлекетинин (Ся ордосунун) биринчи өкүмдары. Уламышка ылайык, ал суу топонун ооздуктаган.

146

太史公自序第七十

　　远古的颛顼，任命重为南正，掌管天文，任命黎为北正，掌管农政。尧舜之时，任命重与黎的后代继续掌管这两个职务，直到夏、商，所以重黎氏世世代代职掌天文、农政。到了周代，封于程国为伯爵的休甫这个人就是他们的后代。周宣王时，重黎氏失去了原来的职守做了管军事的司马，于是姓司马氏。后来司马氏又一代一代职掌周史。周惠王、周襄王时，司马氏离开周王室到了晋国。当晋国内乱，大夫随会逃往秦国避难之时，司马氏也逃往秦国的少梁。

　　自从司马氏离周到晋后，家族分散，有的在卫、有的在赵、有的在秦。在卫地的一支，有一个司马喜，做了中山国的相。在赵国的一支，有个司马凯，因传授剑术而扬名，战国后期那著名的司马蒯聩就是他的后代。在秦国的一支，有个司马错与秦惠王相张仪争议伐蜀，于是被秦惠王委为伐蜀大将，攻下蜀国后做了那里的留守。司马错的孙子司马靳，做了武安君白起的部将。少梁早已改名夏阳。司马靳和武安君在公元前260年打败赵长平军，坑杀了降卒四十余万人。班师后，司马靳和白起同时在杜邮被赐死。司马靳埋葬在夏阳西南的华池。司马靳的孙子叫司马昌，做了秦朝的铁官，此时正是秦始皇执政的时候。司马蒯聩的玄孙司马卬做了武信君武臣的部将，攻取了朝歌一带地方。项羽封诸侯为王，司马卬被封为殷王。汉王刘邦伐楚，司马卬投靠汉王，把他的封地改为河内郡。司马昌生司马无泽，他做了汉长安交易市长。无泽生司马喜，爵为五大夫。昌、无泽、喜三代都埋葬在华池西面的高门原。司马喜生司马谈，司马谈做了太史公。

司马迁与李陵
Сыма Цянь жана Ли Лин

Ордо историографынан соңку сөз

Байыркы *Чжуань Сюй*[1] Асман астын башкарып турган кезде *наньчжэн (Байыркы чиновник титулу)* Чунду Асман менен алектенүүгө дайындап, *бэйчжэн (Байыркы чиновник титулу)* Лини Жер менен алектенүүгө дайындаган. Тан[Яо] менен Юй [Шунь] башкарган учурда Чун менен Линин урпактары *Асман жана Жер менен алектенүүгө*[2] кайрадан дайындала баштап, ошол бойдон Ся, Шан доорлоруна чейин алардын урпактары ушул иштерди улантышкан. Чжоу доорундагы *Чэн*[3] округундагы *бо (титул)* Сюфу дал ошолордун урпактарынан. Чжоу *Сюань-вандын*[4] тушунда Чун менен Ли тукуму кызматын эптей албай жоготушуп, андан кийин ал Симанын кызматына кирише баштады жана фамилиясын Симага алмаштырды. Сыма урпактары Чжоу тарыхы менен алектенүүнү муундан-муунга өткөрүп келишкен. *Чжоу Хуэй-ваны*[5] жана Чжоу *Сян-ваны*[6] башкарып турган мезгилдерде Сыма уругу

---

[1] Чжуань Сюй 顓頊 – Байыркы сочинениелерде эскерилген легендалуу беш өкүмдардын бири.

[2] Асман жана Жер менен алектенүү – Мында байыркы замандагы протоилимдин негизги тармактары болгон астрология жана география жөнүндө сөз болуп жатат.

[3] Чэн 程 – Азыркы Шэньси провинциясынын Сяньян округунун аймагында болгон.

[4] Сюань-ван 宣王 – Чжоу мамлекетинин он биринчи өкүмдары Цзи Цзиндин маркум ысымы. Ал б.з.ч. 827 - 782 жылдары тактыда отурган.

[5] Чжоу Хуэй-ван 周惠王 – Чыгыш Чжоу мамлекетинин бешинчи өкүмдары Цзи Ландын маркум ысымы. Ал б.з.ч. 676 - 653 жылдары бийликте отурган.

[6] Сян-ван 襄王 – Чжоу өкүмдары Цзи Чжэндин маркум ысымы. Ал б.з.ч. 651 - 620 жылдары тактыда отурган.

148

太史公自序第七十

Ордо историографынан соңку сөз

Чжоу ордосунан кетип, Цзинь бектигине барган. Кийинчерээк Цзинь бектигинин чиновниги Суйхуй баш калкалоо үчүн Цинь бектигине качып барат, а Сыма уругу да *Шаолянга*[1] көчөт.

Сыма уругу Чжоудон Цзиньге көчкөн соң алар ар кайсы жерлерге чачырап, кээ бирлери Вэй бектигине, кээ бирлери Чжао бектигине, ал эми башкалары болсо Цинь бектигине жайгашышкан. Вэй бектигине жайгашкандардын бирөөсү *Чжуншань*[2] өлкөсүнүн биринчи министри болот. Чжаодагыларынан бирөө кылыч өнөрү боюнча өзүнүн терең маалыматы менен дүйнөгө атагы чыккан, анын урпактарынан *Куай Куйду*[3] айтсак болот. Цинь бектигиндегилерден *Сыма Цо*[4] дегени өз учурунда *Чжан И*[5] менен диспут кылууга чыккан. Ошондон соң Цинь Хуэй-ваны Сыма Цого кол жетектетип, Шу бектигине каршы аттандырган. Жеңишке жеткенден кийин Шу жергесине жетекчи болуп дайындалган. Сыма Цонун небереси Сыма Цзинь болсо *Уань-цзюнь Бай Циге*[6] кызмат кылган. Ошол учурда Шаоляндын аты Сяян болуп өзгөртүлгөн. Сыма Цзинь менен Уань-

---

[1] Шаолян 少梁 – Байыркы турак. Азыркы Шэньси провинциясынын Ханьчэн шаарынын 韩城 түштүк тарабында болгон.

[2] Чжуншань 中山国 – Жаз-күз доорунда байди уруулары түзгөн анча ири эмес мамлекет. Вэй менен Яньдын ортосунда жайгашкан. Аны 265-жылы Чжао бектиги өзүнүн карамагына өткөрүп алган.

[3] Куай Куй 蒯聩 – Б.з.ч. 480 - 478 жылдары Вэй бектигин башкарган.

[4] Сыма Цо 司马错 – Б.з.ч.IV кылымдын аягынан б.з.ч. Шкылымдын башына чейинки Цинь ордосунун салма-ктуу фигуралардын бири. Атактуу стратег Чжан Ини сөз менен жеңген, согуш талаасында да ири жеңиштерге жетишкен.

[5] Чжан И 张仪 – (Өмүр жылдары: б.з.ч. ? - 309 ж) Согушчул бектиктер доорунун көрүнүктүү саясатчыларынын бири, атактуу стратег. IV кылымдын экинчи жарымында Цинь бектигинин өнүгүшүнө чоң түрткү берген.

[6] Уань-цзюнь Бай ци 武安君白起 – (Б.з.ч. ? - 257 ж) Цинь бектигинде кызмат өтөгөн атактуу кол башчы. Цинь бектиги башка алты бектикти басып алуусуна кошкон салымы үчүн Уаньцзюнь титулун алган.

149

司马迁与李陵

Сыма Цянь жана Ли Лин

цзюнь (Бай Ци) биргелешип Чжао бектигинин чанпин армиясын тирүүлөй жерге көмүшкөн. Кайтып келген соң Уань-цзюнь экөө Дуюй жергесинде өзүн өзү өлтүрүүгө буйрулуп, *Хуачиге*[1] сөөктөрү коюлган. Сыма Цзиньдин небереси Сыма Чан. Ал Цинь Шихуандын тушунда жашап, темир эритүү тармагында башкаруучу болуп иштеген. Куай Куйдун чебереси Сыма Ан, ал учурунда Уань-цзюньдүн кол башчысы болуп, *Чжаогэны*[2] чапкан. Бектерге (чжухоу) "ван" титулу ыйгарыла баштаган кезде Сыма Ан Инь жергесинин ваны даражасын алган. Хань ваны Лю Бан Чу ваны Сян Юйду чапкан учурда Сыма Ан Хань тарапка өткөн. Анан Инь жергесинде Хэнэй округу түзүлгөн. Сыма Чандын баласы Сыма Уцзе, ал Хань ордосунда шичжан кызматын аткарган. Сыма Уцзенин баласы Сыма Си. Ал *удафу*[3] даражасына жетишкен. Алардын баары көз жумган соң Гаомэньде жерге коюлушкан. Сыма Синин баласы Сыма Тань. Ал ордо историографы катары кызмат кылган.

太史公向唐都学习天文，向杨何学习《易》理，向黄子学习道家理论。从建元到元封之间，司马谈做了三十年的太史令。他痛心讲学的人都不懂得深微的意义，各守师承而囿于见闻，于是著《论六家要指》，总结六家学说如下：

---

[1] Хуачи 华池 – Жер аталышы. Азыркы Шэньси провинциясынын Ханьчэн шаарынын ордунда жайгашкан.

[2] Чжаогэ 朝歌 – Хуанхэ дарыясынын сол жээгиндеги байыркы шаар. Байма өтмөгүнүн батыш тарабында кырк километр аралыкта жайгашкан.

[3] Удафу 五大夫 – Титулдун аталышы, Цинь жана Хань династиясынын наамынын тогузунчу классы. Хань династиясындагы наамдар системасына ылайык, Удафу округдук башчисинин кызматына барабар.

太史公自序第七十

　　《易大传》说："治理天下这样一个道理，可以有各种方案；走向一个目的地，可以有不同的道路。"阴阳、儒、墨、名、法、道德，这六家学说都致力于治天下，只是所主张的原则却不同，互相有长有短。我曾经考察过阴阳家的学说，太重视吉凶的预兆，忌禁繁多，使人的思想受到束缚而多有畏惧。然而它所推定的四时顺序，是不可丢掉的。儒家务求广博而不得要领，费力不少而成绩很小，因此儒家学说难于信从。然而它所序定的君臣、父子的礼节，夫妇、长幼的分别，是不可以改变的。墨家倡导的节俭叫人难以遵行，因此墨家的主张是不可以一一实行的。然而它所强调的务本与节用，是不可以丢弃的。法家的主张太严厉苛刻，缺乏恩情。然而它所整肃的君臣上下的名分，是不可以改动的。名家过于纠缠概念，反而常常失掉了真理。然而它阐明名和实的关系，是不可以不加研究的。道家使人精神专一，主张适应自然来满足万物的要求。它的精义和方法是：依据阴阳家所推行的四时顺序掌握天时运行，采取儒、墨两家的长处，吸收名家和法家的精华，随着时间来转移，顺着事物而变化，这样来立定常规和处理事务，绝对没有不相宜的地方，并且宗旨简单，容易掌握，做得少而收获多。儒家就不是这样。他们认为君主是天下的仪表，应该在上面倡导，臣子只能在下面附和，事事都要君主走在前边，臣子只能跟随在后边。像这样，君主就很辛苦，臣子却很安逸。至于伟大的道家精髓，就是丢掉了个人的刚强和欲望，殊不知，精神用得太多就要枯竭，身体过分劳苦就要损坏。精神和形体都不安定，要想和天地一样长久，没听说有这样的事。

　　阴阳家对于春夏秋冬四季、八卦方位、十二度星次、二十四节气，都规定了禁忌，说什么"顺之者昌，逆之者亡"，不一定是这样。所以说阴阳家"使人的思想受到束缚而多有畏惧"。至于春天生育，夏天滋长，秋天收获，冬天收藏，这是自然的常规，不遵循它就没有别的东西可以作为自然法则。所以说"它所推定的四时顺序，是不可丢掉的"。

司马迁与李陵
Сыма Цянь жана Ли Лин

儒家把《易》《礼》《书》《诗》《乐》《春秋》这六艺作为经典，它的经文、传文累千累万，积累一辈子也精通不了那些学问，耗费青春也并不懂得那些烦琐礼节。所以说"儒家务求广博而不得要领，费力不少而成绩很小"。至于序定君臣、父子的礼节，夫妇、长幼的分别，即使是百家都不能改变的。

墨家也尊崇尧舜，称颂他们的德行说："正常房基三尺高，土筑台阶才三级，茅草房顶不修剪，柞木屋椽不雕饰。盛饭用陶簋，装汤用瓦盆。粗粮做饭，豆叶熬汤。夏天穿葛衣，冬天披鹿皮。"墨家送葬，用桐木棺材只三寸厚，哭得也不悲哀。主张举行这样的丧礼，一定要用它来作为万民的榜样。假使全天下都效法这样做，那么尊卑就没有差别了。不同的风俗习惯随着时代在转移，事业也就必然不同。所以说"墨家倡导的节俭叫人难以遵行"。但它的要点是强调务本和节用，这是引导家家户户走向富足的办法，这是墨家的长处，即使是百家都不能丢弃的。

法家不别关系亲疏，不分地位尊卑，都一概用法来约束，这就把爱亲、尊长的恩情断绝了。它可以作为非常时期的临时措施，但绝不可以长期实行，所以说"法家的主张太严厉苛刻，缺乏恩情"。至于主张尊重君权，压抑臣下，明确职分的界限不得互相逾越，即使是百家都不能更改的。

名家过于在概念上纠缠不休，使人不能融会贯通掌握真理，专注于名词概念的推理，反而失去了容易理解的常情。所以说"名家过于纠缠概念，反而常常失掉了真理"。至于循名责实，参错交互综合考察事物的本质，不迷失方向，这一点也是不可以不加研究的。

道家学说是无为又无不为，其实很容易实行，不过表达的言辞却难以理解。它的精神是以虚无的道为本体，遵循自然为功用，没有一成不变的发展方向，没有固定的形体格式，所以能够适应万物的规律。自己不走在事物的前边，也不落在事物的后边，所以能够做万物的主宰。法则的有无，顺应时势来确定；度数的有无，迎合外物起变化。古书上

太史公自序第七十
Ордо историографынан соңку сөз

说:"圣人永垂不朽,因他顺时而行。虚无是道的核心,因循是君主的纲领。"把群臣召集起来,务必使人人明白,行为与言论相符叫作真实,行为与言论不符叫作虚假。虚假的话不听,奸伪就不发生。好人与坏人自然区分,黑白也就分明。问题在于如何运用罢了,任何事情都是能够成功的。与大道符合的,看起来浑浑沌沌,而光明却照耀天下,回返到无名的境界。人所赖以生存的是精神,精神所依托的是身体。精神用得太多就要枯竭,身体过分劳苦就要损坏,精神和形体分离,人就死亡。死了的不能再生,分离的不能再合,所以圣人特别重视。由此可见,精神是生存的根本,形体是生存的体现。如果不首先稳定自己的神形,却说"我有办法治理天下",那有什么根据呢?

Ордо историографы *Сыма Тань*[1] устат Тан Дудан астрономия боюнча билим алып, устат Ян Хэден "*Ицзин*"[2] боюнча илим алып, устат Хуан Цзыдан болсо даосизм теориясын үйрөнгөн. Ордо историографы *Цзяньюань жана Юаньфэн жылдарынын аралыгында*[3] кызмат кылган. Ал окумуштуулар байыркы илимдердин маңызын түшүнбөгөнүнө, терең ойлоно албаганына абдан капаланган. Андыктан байыркы алты ой мектебинин төмөнкү кыскача баяндамасын жасады."Ицзин Кеңири комментарийинде" айтылгандай, Асман астындагылардын максат-

---

[1] Сыма Тань 司马谈 – Сымя Цяньдын атасы. Өмүр жылдары: б.з.ч. ? - 110 ж. Б.з.ч. 140 -жылдан баштап мамлекеттик историограф-астролог кызматын аткарган. "Тарыхый жазмалар" эмгегин жазууну баштап, ал өлгөн соң уулу Сыма Цянь эмгекти жазууну улантып, аягына жеткирген.

[2] И цзин 易经 же Чжоу И 周易 – "Өзгөрүш китеби". (*ор.* "Книга Перемен" или "Чжоуская Книга Перемен") Төлгө ачууда колдонулган эң байыркы кытай философиялык текстеринин бири. Текстеринин эң эскилери болжолу б.з.ч. 700 жылдары менен датталанат. Текст 64 гексаграммдан турат. Конфуцианствонун канондоштурулган беш китебинин бири болуп саналат.

[3] Б.з.ч. 140 - 105 жылдар аралыгы.

司马迁与李陵
Сыма Цянь жана Ли Лин

мүдөөсү бир, бирок аны ишке ашыруунун ыкмалары ар кандай. Жеткен максаты окшош, бирок ага жеткизген жолдору ар башка". *Инь-янчылар*[1], *конфуцийчилер*[2], *моисттер*[3], *номиналисттер*[4], *легисттер*[5] жана *даосисттердин*[6] баары тынчтык, жыргалчылык коомун түзүүнүн үстүнөн иштешет, болгону алардын негизденген теориялары ар башка. Мен учурунда өзүмчө инь-ян мектебинин теориясын изилдеп жатып, анда жакшылык менен жамандыктын жышаанына көп көңүл бөлүнгөнүн байкадым. Анда табулар менен тыйуулар абдан көп экен. Булардын баары адамдын кыймыл-аракетин чектеп, коркуу сезимин туудурат экен. Бирок, инь-ян илиминдеги төрт мезгилдин алмашуу тартиби жөнүндөгү теориясынан баш тартууга болбойт. Конфуцийчилик илими абдан терең жана кең болгону менен анда өтө маанилүү нерселер аз экен. Көп күч жумшап үйрөнөсүн, бирок жетишкен натыйжаң аз эле болот. Андыктан бул мектептин принциптерин

---

[1] Инь-янчылар 阴阳家 – Караңгы жана жарык башаты мектебинин жолдоочулары, бул агым кээде натурфилософия мектеби деп да аталып жүрөт.

[2] Конфуцийчилер 儒家 – Конфуцийчилик – байыркы заманда пайда болгон этикалык жана саясий илим (учение). Мектептин негиздөөчүсү – улуу философ Конфуций (б.з.ч. 551 - 479 жж). Бул мектеп өзүнүн социо-этикалык багыты жана ошондой эле билимдүүлөр катмарын мамлекеттик башкаруу аппаратына аралаштырууга умтулуусу менен башкалардан айырмаланып турат.

[3] Моисттер 墨家 – Моизм – Мо Ди (б.з.ч. V-IV кк) тарабынан негизделген философиялык-саясий илим.

[4] Номиналисттер 名家 – Номиналисттер же аталыштар мектебинин жолдоочулары. Бул илимде негизги көңүл аттын затына дал келүүсүнө бурулган.

[5] Легисттер 法家 – Легизм же мыйзамчылык мектебинин жактоочулары. Алар мамлекеттик башкарууда мыйзам, жаза жана сыйлыктарга чоң маани беришкен. Бул мектеп Гуань-цзы, Шан Ян ж.б. тарабынан акырындап түптөлгөн.

[6] Даосисттер 道家 – Даосизм жолдоочулары. Даосизм – *Дао* же *Жол* жөнүндөгү философиялык жана диний система. Бул байыркы Кытай философиялык ой-жүгүртүүсүндө жана этикалык практикасындагы алдыңкы илимдердин бири. Анын негизги принциптери - "табийгыйлык" жана "аракеттенбөөчүлүк", адам табиятын өзгөртүүчү ишмердүүлүктүн баш тартуу жана табигый жагдайга умтулуу.

толук кармануу кыйын. Бирок, анда айтылган өкүмдар – букара, ата – бала, эр – аял, улуу – кичүү арасындагы мамиле нормаларын сактоо керек. Моизм үнөмчүлдүккө чакырат, бирок аны иш жүзүндө аткаруу кыйын. Андыктан бул мектептин насааттарын толук кармануу мүмкүн эмес. Бирок, андагы негизги ишмердүүлүктү күчөтүү жана сарамжалдуулукка умтулуу насаатын көмүскөдө калтырбоо керек. Легизмде мыйзам катаал, жаза катуу, ал эми ырайымдуулук аз. Бирок, андагы өкүмдар – букара, жогоркулар – төмөнкүлөр арасындагы айырмачылыктарды сактоо насааттарын көңүл жаздымынан чыгарбоо керек.Номинализм адамды чектөөгө чакырат, бирок чыныгы маңызды жоготууга түртөт. Деген менен, андагы ат менен заттын өз ара мамилеси изилдөөгө татыктуу. Даосизм адамды оюн жана руханий күчүн бир багытка коюуга, кыймыл-аракетин бейзат (нематериальное) "дао" менен шайкеш кылууга үндөйт. Даосизм илими инь-янчылардын төрт мезгил жөнүндөгү теориясына негизделип, конфуцийчилик менен моизмдин жакшы жактарын өзүнө кошуп, номиналисттер менен легисттердин фундаменталдык маңыздарын өзүнө камтып, жагдайдын өнүгүүсүнө ылайык өнүгүп-өзгөрүп, жакшы салттарды жаратып келгендиктен улам бардык жагдайга туура келет, идеялары жөнөкөй, өздөштүрүүгө жеңил, аз күч сарптап, көп натыйжага жетишүүгө болот. Ал эми конфуцианство мындай эмес. Конфуцийчилердин оюнда, өкүмдар бүт букаралар үчүн үлгү, өкүмдар демилге көтөрөт, букаралар аны орундатат, өкүмдар алдыда басат, букаралар аны ээрчийт. Андыктан өкүмдар көп эмгектенип чарчайт, ал эми букаралар тек гана жыргап жүрө беришет. Ал эми даосизмдин негизги принциби боюнча, [өкүмдар]катуу мүнөздүүлүк менен артыкча тырышуучулуктан (кумардануу, катуу берилүү) алыс болуп, билгичсинүүдөн (акылдуусунбай) баш тартканда гана, өлкөнү даанышман

司马迁与李陵
Сыма Цянь жана Ли Лин

ыкма менен башкарууга жетише алат. Руханий күчтү артыкча сарптасаң, ал түгөнөт, артыкча көп иштесең, дене чарчайт. Дене менен көңүл тынчтана албаса, ким эле Асман менен Жер сымал түбөлүк жашоону каалайт.

Инь-янчылардын пикиринде, жылдын төрт мезгили, сегиз триграмма, он эки зодиак белгиси жана жылдын жыйырма төрт мөөнөтү (период) бар жана булардын ар биринин өзүнүн сунуштары менен тыйуулары бар. Аларды аткарсаң же бузсаң, ошого жараша пайда табасың же жапаа чегесин. Муну толук туура деп айтууга болбойт. Ошон үчүн мен инь-ян мектеби "адамдын кыймыл-аракетин чектеп, коркуу сезимин туудурат экен" деп жаздым (жогоруда). Жазда өнүп, жайда өсүп, күздө жыйналып, кышта сакталат – бул табияттын өзгөрүлбөс мыйзам-ченемдүүлүгү. Муну сактабай туруп Асман астын (Кытайды) башкаруу эрежелерин түзүү мүмкүн эмес. Ошон үчүн мен "инь-ян илиминдеги төрт мезгилдин алмашуу тартиби жөнүндөгү теориясынан баш тартууга болбойт" деп айттым.

Конфуцийчилик илими алты канонго негизделет: "Ши [цзин]", "Шу [цзин]"[1], "И [цзин]", "Ли [цзи]"[2], "Жаз-күз", "Музыка [китеби]"[3]. Булардын тексттери менен түшүндүрмөлөрүнүн (чечмелөөлөрү) саны миңдеп саналат. Бир нече муун тынымсыз улантып үйрөнсө да бул илимди

---

[1] Шу цзин 书经 же Шан шу 尚书 – "Тарых / документтер китеби" же "Кадырлуу жазмалар" – Конфуцийчилик илиминдеги "Беш китептин" (ор. Пятикнижие)бири болгон кытай классикалык китеби. Уламыштар, болмуштар, мифтер, тарыхый окуялар, мамлекеттик кагаздар, буйруктар, сановниктерге кайрылуулар жана башкаларды өзүнө камтыган жыйнак. Хронологиялык жактан караганда, болжол менен б.з.ч. XXIV – VIII кылымдарды чагылдырат. Автору катары адатта Конфуций көргөзүлөт.

[2] Ли цзи 礼记 – "Ритуалдар китеби" – (ор. Книга обрядов, Книга церемоний) Конфуцийчиликтеги негизги канондордун бири. Мында мамлекеттик жана жеке деңгээлдеги жүрүм-турумдун конфуцийчилик нормалары жана ырым-жырымдар баяндалган.

[3] Музыка канону 乐经 – Конфуцийчиликтеги негизги классикалык китептердин бири, бирок, ал жоголууга учураган.

үйрөнүп бүтпөс, калган өмүрүңдү аны астейдил изилдөөгө жумшай албайсын. Ошон үчүн мен "конфуцианство илими абдан терең жана кең болгону менен анда өтө маанилүү нерселер аз экен. Көп күч жумшап үйрөнөсүн, бирок жетишкен натыйжаң аз эле болот" деп жаздым. Ал эми мындагы өкүмдар – букара, ата – бала арасындагы жүрүм-турум нормасы, эр – аял, улуу – кичүүнүн коомдогу орду боюнча эрежелерди жүз мектеп каршы чыкса да өзгөртүүгө болбойт.

Моизмдин жактоочулары Яо менен Шуньдун башкаруу жолун даңазалап, алардын изгиликтүү (добродетельный) жүрүм-туруму буюнча мындай дешет: "Алардын үйү жерден болгону үч чиге көтөрүлүп турган. Ичинде үч жер тепкичи болуп, үйдүн төбөсү камыш менен жабылып, устундары жонулбаган эменден жасалган. Тамак жегени жана ичкени ылайдан жасалган идиштерди колдонушкан. Күрүч, таруудан тамак жасашкан. Алабата менен буурчактан сорпо кылышкан. Жайында одуракай кездемеден кийим кийип, кышында бугу терисинен тон кийишкен."Моисттер маркумдарын жерге берүүдө үч цуньдук тунг жыгачынан жасалган табыттарды иштетишкен. Аза күтүүдө көз жашын төгүүдөн өздөрүн карманышкан. Жалпы элдин баарына ушундай каада-салтты аткарууга насаат беришкен. Эгерде бүткүл Асман астында мындай салт кармалса, анда ак сөөктөр менен жөнөкөй калктын ортосунда айырма жоголот. А бирок заман өзгөрөт, жагдай алмашат, адамдардын алектенген жумуштары ар башка. Ошон үчүн "моизм үнөмчүлдүккө чакырат, бирок аны иш жүзүндө аткаруу кыйын" деп айттым. Моизм илиминдеги негизги ишмердүүлүктү күчөтүү жана сарамжалдуулукка умтулуу насааты ар бир адамдын байышына жана ар бир үй-бүлөнүн токчулукка жетишине жол болуп бере алат. Бул моизм илиминин артыкчылык сапаты, буга жүз мектеп

157

каршы чыкса да, мындан баш тартпоо керек.

Легисттер тууган менен жатты, кадырлуу адам менен пас адамды айырмалашпастан, мыйзамга таянып, баарына бирдей тегиз мамиле кылышат. Мындан улам тууганчылык мамиле, улууга урмат сыяктуу сапаттар жоголот. Мындай эрежелерди убактылуу жана жагдайга жараша иштетсе болот, бирок дайыма эмес. Ошон үчүн мен "легизмде мыйзам катаал, жаза катуу, а ырайымдуулук аз." деп айттым. Ал эми легизмдеги өкүмдарды урматтоо жана букараларды төмөн кармоо, ар бир адам өз укугунан аша чыкпоо үчүн алардын милдеттерин так чектөө сыяктуу баалуулуктарын жүз мектеп каршы чыкса да өзгөртпөө абзел.

Номиналисттер ашыкча майда жана тажатма. Адамдарды өз каалоолорунан баш тартууга мажбурлашат. Бардык нерселерди аталышына жараша чечишет да бирок жөнөкөй адамдык сезимдерди (здравый смысл) жоготуп алышат. Ушундан улам бул илим адамдарды чектеп, жашоонун чыныгы маңызын жоготууга түртөт деп айтканмын. Ал эми аталыш аркылуу маңызга жетсек, анда көптөгөн катачылыктардан арылууга болмок. Ушул жагы изилдөөгө татыктуу.

Даосизмде "*аракеттенбе*"[1] деп айтылат, анан кайра "аракетсиздик кылба" деп айтылат. Даосизмдин сунуштарын орундатуу оңой, а бирок жазууларын түшүнүү кыйын. Бул илимдин теориялык негизин "боштук" (жүрөктүн боштугу) түзөт, колдонгон негизги принциби – бул табиятка баш ийүү. Даосизм жактоочуларынын пикиринде, жагдайдын бышып жеткен өзгөрбөс абалы жок болсо жана өзгөрбөс формасы жок болсо гана бардык

---

[1] Аракеттенбе – Жан үрөбө, жан талашпа, ашыкча аракеттенбе, артыкча умтулба дегендей мааниде.

太史公自序第七十

Ордо историографынан соңку сөз

көрүнүштөрдүн табигый терең маңызын таанууга болот. Шашылуунун кереги жок, бирок артта да калбоо керек. Ошондо гана жагдайлардын баарын башкарууга мүмкүн болот. [Бир нерсени жасаганга] ыкма болсо да, болбосо да, алар ардайым убакыттын талабына ылайык аракеттенишет. Өлчөм болсо да, болбосо да, алар ар дайым заттын формасына карап, өлчөм түзүп, ага шайкеш аракеттенишет. Ошон үчүн - "даанышмандардын идеялары жагдайлардын өзгөрүүсүнө ылайыкташа алгандыктан улам өлбөстүккө жетише алат. Боштук бул Даонун түбөлүк мыйзам-ченеми. Табиятка баш ийүү бул өлкө башкарган өкүмдардын негизги эрежеси болушу абзел" – деп айтылат. Бардык букаралар бирдей деңгээлде [Даону] түшүнгөндө гана ар бири өзүнүн милдеттерин так биле алат. Айтылган сөз идеяга дал келгенде "туура" деп табылат. Ал эми айтылган сөз идеяга төп келбесе, анда "куру сөздүк" болот. Мындай куру сөздөрдү адам укпаса, ыймансыздык жаралбайт, жакшылык менен жамандык өздөрү эле ажырайт, ак менен кара так бөлүнөт. Маселе каалоодо, каалоо болсо эле кандай иш болбосун аткарылат. Ошондо гана Улуу Даого шайкеш келет. Асман асты нурга бөлөнүп, кайрадан аталышсыз[башатка] кайтат. Негизи, ар бир адам рухка таянып жашайт, ал эми рух болсо денеге таянат. Рухту ашыкча пайдалануу кыйналууга алып келет, денени ашыкча иштетүү чалыгууга алып келет. Дене менен рух бири биринен ажыраганда адам өлөт. Өлгөн киши кайра тирилбейт. Рух менен дене экиге бөлүнгөн соң кайра бирикпейт. Ошон үчүн даанышмандар бул маселеге көп көңүл бөлүшөт. Мындан улам рух бул адам өмүрүнүн негизи, ал эми дене болсо өмүрдүн таянычы деген тыянакка келебиз. Өзүндүн рухуң менен денеңде тынчтык болбосо, анан "Асман астын башкарууга менде айла-амал бар" деп эмнеге негизденип айтасың?!

司马迁与李陵
Сыма Цянь жана Ли Лин

太史公职掌天文，不管民事。他的儿子叫司马迁。

司马迁出生在龙门，童年在龙门山南麓的家乡度过。司马迁十岁时就能识读古文，二十岁时壮游江、淮。攀登会稽山探访禹穴，到九疑山考察舜的遗迹。浮游沅水、湘水，寻踪屈原漫游的路径。北上汶、泗，到临淄、曲阜去研习学问，观察孔子教化的遗风流韵，还到邹县、峄山去学习乡射礼节。在游历鄱、薛、彭城的时候，一度遭到危困，然后取道沛县，经过砀、睢阳到达大梁，由那里回到长安。后做了郎中官。元鼎六年奉使监军，西征巴、蜀以南，平定了邛、笮、昆明。元封元年，回到长安报告使命。

Ордо историографы (*Сыма Тань*) кызматы боюнча астрономия менен алектенип, жарандык иштерге аралашпаган. Анын уулунун аты Сыма Цянь.

Сыма Цянь Лунмэньде жарык дүйнөгө келип, Хуанхэ дарыясынын түндүк тарабында жана Лунмэнь тоосунун түштүк тарабында жер иштетүү жана мал чарбачылыгы менен турмуш кечирген. Жашы онго чыкканда эле байыркы тексттерди таанып окуй алган. жыйырма жашында түштүккө саякатка чыгып, Янцзы, Хуайхэ дарыяларын кыдырып, Куайцзи тоосунда болуп, Юй үңкүрүнө кирген. Цзюи тоо кыргаларын кыдырып, *Юаньшуй* жана *Сяншуй*[1] дарыяларында кеме менен сүзгөн. Анан түндүктү карай Вэньшуй, Сышуй дарыялары менен сүзүп барып, Ци, Лу бектиктеринин борбор шаарларында илим алып, Конфуцийден калган каада-салттар менен таанышып, *Цзоу уездинде*[2]

---

[1] Юаньшуй 沅水, Сяншуй 湘水 – Янцзы дарыясынын түштүк куймалары. Цинь-Хань империяларына караштуу Сян, Цяньчжун жана Чанша облустарын аралай агып өткөн.

[2] Цзоу уезди 邹县 – Азыркы Шаньдун провинциясынын түштүк-батыш бөлүгүндө жайгашып, Се округуна карап турган.

太史公自序第七十

Ордо историографынан соңку сөз

жана *Ишань*[1] тоосунда жаа тартыш боюнча мелдештерге катышкан. *По*[2], *Се*[3] жана *Пэнчэн*[4] жергелеринде кыйынчылыктарга дуушар болгон. Андан ары Лян, Чу жергелери аркылуу өтүп, өз мекенине кайтып барган. Ушундан соң Сыма Цянь ланчжун кызматына дайындалып, батышка Ба жана Шу бектиктеринин түштүгүнө жортуулга чыгууга буйрук алып, Цюн, Цзо, *Куньмин*[5] жергелерине тынчтык орноткон, ордого кайтканда жасаган кызматы тууралу отчёт берген.

就在司马迁回到长安报告使命的这一年，汉武帝东巡泰山举行封禅。太史公留滞洛阳未能参与典礼工作，眼看自己就要死了，所以十分愤懑。这时，他的儿子司马迁正奉使回来，在洛阳拜见了父亲。太史公拉着他的手，伤心地流着眼泪说："我们的祖先是周王室的太史。在上古的虞夏时代曾经有过显赫的功名，职掌天官。后来衰落了，难道断送在我这里吗？你一定要再做太史，这就可以继续我们祖祖辈辈的事业。当今皇帝，承接千秋万代的大业，到泰山封禅，我却不得随从，是命里注定的啊！是命里注定的啊！我死了，你一定要做太史，做了太史，千万不要忘记我想要论著的事业啊！况且孝道是从侍奉父母开始到侍奉皇帝，最终是本身扬名后世，光耀父母，这才达到孝道的最高点。天下称颂周公，就是说他能够歌颂文王、武王的功德，发扬光大使风教大行于天下，追述太王、王季的思想直到公刘，上尊始祖后稷。周厉王、周幽王时王道

---

[1] Ишань 峄山 – Шаньдун провинциясынын түштүк-чыгышында жайгашкан тоо.

[2] По 鄱 – Азыркы Цзянси провинциясынын түндүк-чыгыш тарабында жайгашкан.

[3] Се 薛 – Азыркы Шаньдун провинциясынын Тэнсянь уездинин түштүк чыгыш багытында жайгашкан уезд.

[4] Пэнчэн 彭城 – Азыркы Цзянсу провинциясынын Сюйчжоу шаары жайгашкан аймактын байыркы аталышы.

[5] Куньмин 昆明 – Азыркы Юньнань провинциясынын борбору.

161

司马迁与李陵
Сыма Цянь жана Ли Лин

衰落了，礼乐损坏了，孔子整理旧时文献，编纂了《诗》《书》，写作了《春秋》，直到今天还是学者们遵守的准则。自鲁哀公获麟以来，有四百多年了，由于诸侯兼并，各国的史书没有传下来。当今汉朝建立以来，全国统一，圣明的皇帝、忠贤的臣子、赴义死难的君子的事迹，我当太史的没有记载下来，断绝了历史文献，我非常恐惧，你好好记着这件事情啊！"司马迁低着头，流着眼泪诚恳地说："儿子虽然不聪明，一定把父亲编纂历史的计划全部完成，不敢有丝毫遗漏。"

司马谈死后的第三年，司马迁做了太史令，阅读和采摭石室金匮收藏的图书档案。又过了五年，即太初元年，十一月初一凌晨冬至，这一天颁布新历，在明堂举行了庆典，这就是太初历。山川鬼神的祭仪活动，新历中作了明确的规定。

司马迁说："父亲说过：'自从周公卒后，隔了五百年生了孔子。孔子死后到今天又是五百年了，有谁能够继承孔子宣扬清明盛世的教化，修正《易传》，续作《春秋》，依据《诗》《书》《礼》《乐》来衡量一切呢？'意思就在这里！意思就在这里！我怎么敢谦让这一时代所赋予的使命呢！"

Ошул жылы(б.з.ч. 119-ж.) Асман уулу(Кытай императору) Хань бийлигинин ата-бабаларына арнап түлөө өткөрүүнү баштаган. Ал эми Сыма Тань болсо ооруга байланыштуу *Чжоунаньда*[1] калып, түлөөгө катыша албай катуу капаланып, ооруп жатып калган. Анын уулу Сыма Цянь дал ушул учурда кызмат менен кеткен командировакадан кайтып келип, Хуанхэ жана Лошуй дарыяларынын аралыгында атасы менен учурашкан. Сыма Тань уулу Цяньдын колун бекем кармап, көзүн жашка толтура ыйлап

---

[1] Лояндын эски аталышы.

太史公自序第七十

Ордо историографынан соңку сөз

мындай деген: "Биздин бабаларыбыз Чжоу ордосунда Улуу историограф болушкан. Илгерки замандарда эле, Юй, Ся тушунда, кызмат өтөп, атагы алыска кеткен, астрономия менен алектенишкен. Анан начарлап кеттик... эми минтип бүгүн менин колумда бул салттын жиби үзүлөт окшойт? Эми сен ордо историографынын ишин улант, ошондо биздин бабалардын иши уланат. Азыр Асман уулу миң жылдык башкаруунун салтын кабыл алып, Тайшань тоосунда түлөө өткөрүүдө, а мен болсо бара албадым. Бул да болсо тагдыр го тагдыр! Мен көз жумган соң сен сөзсүз ордо историгрфы кызматын аркала. Анан мен жазам деген китептерди жазууну унутпагын ээ! Себеби ар бир эрдин *сяо-жолу*[1] ата-энеге кызмат кылуудан башталып, өкүмдарга кызмат кылуу менен уланып, акыры коомдогу өз ордун табуу менен аяктайт. Өз атагы чыккан соң ата-энесинин атагын чыгаруу бул ар бир уулдун эң чоң *сяо-жолу*. Асман астындагылар *Чжоу-гунду*[2] *Вэнь-ван*[3] менен У-вандын жетишендиктерин даңазалагандыгы, Чжоу жана *Шао*[4] үрп-адаттарын жайылткандыгы, *Тай-ван*[5] менен *Ван Цзинин*[6]

---

[1] Сяо дао (Сяо жолу) 孝道 – Тар мааниде: атаны сыйлаган уулдун жолу. Кеңири мааниде: өкүмдарды урматтаган букаранын жолу.

[2] Чжоу-гун 周公 – Шан доорунун аягы Чжоу доорунун башында жашап өткөн ири саясий, аскерий жана идеологиялык фигура. Өз аты - Дань. Ал Чжоу Вэнь-ванынын төртүнчү уулу, У-вандын иниси. У-ван каза болуп, уулу Чэн-ван эр жетпей бийликке келген кезде Чжоу-гун жети жыл аталык (регентство) кылып, көптөгөн маанилүү иш-чараларды, саясаттарды ишке ашырып, Чжоу мамлекетинин түптөлүшүнө чоң салым кошкон.

[3] Вэнь-ван 文王 – Чжоу мамлекетинин түптөөчү өкүмдары Цзи Чандын маркум ысымы. Өмүр жылдары: б.з.ч. 1152 - 1056 жж.

[4] Шао бектиги 邵 – Вэнь-ван байыркы Чжоу мамлекетине караштуу жерлерден бөлүп берген удел. Цишань тоосунун түштүк тарабында жайгашкан.

[5] Тай-ван 太王 – Чжоу кланынын жол башчысынын маркум ысымы. Өз аты: Цзи Дань. Ал Чжоу ордосунун башатында турган фигура (Чжоу мамлекети түзүлө электе). Чжоу Вэнь-ванынын чоң атасы. Ван-цзинин атасы.

[6] Ван Цзи 王季 – Өз аты Цзи Ли. Чжоу Тай-ванынын эң кенже уулу. Чжоу Вэнь-ванынын атасы.

163

司马迁与李陵
Сыма Цянь жана Ли Лин

мүдөөлөрүн түшүнгөндүгү, жада калса Гун-люнун эмгектерин билгендиги үчүн жана бабабыз *ХоуЦзини*[1] сыйлагандыгы үчүн даңазалап мактоого алышат. Чжоу ордосундагы Ю-ван менен *Ли-вандан*[2] кийин ван жолу (адилет башкаруу жолу) начарлады, ритуал менен этика солгундады. Конфуций эски китептерди изилдеп, иреттеп, бузулуп, иштен чыккан ритуал менен этиканы кайра жандандырып, 'Ши цзин' менен 'Шан Шу' китептеринде түшүндүрмөлөрдү берип чечмелеп, 'Жаз-күз' эмгегин жазып кетти. Буларды аалымдар ушул күнгө чейин негизги норма катары колдонуп келишет. Цилиньди кармагандан бери төрт жүз жылдан ашуун убакытта бектер бири бирин басып алышып, тарых китептери да толук жоголууга дуушар болду. Азыр Хань ордосу күчкө толуп, деңиздер аралыгы биригип (бүт өлкө биригип) турат. Бирок мен акылман жана жарыкман өкүмдарлар жана алардын кызматчы сановниктери, жумушка жанын берген баатырлары тууралуу ордо историографы катары эч нерсе жаза элекмин. Асман астындагы тарых жазуу салтын үзгүлтүккө учураттым. Ошон үчүн мен абдан кайгырып турам. Сен мунун баарын көңүлүңө түйүп ал э!" Сыма Цянь башын жерге салып, көз жашын төгүп, мындай дейт: "Мен акылсыз, аңкоо түркөй болсом да, байыркылар түзгөн тарыхты толук жазам, эч нерсени көз жаздымында калтырбайм".

Сыма Тань өлгөндөн үч жыл өткөн соң Сыма Цянь ордо историографы болуп дайындалып, тарых китептерин жана мамлекеттик архивдеги

---

[1] Хоу Цзи 后稷 – Чжоу кланынын бабасы. Өз аты Цзи Ци 姬弃 . Цзишаньда төрөлг-өн(Азыркы Шаньси провинциясынын Цзишань уездинин 稷山县 тегереги). Эгин айдоо, жер иштетүү ж.б.у.с. айыл-чарбасында киргизген жаңылыктары үчүн урматтоо иретинде "Эгиндин пири", "Чарба кудайы" деп эскерилип келет.

[2] Ли-ван 厉王 – Б.з.ч. 878 - 842 жылдары Чжоу мамлекетин башкарган өкүмдар Цзи Хунун маркум ысымы. Өмүр жылдары: б.з.ч. 904-828 жж.

#太史公自序第七十
Ордо историографынан соңку сөз

материалдарды иреттөөнү баштайт. Сыма Цянь ордо историографы болуп дайындалганына беш жыл болгондо, тай-чунун биринчи жылынын (Б.з.ч. 104-ж) он биринчи айынын *биринчи кыш* күнүндө Хань ордосу жыл санакта Ся календарын колдонууну баштаган, башкача айтканда, ай календарынын биринчи айы баштапкы ай болуп саналат. Жаңы календарды ишке киргизүү аземин Асман уулу өзү Минтан залында уюштуруп, бардык духтардын иерархиясы ирээтке келтирилди.

Ордо историографы мындай деген: "Ыраматылык атам айтчу эле: Чжоу-гун өлгөндөн беш жүз жыл өткөн соң Конфуций төрөлгөн. Конфуций өлгөндөн азыркы күнгө чейин дагы беш жүз жыл өттү. 'Ши цзин', 'Шан Шу', 'Ритуалдар китеби' жана 'Музыка китебине' негизделип, өткөн муундардын тарыхын тактап, 'Ицзин' китебинин комментайрийин иреттеп, 'Жаз-күздү' улантуу колунан келген адам табылат бекен?! Ал ушуга умтулган! Ал ушуга умтулган! А мен кантип баш тартайын."

上大夫壶遂说："从前孔子为什么要作《春秋》呢？"司马迁回答说："我听董仲舒先生说过：'周室的王道衰微了，孔子做鲁国的司寇想振兴它，诸侯就陷害他，大夫就阻隔他。孔子知道自己的主张不被采用，王道不能推行，于是作《春秋》，在二百四十二年的记事中表明是非，作为天下的法则。他批评无道的天子，贬斥僭礼的诸侯，声讨犯上的大夫，用口诛笔伐来执行王道罢了。'孔子说：'我想发表自己的议论，还不如记载历史事件，因事见义，更确切明显。'《春秋》这部书，上能阐明夏、商、周三代的王道，下能分辨人们行事的伦理纲纪，判别嫌疑，辨明是非，决断疑惑，赞美善良，贬抑丑恶，颂扬贤人，谴责坏人，保存已灭亡的国家的史料，继续载述已绝代的世系，修补残缺，振兴衰废，这一切都是王道的要点。《易》这部书，是专门讲说天地四时、

司马迁与李陵
Сыма Цянь жана Ли Лин

阴阳五行的，所以特点在于说明变化；《礼》这部书，是治理人们的纲常，所以其特点在于指导行动；《书》这部书，是记载先王的事业，所以特点在于施行政事；《诗》这部书，记载山川溪谷、禽兽草木、牝牡雌雄，所以特点在于表现风俗；《乐》这部书，是讨论音乐如何兴起，所以特点在于使人和爱；《春秋》这部书，辨别是非，所以特点在于陶冶人民。因此，《礼》用以节制人欲，《乐》用以发扬和气，《书》用以指导政事，《诗》用以表达思想感情，《易》用以阐明物理变化，《春秋》用以引导人们遵守道义。治理乱世，使它走上正轨，没有比《春秋》更切合需要的了。《春秋》这部书，字数有几万，事例有数千，万事万物的分散或聚合的道理都包括在《春秋》里面了。《春秋》书里记载着三十六起弑君事件和五十二个亡国事例，诸侯奔走逃亡，不能保有他们的国家的，简直无法统计。考察它的原因，都是由于失掉了礼义这个根本。所以，《易经》上说，'失之毫厘，差以千里'。《易经》又说，'臣犯上弑君，子犯上杀父，不是一朝一夕的缘故，而是逐步发展起来的'。所以做国君的人，不可以不通晓《春秋》，否则，面前有进谗言的人，却不能看见，背后有叛逆作乱的人，也不能发觉。做人臣的人，也不可以不通晓《春秋》，否则，处理日常事务也不知道怎样做才合理，遭遇突然事变更不知道采取权宜措施。作为君父的人，如果不通晓《春秋》的大义，一定招致蒙受首恶的名声。作为臣子的人，如果不通晓《春秋》的大义，一定陷于篡弑而被诛杀，落个死罪的恶名。其实，他们都以为自己在做善事，只是由于不知道怎样做才合于义理，以致办错事而受到议论则不敢推卸罪名。不通晓礼义的宗旨，就要堕落到君不像君，臣不像臣，父不像父，子不像子的地步。君不像君的，臣下就要干犯；臣不像臣的，君上就要诛戮；父不像父的，就没有德行；子不像子的，就没有孝行。这犯上、诛下、无德、不孝四种行为，是天下最大的罪恶。用天下最大的罪名加在犯了这种罪恶的人身上，他们只能接受而不敢推辞。

所以《春秋》这部书，是礼义的源泉和归宿。礼义的作用，是防范坏事的发生，法律的施行，是在坏事发生之后执行。所以法律的功用显而易见，礼教的作用一般人很难知道。"

壶遂又问道："孔子的时代，上面没有圣明的君主，下面的人得不到任用，所以才作《春秋》，以留下议论来裁断礼义之分，作为统一的王法。如今先生上遇圣明的天子，下面得以尽职，万事俱备，都各得其所，先生要论著的，想要阐明些什么呢？"

司马迁回答说："啊啊，不不，不是这个意思。我听父亲说过：'伏羲最纯朴了，他作了《易·八卦》。尧舜的盛德，《尚书》加以记载，礼乐因之兴起。商汤王、周武王的兴隆，得到诗人的歌颂。《春秋》有两方面的作用，一是扬善，二是抑恶，推崇夏、商、周三代的盛德，褒扬周朝，并不只是讽刺就完了。'自从汉朝建立以来，直到当今皇帝，获得了吉祥的符瑞，举行了祭告天地的封禅大典，改定历法，变易器物的颜色，受天命于上天，天子的恩泽广大无边。国外不同风俗语言的民族，虽然语言不通，但他们也叩着边塞的关门，请求朝见献礼，而且多得说不完。臣下百官，极力颂扬圣德，仍然不能完全表达自己的心意。况且天下有贤能的人得不到重用，是国君的耻辱；皇帝有圣明的功德而没有传布四方，那就是主管官吏的过失。何况我曾担任过史官的职务，如果废弃明圣的功德而不去记载，湮没功臣、世家、贤大夫的功业而不去论述，忘却父亲的遗嘱，那罪过就太大了。我所写的不过是叙述历史故事，把传世的资料进行了一番整理，算不了什么创作，而您比作《春秋》，那就错了。"

于是按计划进行论定编次，写成文章。

Шандафу *Ху Суй*[1] суроо салат: "Илгери Конфуций эмне үчүн 'Жаз-күз'

---

[1] Ху Суй 壺遂 – У-ди императордун тушунда Хань ордосунда кызмат кылган конфуцийчи-аалым.

司马迁与李陵

Сыма Цянь жана Ли Лин

эмгегин жазган?" Ордо историографы жооп берет: "Мен *Дун Чжуншудун*[1] укканым боюнча, Чжоу ордосунда ван жолу (адилет башкаруу жолу) начарлап, кыйраган кезде Конфуций Лу бектигинде *сыкоу*[2] кызматын аркалап турган. Бирок бектер ага тоскоолдук кылышып, сановниктер жолтоо болушат. Конфуцийдин сунуштарын тигилер кабыл албай, саясат жүргүзүү мүмкүнчүлүгү жок болот. Ошондо Конфуций эки жүз кырк эки жыл аралыгында орун алган окуяларга мактоо жана айыптоо менен баа берип, Асман астындагы окуяларга баа берүү критерийлерин түзүп, жолдон чыккан (адилеттиктен тайган) Асман уулун айыптоо, туура эмес кылган бектерге сөгүш жарыялоо, ката саясат жүргүзгөн сановниктерди ашкерелөө аркылуу мамлекеттик кызматтын маңызын ачып берген. Конфуций аткан: 'Мен муну жөн эле сөз менен айткандан көрө чыныгы жашоодон мисал келтирсем мындан бетер айкын жана түшүнүктүү болот'. 'Жаз-күз' китебинде оболу үч вандын (бектин) башкаруу жолу сүрөттөлүп, анан пенделик жашоонун тартиби ачыкталып, шек менен күмөн ажыратылып, ак менен кара айырмаланып, экиленүү жоюлуп, жакшы иш жактырылып, жаман иш сынга алынат, татыктуулар алкоого алынып, жарабастар айыпталат, ураган бектиктердин элеси сакталып, үзүлгөн уруктар улантылат, кыйраган ишти оңдоп, тынчыган ишти жандандат. Бул ак башкаруучунун улуу жолу.'Ицзин' китебинде Асман менен Жер, инь менен ян, төрт мезгил жана беш стихия боюнча көп баяндалган. Андыктан мында өзгөрүү (алмашуу, оошуу) жөнүндө баалуу маалымат арбын. 'Ритуалдар китебинде'

---

[1] Дун Чжуншу 董仲舒 – Б.з.ч. 179 - 104 жылдары өмүр сүргөн конфуцийчи-философ. У-ди императорунун тушунда ордого жакын болуп, конфуцийчиликтин Хань империясында үстөмдүк кылышына салым кошкон.

[2] Сыкоу 司寇 – Байыркы Кытайдагы түрмө иштерин башкаруучу чиновник.

адамдардын өз ара мамилелериндеги эрежелер боюнча айтылган. Ошон үчүн тартип түзүүдө бул китептин орду чоң. 'Шан Шу' китебинде илгерки өкүмдарлардын иштери жөнүндө сөз болот. Мунун ролу башкаруу өнөрүн кеңири баяндаганында. 'Ырлар китебинде' тоолор жана суулар, капчыгайлар менен өрөөндөр, канаттуулар менен жырткыч жаныбарлар, чөп-чар, бак-дарактар, эркектер менен аялдар сүрөттөлгөн. Мунун күчү үрп-адаттар жана жер-суу жагдайын баяндаганында. 'Музыка китеби' музыка аркылуу гармонияны орнотот. Анын күчү жан дүйнөнү жыргатууда. 'Жаз-күз' китеби чындык менен жалганды так ажыратып берет. Анын күчү адам башкаруу жаатында келтирген мисалдарында. Мында байкагандай, 'Ритуалдар китеби' адамды чектейт, 'Музыка китеби' адам жүрөгүнө гармония алып келет, 'Шан Шу' жумушта жол көргөзөт, 'Ырлар китеби' адамдардын сезимдерин чагылдырат. 'Ицзин' китеби даонун кубулуусун түшүндүрөт. 'Жаз-күз' китеби адилеттүүлүк жолу жөнүндө сөз кылат, башаламандыкты тынчтандырып, туура жолго кайтарат. Бир да китеп 'Жаз-күздөй' натыйжалуу боло албайт. 'Жаз-күз' китеби он миңден ашык эмес иероглифтен турганы менен анын маңызы өтө терең жана кенен. 'Жаз-күздө' бардык нерселердин ажыроосу жана биригүүсү жөнүндө айтылган. Мында отуз алты өкүмдардын киши колдуу өлүмү, элүү эки бектиктин кыйроосу боюнча сөз кылынып, бектер качып кетип өз бектиктерин сактай албай калгандыгы туууралуу фактылар да байма бай берилген. Мындай терс жагдайлардын себебин изилдей келсек, бардык учурларда өкүмдар өзү башкаруунун негиздерин жоготкондугун көрө алабыз. Андыктан, 'Ицзинде' 'Бир сөөмгө адашсаң – айырмасы миң чакырым чыгат' деп айтылат. 'Букаранын өкүмдарды өлтүрүүсү, баланын атаны өлтүрүүсү бул бир эки күндө боло калчу иш эмес. Бул узак убакытта бышып жетилген

169

иш'. Ушул себепке байланыштуу өкүмдар болгон киши 'Жаз-күздөн' сөзсүз кабардар болуусу абзел. Антпесе, жанында турган ушакчыны тааный билбейт, артында турган уурусун байкай албайт. Кызматтагы чиновниктер 'Жаз-күздү' сөзсүз билүүсү керек, антпесе, жөнөкөй күнүмдүк иштерге гана акылы жетип, ал эми кыйынчылыктарга, өзгөчө кырдаалдарга кириптер болгондо кантип кыймыл-аракеттенүүнү билбей калат. Өкүмдар же кожолук атасы эгерде 'Жаз-күздүн' маңызын түшүнбөсө, сөзсүз түрдө кылмышкерге айланат. [Өкүмдардын] букарасы же [атасынын] уулу 'Жаз-күздөн' кабары болбосо, сөзсүз түрдө бийликти басып алууга аракет кылып же өкүмдарга же атасына кол салып, жыйынтыгында оор кылмыш боюнча жаза тартып, кылмышкер катары атагы чыгат. Чындыгында, алардын баары өздөрү жакшы иш кылып жатам деп ойлошот. Болгону 'Жаз-күздүн' терең маңызын түшүнбөгөндүктөн улам куру жалаага кабылышып, өздөрүн коргой да алышпайт. Эгер этикеттин маңызын түшүнүшпөсө, өкүмдар өкүмдарга окшобой, букара букарага окшобой, ата – атага, бала – балага окшобой калат. Өкүмдар өкүмдарга окшобой калганда, ал этикетти бузат. Эгер букара букарага окшобой калса – өлүмгө жазаланат, ата атага окшобой калса – жолун жоготот, бала балага окшобой калса – *сяо*(атаны кадырлоо) сапатын жоготот. Ушул төрт кылмыш жоругу Асман астындагы эң ири кылмыштардан болот. Мындай ири кылмыштарды анын мойнуна илип койсо да аргасыз кабыл алат, мындан баш тарта албайт. Ошон үчүн 'Жаз-күз' китеби этикеттин негизин түзөт. Этикет жаман ишти алдын алат, ал эми мыйзамдар болсо жаман иш орун алган соң колдонулат. Мыйзамдын ролу айкын көрүнүп турат, ал эми этикеттин тыйуу салуу функциясы көмүскөдө жана билинбейт."

Ху Суй айтты: "Конфуцийдин заманында жогору жакта акылман

өкүмдар болбой, ал төмөндө туруп кызмат ала албай, 'Жаз-күз' китебин жазып, түшүндүрмөсүз бир тарыхый текстти колдонуп ритуал жаратып, бийлик жүргүзүүчү өкүмдарларга кодекс катары калтырган. Азыр, агай, жогоруда акылман Асман уулу, төмөндө өз милдетин так билген чиновниктер бар, жагдай толук дайын. Андыктан агай сиз эмнени түшүндүрүп ачыктайын деп жатасыз?"

Ордо историографы жооп кылды: "Ооба, туура айтасыз, бирок баары эле туура эмес. Мен ыраматылык атамдан укканым бар: Чынчылдык менен айкөлдүктүн туусун багындырган Фу-си 'Ицзиндеги сегиз триграмманы' түзгөн. Яо менен Шуньдун тушунда дүркүрөп турган учурда 'Шан Шу' китебин жазышып, ритуал менен музыка өнүккөн. Чэн Тан менен У-вандын улуулугу ырларда даңазаланган. 'Жаз-күз' жакшылыкты жар салып, жамандыкты сынга алган, Ся, Шан жана Чжоу доорлорундагы изгилик иштерди (добродетель) мактоого алган, Чжоу тукумун алкап, бирок, ирония менен сын-пикирди да камтыган. Хань империясы түзүлгөндөн бери тартып мына бүгүнкү акылман Асман уулуна чейин жакшылыктын жышаандары көрүнүп, Асман менен Жерге түлөө берилип, календарь реформаланып, расмийлердин кийиминин түсү өзгөртүлүп, жаркын жана тынч башкарууга Асман мандаты ыйгарылып отурат. Биздин өкүмдардын таасири чексиз алыска жетип, чет элдиктер өз кааада-салттары менен биздин заставага келишип, тилмечтери аркылуу аудиенция сурап жатышат. Асман уулуна тартуу берем деп уруксат сурап жаткандардын саны эсептелгис. Бардык букаралар менен чиновниктер өкүмдардын даанышмандыгы менен изгилигин (добродетель) көкөлөтүп атышат, бирок, өз оюн толук айта албай атышат. Эгерде акылман жана жөндөмдүү окумуштуулар мамлекеттик кызматка тартылбаса – бул өкүмдар үчүн уят. А бирок эгер

171

司马迁与李陵
Сыма Цянь жана Ли Лин

өкүмдар билимдүү жана акылман болуп турса да анын мындай изгилиги (добродетель) даңазаланбаса, демек, бул чиновниктердин күнөөсү болот. Мен бир топ убакыттан бери кызматта келе жатам, анан эгерде мен биздин өкүмдардын билимдүүлүгү менен даанышмандыгы жана ошондой эле анын изги иштери жөнүндө жазбасам, же эгерде мен татыктуу чиновниктердин, белгилүү кландардын жана акылман чиновниктердин ак иштерин көз жаздымында калтырсам, алар жөнүндө айтпасам, анда мен маркум атамдын керээзин аткарбаган болом, а мен үчүн мындан артык кылмыш жоктур. Өткөн окуялар тууралуу мен куруп жаткан аңгеме бул муундан муунга өткөрүлүп келген маалыматты түзүү эмес, а болгону иреттөө болуп эсептелет. А сиз болсо менин эмгегимди 'Жаз-күз' менен салыштырып жатасыз. Бул жаңылыштык".

Мындан соң Сыма Цянь өзү чогулткан иш-кагаздар менен материалдарды катар-катар сүрөттөй баштайт.

司马迁编纂《史记》的第七年，遭受李陵之祸，被关进了监狱，于是长叹说："是我的罪过吗！是我的罪过吗！身体毁伤，不能用世了。"又转而深思说："《诗》《书》之所以写得隐约，是作者借以更好地表现自己深沉的思想。从前西伯囚禁在羑里，却推演了《周易》；孔子在陈蔡遭受到厄困，便作了《春秋》；屈原被放逐，著作了《离骚》；左丘失明，这才写了《国语》；孙子受了刖刑，论著了《兵法》；吕不韦流放西蜀，《吕览》更加流传；韩非被囚于秦，世间更重视《说难》《孤愤》；《诗》三百篇，大都是圣贤发泄愤懑的作品。这些人都是因心里有郁结，又得不到通达，所以才叙述往事，使后人反思。"于是终于完成了父亲计划的通史，从唐尧以来到汉朝获麟为止，但上古史的开头，实际从黄帝写起。

太史公自序第七十
Ордо историографынан соңку сөз

Жети жылдан кийин ордо историографы (Сыма Цянь) Ли Линдин айынан жазага криптер болуп, таңылып, зынданга салынды. Ал кайгыланып, мындай деди: "Буга мен күнөөлүүмүн! Өзүм күнөөлүүмүн! Менин денем бузулуп (сөз анын кастрацияга кабылуусу тууралуу болуп жатат), кызматымдан да четтетилдим." Андан соң ал терең ойго батып турганда мындай дейт: "Мен 'Ши цзин' менен 'Шан Шу' китебинде катылган, ачык айтылбаган ойду түшүнгүм келет. Байыркы заманда *Юлиде*[1] түрмөдө отурган Чжоулук Вэнь-ван 'Чжоу И' (И цзин) идеясын жараткан; Конфуций Чэнь менен Цай жергесинде кыйынчылыкка дуушар болгон кезде 'Жаз-күз' эмгегин жазган; *Цюй Юань*[2] качкында жүрүп 'Лисао' поэмасын түзгөн; *Цзо Цю-мин*[3] көзү көр болгондон кийин 'Гоюй' эмгегин жараткан; *Сунь-цзы*[4] бутун сындырышканына (томуктарынан ажыраган) карабастан аскерий трактат жазган; *Люй Бувэй*[5] Шу жергесине сүргүнгө айдалса да урпактарга 'Люйлань' ды калтырган; *Хань Фэй*[6] болсо Цинь бектигинде туткунда жүрүп 'Шонань' менен 'Гуфэнь' эмгектерин жараткан; 'Ши цзин' эмгегиндеги үч жүздөн ашуун ырлар акылмандар тарабынан өз дартын билдирүү үчүн жазылган. Бул адамдардын баарынын

---

[1] Юли 羑里 – Хуанхэ өзөнүнүн төмөнкү агымынын сол жээгинде орун алган калаа.

[2] Цюй Юань 屈原 – (Б.з.ч. 340-278 жж) Байыркы заманда Чудагы тектүү кландан чыккан атактуу кытай акыны. Бийликти сынга алгандыгы үчүн эки жолу сүргүнгө айдалган.

[3] Цзо Цюмин 左丘明 (Б.з.ч. 502 - 422 жж) – байыркы кытай историографы, "Жаз-күз" эмгеги боюнча жазылган "Цзо чжуань" кенен комментарийинин автору.

[4] Сунь-цзы 孙子 – Б.з.ч. IV кылымдын экинчи жарымында Вэй бектигинде жашаган көрүнүктүү аскерий теоретик жана кол башчы. Интригалардын натыйжасында жазага дуушар болуп, томуктарынан ажыраган (удаление коленных чашек).

[5] Люй Бувэй 吕不韦 – (Б.з.ч. ? - 235 ж). Цинь бектигинде жашап өткөн ири саясий ишмер жана Люй-ши чунь-цю философиялык прозасынын редколлективинин жетекчиси жана редактору.

[6] Хань Фэй 韩非 – (Б.з.ч. 280-233) Жылдары Цинь бектигинде өмүр сүргөн ири легист-теоретик, Хань Фэй-цзы трактатынын автору, Цинь Ши-хуандын кеңешчиси.

173

司马迁与李陵
Сыма Цянь жана Ли Лин

иш-аракеттери кысымга алынып, идеялары ишке аша албай калган, андыктан алар өткөн заманды баяндоо аркылуу кийинки муундарга жол көргөзүүнү ойлошкон". Мындан соң ал (Сыма Цянь) ошол *Тао Тан*[1] заманынан баштап цилиньге чейинки доордогу окуяларды баяндоону *Хуан-диден*[2] баштады.

远古的黄帝，取法天地。四圣遵循，而又各有自己的法度。唐尧禅位给虞舜，舜因肩负重任而十分忧虑。光芒万丈的五帝功德，千秋万代都赞美。作《五帝本纪》第一。

大禹的功绩是划定九州，功成在唐虞时代，德泽遗留给后世子孙。夏桀骄奢淫逸，于是被汤放逐到鸣条。作《夏本纪》第二。

契封于商，传代到成汤。有德的伊尹，流放太甲到桐宫反省。武丁得到傅说，复兴商朝，史称高宗。纣王沉溺淫乱，诸侯不来朝贡。作《殷本纪》第三。

弃为农官封于邰，传至西伯德业盛。武王伐纣战牧野，建立周朝安天下。厉幽二王都昏乱，丧失国都丰京、镐京。日渐衰微至赧王，秦并洛邑祭祀绝。作《周本纪》第四。

秦国的祖先，就是辅佐夏禹的伯翳。秦穆公思慕仁义，追悔殽战深自责，哭祭阵亡诸将士；死后却用人殉葬，秦人悲痛而赋《黄鸟》。昭襄奠定皇帝业。作《秦本纪》第五。

秦政即位，兼并六国，销毁兵器铸大钟，指望用以绝战祸。上尊号，

---

[1] [Тан] Яоже Тао Тан 唐尧 / 陶唐 – Кытай мифологиясындагы жана тарыхындагы акылман башкаруучу. "Беш байыркы императорлордун" төртүнчүсү, анын образында адамга жана кудайга таандык сыпаттар айкалышып сүрөттөлөт. Анын негизги кошкон салымдарынын бири катары дамбалар менен каналдардын курулушу жана Хуанхэ дарыясынын ташкындоосуна каршы туруусу эсептелет.

[2] Хуанди же Сары император 黄帝 – Беш легендалуу кытай императорунун биринчиси. Уламыштарга ылайык анын өмүр жылдары б.з.ч. 2717 - 2599 жылдарга туш келет.

称皇帝，夸耀武力，暴力专政。二世继位，革命兴起，子婴投降，秦朝遂亡。作《始皇本纪》第六。

秦朝不行王道，豪杰一齐反抗。项梁创业，项羽继承，他杀了卿子冠军，挽救了赵国，分封诸侯十八王。后来他杀了降王子婴，又背叛了楚怀王，全天下都谴责他。作《项羽本纪》第七。

项羽残暴，汉王仁德。发愤起兵蜀汉，还师平定三秦。诛杀项羽创造帝业，从此天下享太平。改革制度，变易风俗。作《高祖本纪》第八。

惠帝早死，诸吕当权，百姓不安；吕太后加强吕禄、吕产的权力，千方百计铲除诸侯；杀害隐王，囚禁幽王，大臣恐惧，吕党族灭。作《吕太后本纪》第九。

汉朝新造，继嗣不明，代王即位，天下归服。废除肉刑，取消关卡，普施恩惠，史称太宗。作《孝文本纪》第十。

诸侯叛乱，吴为谋首，京师征讨，七国服罪。全国稳定，国殷民富。作《孝景本纪》第十一。

汉朝建立传五代，建元时期最繁盛，对外征服了夷狄，对内创新了制度，举行封禅，改定历法，变易服色。作《今上本纪》第十二。

夏、商、周三代，距离今天很久远了。历史记载，年月难以查考，根据谱表简策和传说，于是考核推算出一个大略的世系，作《三代世表》第一。

周厉王、周幽王以后，王室衰微，诸侯专政，《春秋》的记载有所疏漏，谱表世系更加简略。要想知道春秋五霸更替兴衰以及列侯的情况，作《十二诸侯年表》第二。

春秋以后，陪臣执政，强国互相称王。直到秦国统一华夏，才消灭了封建诸侯，建立了皇帝名号。作《六国年表》第三。

秦朝政治既然暴虐，楚人陈涉首倡起义。项羽横行，天下大乱，汉王扶持正义，出兵征讨。八年之间，天下的主宰换了三次，事情繁多，演变剧烈，所以详作《秦楚之际月表》第四。

　　汉朝建立到太初，整整一百年，诸侯废置分国的情况，谱系记载不详，主管部门也没有连续的记载，只写了些空洞的强弱原因。作《汉兴以来诸侯王年表》第五。

　　高祖开创基业，辅佐大臣，剖符封爵，恩泽流及子孙。后代忘了祖宗创业的艰难；有的遭到杀身亡国的灾祸。作《高祖功臣侯者年表》第六。

　　从惠帝到景帝，这期间许多功臣的宗室子弟得到封爵邑，作《惠景间侯者年表》第七。

　　北伐严惩强暴的匈奴，南征平定骄悍的两越，为了表彰征伐夷蛮的武功，作《建元以来侯者年表》第八。

　　诸侯强大以后，七国联合为纵，诸侯子弟众多，他们没有爵禄和封邑，实行推恩政策，分裂诸侯国土地封众子弟为侯，削弱了诸侯的势力，恩德却归皇帝。作《建元以来王子侯者年表》第九。

　　国家的贤相良将，他们是老百姓的师表。考察汉朝建立以来的将相名臣纪事年谱，好的就记下他们的政绩，不好的就揭露他们的坏事。作《汉兴以来将相名臣年表》第十。

　　夏、商、周三代的礼仪增损，各自有不同的目的，然而原则都是为了切合调节人的性情，通达王道，所以礼是适应人的本质需要而产生的，为了总结贯通古今的演变，作《礼书》第一。

　　音乐是用来移风易俗的。自从兴起了《雅》《颂》那样的庙堂诗，同时就流行着《郑》《卫》那样的民间诗。郑、卫音乐也有着悠久的历史。音乐可以感发人们的共同思想，远方的少数民族也会怀德感化。综合《乐书》的研究，叙述从古以来音乐的发展，作《乐书》第二。

　　没有武力不盛强，没有仁德不繁昌。黄帝、商汤、周武王得天下，夏桀、殷纣、秦二世遭灭亡，难道还能不慎重地引为借鉴吗？《司马法》形成的历史很悠久了，吕尚、孙子、吴起、王子成甫等人继承并发展了兵法理论，切合近代情况，穷究了人事变化，作《律书》第三。

万物变化由阴阳，律以候气使人知道气候的变化，历以推出日月五星的运行使人知道季节的到来。要探究律历间的奥妙，不能有丝毫疏忽。黄帝、颛顼、夏、殷、周五家历法都有误差，只有太初历最准确。作《历书》第四。

研究天文知识的书，夹杂许多吉凶预兆，怪诞不经，有些是经过推算做出的预言，考察效果，应验不错。因此，收集那些有应验又符合运行轨道的部分，加以整理，作《天官书》第五。

受天命统一天下的皇帝才能封禅，因此封禅的符瑞很稀罕。一经封禅，所有的神灵莫不受到祭祀。追溯祭祀众神、名山、大川的礼仪，作《封禅书》第六。

大禹导河，九州安宁。逮及宣防，开沟凿渠。作《河渠书》第七。

钱币的流通是为了便于农商。但通货膨胀就要生奸巧，同时也会出现争夺兼并，牟取暴利，投机取巧的事，使人们离开农业而从事工商业。作《平准书》以考察经济的演变，是为第八。

太伯避位让给季历，于是远去江南蛮荒之地。因此，季历的后代周文王、周武王得以嗣位，发展了先人古公亶父的王业。太伯的后代吴王阖庐杀吴王僚自立，一度征服了强大的楚国。阖闾的儿子夫差继位，打败齐国以后，把贤臣伍子胥赐死，并把他的尸体装在鸱夷袋中沉到江里。夫差信用谗臣嚭与越结和，吴国终于灭亡。赞美吴太伯的谦让之德，作《吴世家》第一。

申、吕衰落了，尚父出身微贱。但他终于投归西伯，做了周文王、武王的老师。他功劳越过群公，谋划深思熟虑，这个精神抖擞满头黄发的老人，受封在营丘。齐桓公不背弃柯盟的誓约，退还了侵夺鲁国的地方，因此繁荣昌盛，多次会盟诸侯，霸业辉煌。田恒和阚止争权，姜齐一天天瓦解灭亡。赞美尚父的谋略，作《齐太公世家》第二。

司马迁与李陵
Сыма Цянь жана Ли Лин

　　周初灭殷，诸侯有的归顺，有的反叛，是周公把他们安抚了，他又努力治国，于是天下和平。他辅佐成王，使诸侯都朝宗于周。他的后代鲁桓公却杀了哥哥鲁隐公而自立，这种背叛祖德的行为，是怎么产生的呢？三桓的子孙争夺权力，鲁国于是不昌。赞美周公旦祷告以身代武王，祝策《金滕》，作《鲁周公世家》第三。

　　武王灭纣，天下还没安定就死了。成王年幼，管叔、蔡叔怀疑周公擅权，起兵叛周，淮夷响应。依靠了召公的威德，安定王室，削平了东方诸侯叛乱。燕王哙禅让子之，造成祸乱。赞美《甘棠》诗的精神，作《燕召公世家》第四。

　　周武王封两弟姬鲜于管、姬度于蔡，并为武庚相，是希望他们安抚殷代的遗民。等到周公摄政，两叔不服。周公东征，杀了管叔，流放了蔡叔，并宣誓忠于王室。文王妃太任生有十子，因此周王室宗族盛强。赞美蔡叔之子蔡仲能改过自新，复封于蔡，作《管蔡世家》第五。

　　王者的后代不会湮灭不闻，舜、禹两人后世有国就是证明。只要功德光明，子孙后代就蒙受福业，历世百代仍能享受祭祀，如周封舜后于陈，封禹后于杞，陈杞两国直到春秋后期才被楚国灭掉。陈完入齐，改姓田氏，竟代姜齐，他的祖先舜是多么伟大的人啊！作《陈杞世家》第六。

　　为了管理殷代遗民，康叔姬封受封于卫，为了陈说商朝的政乱以作借鉴，周公写了《酒诰》《梓材》来警告他。到了宣姜生姬朔，她谗杀太子姬伋，卫国因此倾危不安宁。卫灵公夫人南子不喜欢太子蒯聩，造成了蒯聩父子相争的局面，颠倒了君臣的名分。周王室衰微了，战国七雄争强，卫国小弱而唯独卫国最后灭亡，卫君姬角直到秦二世元年才被废为庶人。表彰《康诰》的精神，作《卫康叔世家》第七。

　　箕子啊！箕子啊！纣王不用你的忠正之言，反而迫使你为奴隶。武庚反叛被杀，周代复封殷后微子于宋。宋襄公在泓水与强敌楚国硬拼，兵败受伤，君子们谁也不敢称颂他。宋景公有谦让的美德，火星倒行。

剔成君暴虐无道，宋终于灭亡。赞美微子离开纣王时先请教太师，作《宋微子世家》第八。

武王死后，成王封弟叔虞于唐。君子批评晋穆公给太子取名仇，少子取名成师。果然仇的后代晋侯缗被成师的后代晋武公所灭，晋献公宠爱骊姬，杀太子申生，造成了五世混乱。重耳不得志而逃亡国外，他备尝艰苦后，回国成了霸主。六卿专政，晋国衰亡。赞美晋文公得周襄王赐珪玉和鬯草，作《晋世家》第九。

重黎在帝喾时以火正为业，弟弟吴回接替了他。殷朝末年，从粥子开始有了谱系记载。周成王封熊绎于楚，他的玄孙熊渠扩张了楚国。楚庄王有贤德，复兴陈国，释放郑伯，解除了对宋的包围。楚怀王客死在秦国，令尹子兰反倒归咎屈原。楚顷襄王喜欢奉承，爱听谗言，于是楚国终灭于秦。赞颂楚庄王的仁义，作《楚世家》第十。

夏帝少康的庶子封于会稽，实际是被摈弃在南海。这个地方的风俗，人们文身，剪短发，捕食鼋鱼、鳝鱼。赵王保守封山、禹山，祭祀大禹。勾践在会稽山上被吴国围困，于是用文种和范蠡。赞美勾践统率夷蛮能行德政，灭亡了强大的吴国，尊崇周朝，作《越王勾践世家》第十一。

郑桓公东迁得虢、郐十邑的奉献，是听从了周太史伯的话。郑庄公夺取了成周的禾，被周桓王记恨并受到君子的批评。宋庄公要挟蔡仲定盟，立公子姬突为郑君，驱逐了昭公姬忽，造成了郑国长久的内乱。子产仁惠，屡世称贤，三晋侵犯，郑灭于韩。赞美郑厉公接纳周惠王，平定了周乱，作《郑世家》第十二。

造父为周穆王寻得了千里马骥耳，于是得到表扬，赐封赵城。他的后代赵夙侍奉晋献公得封耿地，赵衰继承夙的绪业，辅佐晋文公尊重周王室，终于成为晋国的辅弼大夫。赵襄子在晋阳受辱，于是擒灭智伯。赵武灵王被围困在沙丘宫，只好采食鸟卵，最后被活活饿死。赵王迁信谗淫乱，良将李牧受到排斥。赞许赵鞅讨平周王朝的叛乱，作《赵世家》

司马迁与李陵
Сыма Цянь жана Ли Лин

第十三。

晋献公封毕万于魏，卜偃预言他的后代必定壮大。魏绛惩罚了晋悼公的弟弟杨干，悼公仍然用他为臣，和好戎翟。魏文侯趋向仁义，以子夏为师。梁惠王好大喜功，遭秦、齐的攻击。魏安釐王怀疑信陵君，使得诸侯罢止。大梁终于被秦国军队攻破，魏王假被俘虏做了养马卒。赞美魏武子辅佐晋文公完成霸业，作《魏世家》第十四。

韩厥暗中帮助赵武，使废绝的赵氏重又兴起。因此，晋人都归向他。韩昭侯用申子变法，显列诸侯。韩王安不信用韩非，秦王政却攻韩索非。赞美韩厥辅佐晋朝、维护周天子的贡赋，作《韩世家》第十五。

陈完避难，去到齐国立脚。暗中施惠人民，一连持续五代，赢得了齐人的讴歌。田成子专政，田和始列为诸侯。齐王建听信奸臣后胜的话不战降秦，于是流放到共。赞美齐威王、齐宣王独能在浑浊的时代，尊崇周朝，作《田敬仲完世家》第十六。

周王室已经衰微，诸侯则为所欲为。孔仲尼痛惜礼乐损坏，故整理经籍文献，用以宣扬王道，使乱世回复到正路上来。看他写作的文章，都是为了给天下制定仪法，让六经作为后代的纲纪而世代留传。作《孔子世家》第十七。

夏桀、商纣无道，兴起了商汤王、周武王。周朝失去了王道，孔子编述了《春秋》。秦朝不行仁政，陈涉发动了起义。诸侯响应他的号召，一齐兴起，就像风卷残云一般，终于推翻了秦朝的统治。天下起义，是陈涉首倡，作《陈涉世家》第十八。

高祖在河南宫成皋台召幸薄姬，生了代王。窦姬委曲去代，后来却做了皇后，使窦氏宗族得到尊宠。栗姬骄贵被废，王夫人做了皇后。陈后骄宠失爱，卫子夫得以尊贵。赞美像薄姬这样贤淑的后妃之德，作《外戚世家》第十九。

汉高祖用诡计在陈逮捕了韩信。荆越的地方民风强悍，于是封弟刘交为楚王，定都彭城，以加强对淮水、泗水流域的控制，屏卫汉室。刘交的孙子刘戊沉湎淫乱，造反被杀，汉复封刘交的小儿子刘礼为楚王。赞美刘交辅佐高祖，作《楚元王世家》第二十。

高祖起兵，刘贾随从，得封荆王。英布反汉，袭荆杀贾。营陵侯刘泽智激吕太后，得封为琅邪王。他听信了祝午的欺骗，被扣留在齐国，后又设计脱身，西入长安拥立了孝文帝，重新被封为燕王。当天下还没巩固的时候，刘贾、刘泽因皇室关系封为王，为汉藩辅。作《荆燕世家》第二十一。

天下平定以后，刘氏亲属不多。高祖庶长子刘肥被封为齐王，镇抚汉家东部疆土。齐哀王刘襄擅自起兵，讨伐诸吕，但由于舅父驷钧暴戾，京师大臣都不拥立。厉王刘次景与姐私通，被齐人主父偃告发成祸。褒扬刘肥为汉肱股，作《齐悼惠王世家》第二十二。

项羽把高祖围困在荥阳，双方对峙了三年。萧何镇抚关中，运筹计划，补充兵源，输送粮食，使老百姓爱戴汉王，不喜欢楚王。作《萧相国世家》第二十三。

和韩信一起平定了魏地，攻破赵军，又灭了齐国，因此削弱了楚王项羽的力量，继承萧何做丞相，不标新，不立异，百姓得到安宁。赞美曹参不夸功逞能，作《曹相国世家》第二十四。

定计设谋于军营之中，制胜强敌而不露形迹，张子房主持参谋工作，他没有人所共知的声名，也没有由于勇敢而得来的功劳，但是他能把难事变为易，处理大事的措施极其细密。作《留侯世家》第二十五。

陈平六出奇计，天下诸侯臣服汉朝。封诸吕为王，本是陈平定下的权宜计谋，终于安定了宗庙，巩固了汉家政权。作《陈丞相世家》第二十六。

诸吕合谋，削弱京师，周勃一反他的刚直性情而随机应变。吴楚联兵反汉，周亚夫驻兵昌邑，用以扼制齐赵的叛军，又暂时弃梁不救以牵

司马迁与李陵
Сыма Цянь жана Ли Лин

制吴楚，削平了诸侯。作《绛侯周勃世家》第二十七。

七国叛乱，只有梁为京师屏藩，抵抗吴楚。梁孝王刘武因而夸功，又依仗窦皇后的宠爱而自负，几乎招致大祸。嘉许他能抗拒吴楚，作《梁孝王世家》第二十八。

景帝的五宗皇子都封为王，亲属融洽。诸侯大大小小都为汉藩辅，各得其所，僭拟反叛的事件日益减少。作《五宗世家》第二十九。

当今皇帝三子封王。诰策文辞值得观赏。作《三王世家》第三十。

衰乱之世，大家争权夺利，只有伯夷、叔齐，仗义让国，饿死首阳，全天下人民都称赞他们。作《伯夷列传》第一。

晏子简朴，管仲奢侈。管仲辅齐桓公称霸，晏子佐齐景公称治。作《管晏列传》第二。

李耳主张无为，认为万物将自然变化，天下将自然安定。韩非善于推度事理，遵照形势和事物的规律办事。作《老子韩非列传》第三。

自古以来，统治天下的人都保有《司马法》，只有司马穰苴才能发扬光大。作《司马穰苴列传》第四。

没有具备信、廉、仁、勇这些品德的人，就不能传给他兵法和剑术，这样才符合用兵使剑的原则，内可以修身，外可以应变，这才可以和君子相提并论。作《孙子吴起列传》第五。

楚太子建被谗害，祸患连累了伍奢。他的两个儿子，伍尚殉父，伍员奔吴，终于报了仇。作《伍子胥列传》第六。

孔子编述文献经籍，弟子发扬他的事业。他们都可为人民的师表，崇尚仁义，作《仲尼弟子列传》第七。

商鞅离开了卫国到了秦国，发挥了自己的政治主张，使秦孝公成为强大的霸主，后世也遵守他的法规，作《商君列传》第八。

天下诸侯害怕与秦连横，满足不了它的贪欲。而苏秦能号召诸侯合纵抗秦，抑制了它的贪强，作《苏秦列传》第九。

东方六国已经合纵相亲，而张仪懂得纵横之术，重新使诸侯解散，连横事秦。作《张仪列传》第十。

秦之所以东出函谷关，扰乱天下，称雄诸侯，是靠樗里子和甘茂的策略。作《樗里子甘茂列传》第十一。

使秦国的实力扩张到西河之外，囊括了黄河、华山，围攻大梁，使东方诸侯拱手事秦，这是魏冉的功劳。作《穰侯列传》第十二。

南面攻取了楚国的鄢郢，北面摧毁了赵长平军，于是创造了围困邯郸的条件，是因武安君白起做统帅。秦灭楚赵，是王翦的计谋。作《白起王翦列传》第十三。

采撷儒墨两家遗文以著书立说，荀子申明了礼义的统纪，孟子断绝了梁惠王崇利的苗头，同时又都总结了历史兴衰的经验。作《孟子荀卿列传》第十四。

孟尝君好客喜士，士人归聚在薛，为齐国抗御了楚魏的侵略。作《孟尝君列传》第十五。

平原君利令智昏，中了冯亭嫁祸于赵的权变之计。但是，秦围邯郸，平原君能使人向楚求救，使他的君王免遭灭亡而仍为诸侯。作《平原君虞卿列传》第十六。

能以富贵之身与贫贱之士相交，能以贤德之才与没有才能的人来往，只有信陵君真能做到。作《魏公子列传》第十七。

春申君黄歇用自己的身体为主子御难，于是楚太子熊横得以脱祸于强秦，能说会道的士人纷纷南向归楚，他们是爱慕黄歇的义。作《春申君列传》第十八。

能够忍受魏齐的侮辱，而树威于强秦，推荐贤才，让出相位，有范雎、蔡泽两人。作《范雎蔡泽列传》第十九。

乐毅遵循自己的谋划去实行，联合赵、楚、韩、魏、燕五国的军队，为弱燕报仇与强齐作对，洗刷了先君燕王哙蒙受的耻辱。作《乐毅列传》

司马迁与李陵
Сыма Цянь жана Ли Лин

第二十。

蔺相如敢于与强秦分庭抗礼,而他却向廉颇屈服,这是牺牲个人,效忠国君。蔺相如与廉颇两人并重于诸侯。作《廉颇蔺相如列传》第二十一。

齐湣王因丢了都城临淄,逃亡到莒,独有田单依靠即墨孤城为据点,击退燕将骑劫,于是保存了齐国的社稷。作《田单列传》第二十二。

能用外交辞令使围城解难,轻视爵禄而以驰骋其意为乐。作《鲁仲连邹阳列传》第二十三。

用写文章的办法进行讽谏,用连类比喻的形式辩明正义,《离骚》是这样的作品。作《屈原贾生列传》第二十四。

吕不韦结交赵国的秦质子公子子楚,终于做了秦相,使六国之士纷纷入关事秦。作《吕不韦列传》第二十五。

曹沫用匕首劫持齐桓公,既使鲁国获得了失去的土地,也使齐国遵守了信义。豫让不事二主,竭尽忠诚为智伯报仇。作《刺客列传》第二十六。

有自己明确的计划,推动秦国适应时势采取策略,终于使秦国灭诸侯而统一天下,这主要是李斯的谋略。作《李斯列传》第二十七。

为秦开拓土地、增加民众,北边征服了匈奴,据守黄河之险为边塞,凭借阴山之固为屏障,建置榆中四十四县。作《蒙恬列传》第二十八。

削平赵国,以常山为塞扩充河内地方,从而削弱了楚国的威势,使汉王的信义昭明于天下。作《张耳陈馀列传》第二十九。

魏豹收聚西河及上党的军队,随从高祖攻打项羽到了彭城。彭越攻略梁地乱楚后方,牵制项羽使他受到困苦。作《魏豹彭越列传》第三十。

淮南王英布,以其地叛楚投汉。汉王又用英布劝降了楚大司马周殷,终于在垓下打败了项羽。作《黥布列传》第三十一。

当刘邦被项羽围困在京索地区的时候,韩信攻取了魏赵,平定了燕齐，使汉王占有天下三分之二的地方，因此灭掉了项羽。作《淮阴侯列传》第三十二。

当楚汉在巩洛地区相争的时候，韩王信镇抚颍川为韩王，卢绾助汉切断了项羽的粮饷。作《韩信卢绾列传》第三十三。

诸侯都背叛了项王，只有齐才真正在城阳牵制了项羽。汉王于是乘机攻破了彭城。作《田儋列传》第三十四。

攻取城池，带兵打仗，有了战绩就向汉王报功，樊哙、郦商贡献了很大的力量。他们不单是受汉王驱使，而且还替他解脱过危难。作《樊郦滕灌列传》第三十五。

汉朝刚刚建立，规章制度还没有明确规定，张苍为主计，整齐了度量衡制度，又订正了历法和音乐。作《张丞相列传》第三十六。

擅长外交为汉通使，结约诸侯感怀汉德，使他们归顺汉朝，为屏藩辅佐。作《郦生陆贾列传》第三十七。

想详细知道秦亡楚灭的经过，只有问周緤等人，他们经常跟随高祖，平定诸侯。作《傅靳蒯成列传》第三十八。

刘敬建议徙豪强于关中，建都长安，与匈奴和亲。叔孙通制定了朝廷礼仪，编撰了宗庙仪法。作《刘敬叔孙通列传》第三十九。

季布能够抑制刚强的气性而变得柔顺，终于做了汉朝的大臣。栾布看重义气，不怕威势，不逃避死亡。作《季布栾布列传》第四十。

袁盎敢于犯颜直谏，维护礼义的尊严；晁错不顾自己的安危，为国家的长治久安谋划。作《袁盎晁错列传》第四十一。

严格执行法律而不违背大理，借古喻今，使皇帝更加贤明。作《张释之冯唐列传》第四十二。

为人敦厚慈孝，说话谨慎，但办事敏捷，很讲礼节，具有君子长者的风度。作《万石张叔列传》第四十三。

坚守气节刚正不阿，做人讲义气有棱角，行为高尚足以励志，手握

司马迁与李陵
Сыма Цянь жана Ли Лин

重权绝不徇私舞弊。作《田叔列传》第四十四。

扁鹊讲医道，为医家所宗。他的医术高超卓绝，使后世遵循而难以有所改易。仓公的医术接近了他的水平。作《扁鹊仓公列传》第四十五。

由于代王刘仲被废，他的儿子刘濞得封为吴王。也是由于汉朝的初定，让他去镇抚江淮地区。作《吴王濞列传》第四十六。

吴楚反叛汉朝，皇亲中只有窦婴贤能而又喜欢士人，士人都归附他。于是皇帝派他驻守荥阳督军，以平定吴楚七国之乱。作《魏其武安侯列传》第四十七。

才智能够应付近代的各种变化，性情宽厚能够得人心。作《韩长孺列传》第四十八。

勇敢地和敌人作战，爱护士兵，号令简约，得到军队的爱戴。作《李将军列传》第四十九。

自夏、商、周三代以来，匈奴经常是中原的边患。想要了解敌人的强弱，以便决定防守或是进攻，作《匈奴列传》第五十。

拓直了曲折的边塞，开拓了河套以南的地方，攻破祁连山，交通西域各国，横扫北方匈奴。作《卫将军骠骑列传》第五十一。

文武大臣和皇亲国戚都以奢侈豪华为尊荣，只有公孙弘提倡节衣缩食，成为百官的表率。作《平津侯主父列传》第五十二。

汉朝已经统一了中原，而赵佗能安定南越，为汉南方属国，纳贡称臣。作《南越列传》第五十三。

吴王刘濞反叛汉朝，东瓯王杀了他，保封禺之山，为汉藩臣。作《东越列传》第五十四。

燕太子丹的宾客部属流散到辽东，卫满把他们组织起来，聚集在渤海之东，又占据了朝鲜的真藩等地，据守在塞外为汉朝的属国。作《朝鲜列传》第五十五。

唐蒙为汉使，开通了夜郎国，因而邛笮这些国家的君长，都请求为汉内臣接受郡县官的约束。作《西南夷列传》第五十六。

《子虚赋》和《大人赋》中，虽然堆砌了很多华丽的辞藻，作了过度的夸张，然而它的目的是为了讽谏，使皇帝施政归于无为。作《司马相如列传》第五十七。

由于黥布叛汉，高祖封自己的儿子刘长做了淮南王，用以镇抚江淮以南地方，安定强悍的楚地人民。作《淮南衡山列传》第五十八。

严格遵照法律认真办事的官吏，不夸耀自己的功劳，不表现自己的能干，虽然得不到老百姓的称颂，但他没有什么过失。作《循吏列传》第五十九。

严整衣冠立于朝廷，文武百官就没有人敢说华而不实的言论，因为汲长孺态度端正；喜欢推荐别人，被称颂为有德长者，郑庄很有气量。作《汲郑列传》第六十。

自从孔子死后，京师不注重学校教育，只有建元到元狩年间，文学才发扬了光彩。作《儒林列传》第六十一。

老百姓背弃仁义而生巧诈，作奸犯法，善人不能感化他们，只有严厉的措施才能制裁他们。作《酷吏列传》第六十二。

既然汉朝通使大夏，因而西域各国都渴望了解中国，想来观光。作《大宛列传》第六十三。

救人于危难，助人于穷困，大概仁人有这样的德行吧！不失信约，不违诺言，只有讲义的人才具有这种品德。作《游侠列传》第六十四。

善于揣度皇帝的好恶，取得皇帝的欢心，从而得到亲近和宠信。这不单单是凭他们的相貌，还由于他们各有所能，发挥了自己的长处。作《佞幸列传》第六十五。

不与世俗同流合污，不争势夺利，上下没有阻碍，别人也不会陷害，因他擅长滑稽之道。作《滑稽列传》第六十六。

齐、楚、秦、赵各国的日者，都各有一套适合当地习惯的占卜术。

司马迁与李陵
Сыма Цянь жана Ли Лин

想要综合观察他们的要旨,作《日者列传》第六十七。

夏禹、商汤、周武王占卜的方法不同,四方各民族的卜筮也不一样,然而目的都是用来判断吉凶。略谈其要点,作《龟策列传》第六十八。

不登仕途的布衣匹夫,不损害政治,不妨碍百姓,顺应时机买进卖出以增加财富,只有聪明的人才能这么办。作《货殖列传》第六十九。

我们汉朝是诞生在五帝三代的文化传统快要断绝的时候。由于周朝王道衰微,秦朝废去古文,烧毁《诗》《书》典籍,国家的藏书散乱了。在这时候,汉朝建立了,萧何编次了律令,韩信整理了兵法,张苍草拟了章程,叔孙通制定了礼仪,这么一来,文化才有了一些发展,并显示了它的特色,流散在民间的《诗》《书》典籍,不断地捐献出来了。自从曹参推荐盖公,提倡黄老学说以来,精通申、商之学的贾谊、晁错,擅长儒学的公孙弘都很有名气。建国百年之间,天下所有的遗文古事,没有不集中在太史署里的。太史公父子相继担任编述历史的职务。太史公说:"啊!我们的祖先曾经是史官世家,在唐尧虞舜时代就很显赫。到了周代,重做史官,所以司马氏世世代代职掌天官,难道断送在我这一代吗?牢记呀,牢记呀。"司马迁牢记父亲这一遗嘱,收罗天下遗散的历史传闻及帝王兴起的事迹,考察事件的发生根源,研究它的发展过程,观察朝代兴衰原因,考核事实,略述三代,详录秦汉,从黄帝写起,直到当今,作十二本纪,科分条列为全书之纲。同一时代或不同时代的纷繁历史事件,年月记载不清,因此,作十表。为了论述历代的礼乐增损,律历改易,征伐谋略,山川形势及鬼神的祭祀,天与人的关系,经济的演变,作八书。像二十八宿环绕北辰,像三十根车辐共聚一毂,永远运行一样,作为朝廷的辅弼股肱之臣,忠诚行道,奉卫皇上,作二十世家。扶持大义,风流不羁而有卓越才干的人,趁着时机立了功名,为他们作了七十列传。总计一百三十篇,五十二万六千五百字,定名《太史公书》。本篇《自序》概略地阐明了述作宗旨。简括地说,《太史公书》就是搜辑遗文以补充六艺，以自成一家之言的著作。它协调了《六经》各家的不同解释，整齐了百家互相对抗的异论。正本藏在名山，副本留在京师，等待后代圣人君子的审察。作列传第七十。

司马迁说：我叙述了黄帝以来到太初年间的历史，共一百三十篇。

Байыркы Хуан-ди Асман менен Жерден үлгү алган, ал эми *Чжуань-сюй*[1], *Ди-ку*[2], [Тан] Яо жана [Юй] Шунь сыяктуу төрт акылман [башкаруучулар] Хуан-динин жолун жолдоп, ар кимиси өзүнүн мыйзамдары менен эрежелерин түзүшкөн. Тан Яо тактыны Юй Шуньга бошотсо, Шунь кабыл албаган (бийлик үчүн жан талашпаган). Бул императорлордун сиңирген эмгектери албан болгондуктан кийинки муундардын баары буларга таянышкан. [Бул жагдайлар жөнүндө "*Негизги жазмалар*[3]" бөлүмүнүн биринчи бабы – "*Беш император*[4] тууралуу негизги жазма" – түзүлдү.

Улуу Юй соо топонду ооздуктап, натыйжада бүт *Цзючжоу*[5] жыргады. Тан [Яо] менен Юй [Шуньдун] доорун нурга бөлөгөн анын (Юйдун)

---

[1] Чжуаньсюй 颛顼 – Байыркы Кытайды башкарган беш легендалуу императордун бири. Уламыштар боюнча анын башкаруусу б.з.ч. 2514 - 2436 жылдарга туура келет. Хуан-динин (Сары императордун) небереси.

[2] Ди-ку 帝喾 – Беш легендалуу императордун бири. Хуан-динин чебереси. Уламыштарга ылайык анын башкаруу жылдары б.з.ч. 2436 - 2366 жылдарга туш келет.

[3] "Негизги жазмалар" 本纪 – Сыма Цянь жазган "Тарыхый жазмалар" эмгеги жалпы-сынан беш бөлүмдөн куралган: 1) Негизги жазмалар 2) Таблицалар 3) Трактаттар 4) Тектүү кландар 5) Таржымалдар. Ар бир бөлүм өзүнө белгилүү сандагы баптарды камтыйт. Ал эми "Негизги жазмалар" бөлүмүнө он эки бап кирип, өкүмдарлар тууралуу баяндар жазылган.

[4] Уламыштардагы байыркы беш император: Хуан-ди 黄帝, Чжуаньсюй 颛顼, Ди-ку 帝喾, Яо 尧, Шунь 舜.

[5] Цзючжоу (кыр. Тогуз облус) 九州 – Байыркы Кытай өлкөсүнүн дагы бир аталышы.

司马迁与李陵
Сыма Цянь жана Ли Лин

изгилиги (добродетель) алыскы урпактарына чейин жетти. Бирок, *Ся Цзе*[1] бузуку жолго түшүп, текеберленип кеткендиктен улам *Минтяого*[2] сүргүнгө жиберилген. [Бул жагдайлар жөнүндө "Негизги жазмалар" бөлүмүнүн] экинчи бабы – "Ся тууралуу негизги жазма" – түзүлдү.

Мына *Се*[3] Шан бектигин куруп, анан *Чэн Танга*[4] чейин жетти; *Асыл мүнөзгө ээ болгон Йи Инь Тайцзяны*[5] *Тонг сарайына сүргүнгө айдаган*; *У-дин*[6] баш вазири Фу Юэ аркылуу гана *Гао-цзун*[7] аталышына жетти; *Ди-синь*[8] оюн-зоок менен ичкиликке берилип, жолдон чыгып кеткенде бектер тартуу алып келүүнү токтотушкан.[Бул жагдайлар жөнүндө "Негизги жазмалар" бөлүмүнүн] үчүнчү бабы– "*Инь*[9] тууралуу негизги жазма" – түзүлдү.

---

[1] Ся Цзе 夏桀 – Легендалуу Ся мамлекетинин акыркы башкаруучусу Сы Гуйдун 姒癸 маркум ысымы. Кытай салттуу историографиясына ылайык ал б.з.ч. 1600 - 1652 жылдары тактыда отурган.

[2] Минтяо 鸣条 – азыркы Шаньси провинциясынын Сясянь уездинин батыш тарабында.

[3] Се 契 – Шан 商 мамлекетинин негиздөөчүсү Чэн Тандын бабасы. Салттуу тарыхый текстерге ылайык, Се легендалуу император Яодон Шан жергесин бектикке (азыркы Хэнань провинциясынын Шанцю шаары турган жер) алат. Соңунда Шан бектигинин негизинде Шан мамлекети (Шан ордосу) курулуп, б.з.ч. 1600 -1046 жылдары Кытайда өкүм сүргөн.

[4] Чэн Тан 成汤 же Шан Тан 商汤 – Өз аты Цзы Люй (божол менен б.з.ч.1670-1587 жж.). Шан мамлекети-нин негиздөөчү-өкүмдары.

[5] Тай-цзя 太甲 – Шан мамлекетинин төртүнчү өкүмдары, Чэн Тандын небереси.

[6] У-дин 武丁 – Б.з.ч. 1250 - 1192 жылдары Шан мамлекетин башкарган өкүмдар Цзы Чжаон-ун маркум ысымы.

[7] Гао-цзун 高宗 – У-диндин уулу, Цзу-гэн, атасынын урматына храм куруп, атасына Гао-цзун маркум ысымын ыйгарган.

[8] Ди-синь 帝辛 же Чжоу-ван 纣王 – Шан доорунун акыркы өкүмдары. Өз фамилиясы Цзы 子, аты Шоу 受. Өмүр жылдары: б.з.ч. 1105-1046 жж. Башкарган жылдары: б.з.ч. 1075- 1046 жж.

[9] Инь 殷 – Шан мамлекетинин экинчи аталышы.

太史公自序第七十
Ордо историографынан соңку сөз

Мына *Ци*[1] таруу өстүрдү. Анын изгилиги "*Батыш кожоюну*"[2] *Цзи Чанга*[3] чейин жетти; У-ван Муеде жеңишке жетип, Асман астына чындап ээлик кылды. Бирок, Ю-ван менен Ли-ван караңгылык менен башаламандыкка алып келип, Фэнцзин менен Хаоцзин [калааларын] жоготушту (борбор шаарларын); Бийлик кланы акырындап начарлап отуруп, Нань-вандын дооруна чейин жетти. Лоиде Чжоу кланын бабаларына арнап түлөө өткөрүү токтоду. [Бул жагдайлар жөнүндө "Негизги жазмалар" бөлүмүнүн] төртүнчү бабы – "Чжоу тууралуу негизги жазма" – түзүлдү.

Циньдиктердин бабасы Бо И（伯翳）Улуу Юйгө жардам берген. Циньдик *Му-гундун*[4] идеялары адилеттүү болгон. Ал (Му-гун) Яо жергесиндеги согушта набыт болгон Цинь бектигинин жоокерлерине абдан кайгырган. Ал өлгөндө кишилер курмандыкка чалынып, "Заргалдак" ыры менен кошок кошулган. *Чжаосян-ван*[5] императорлукту түптөгөн. [Бул жагдайлар жөнүндө "Негизги жазмалар" бөлүмүнүн] бешинчи бабы – "Цинь тууралуу негизги жазма" – түзүлдү.

Цинь Шихуан тактыга олтуруп, алты бектикти багындырып, (душма-

---

[1] Ци 弃 же Хоу Цзи 后稷 – Чжоу башкаруу кланынын бабасы. Өз аты Цзи Ци 姬弃. Цзишаньда төрөлгөн (Азыркы Шаньси провинциясынын Цзишань уездинин 稷山县 тегереги). Эгин айдоо, жер иштетүү ж.б.у.с. айыл-чарбасында киргизген жаңылыктары үчүн урматтоо иретинде "Эгиндин пири", "Чарба кудайы" деп эскерилип келет.

[2] Батыш кожоюну 西伯 – Вэнь-вандын титулу. Шан мамлекетине каршы согушка даярданып аткан учурда алган титул. Муе жергесинде Вэнь-вандын уулу У-вандын колу Шан өкүмдары Ди-синьдин армиясын талкалаган.

[3] Цзи Чан 姬昌 – Чжоу мамлекетинин түптөөчүлөрүнүн бири. Көбүнчө Вэнь-ван ысымы менен таанымал.

[4] Му-гун 穆公 – (Өмүр жылдары б.з.ч. 683-621 жж.) Цинь бектигинин тогузунчу беги. Жаздар жана күздөр доорундагы эң күчтүү беш бектин бири.

[5] Чжаосян-ван 昭襄王 – Б.з.ч. 306-251-жылдары Цинь бектигин жетектеп, кийинки Цинь империясынын түптөлүшүнө өбөлгө түзгөн өкүмдар Ин Цзинин 嬴稷 маркум ысымы.

191

司马迁与李陵
Сыма Цянь жана Ли Лин

ндардын) курал-жарактарын ээриттирип жок кылдырып, алардан коңгуроолор менен коңгуроолордун мамыларын куйдуруп, калкандары менен соотторун жок кылдырып, сыйлуу титулду кабыл алып, "император" наамын алып, кербездене согуштук күчүнө таянды. *Цинь Эрши*[1] өлкөнүн тагдырын кабыл алды, ал эми *Цзыин*[2] баш ийип туткунга түшүп берди. [Бул жагдайлар жөнүндө "Негизги жазмалар" бөлүмүнүн]алтынчы бабы – "[Цинь] Шихуан тууралуу негизги жазма" – түзүлдү.

Цинь ордосу адилет башкаруу жолунан чыгып кеткенде көрүнүктүү ишмерлер биригип, козголоң чыгарышты. Сян Лян Циньге каршы иш-чараларды баштап, анын уулу *Сян Юй*[3] улантты. Сян Юй *цин-цзы-гуань-цзюнь*[4] Сун Ини өлтүрүп, Чжао бектигин куткарып калды. Бектер аны (Сян Юйду) колдоп такка көтөрүштү. Бирок, ал Цзы-инди өлүмгө буйруп, Хуай-вандан жүз үйрүдү. Асман астында баары аны (Сян Юй) айыпташты. [Бул жагдайлар жөнүндө "Негизги жазмалар" бөлүмүнүн] жетинчи бабы – "Сян Юй тууралуу негизги жазма" – түзүлдү.

Сян Юй абдан зомбу жана ырайымсыз болсо, Хань ордосу ак эмгек менен изгиликтин (добродетель) жолун жолдоп, Шу жана Хань[чжун] жергесинде чечим кабыл алып, кайраттанып, кол баштап түндүккө карай жүрүп отуруп, кайтып барып, үчкө бөлүнгөн Цинь жерин баш ийдирди.[Гао-цзу] Сян Юйду өлтүрүп жазалап, император бийлигин

---

[1] Цинь Эрши 秦二世 – Цинь империясынын экинчи императору. Өз аты – Ин Хухай 嬴胡亥. Б.з.ч. 210 – 207 жылдары тактыда отурган. Цин Шихуандын он сегизинчи уулу.

[2] Цзыин 子婴 – (өмүр жылдары б.з.ч. ? - 206-жж) Толук аты Ин Цзыин 嬴子婴. Цинь империясынын үчүнчү (акыркы) өкүмдары. Тактыда 46 күн гана отурган.

[3] Сян Юй 项羽 – (Өмүр жылдары б.з.ч. 232-202 жж) Б.з.ч. 208 - 202 жылдары бектердин Цинь ордосуна каршы кыймылын жетектеген генерал.

[4] Цин-цзы-гуань-цзюнь 卿子冠军 – Чу армиясынын кол башчысы Сун Инин титулу.

太史公自序第七十

Ордо историографынан соңку сөз

орнотуп, Асман астын тынчттандырды. Ал (Гао-цзу) тартипти өзгөртүп, салт-санааны жаңылады. [Бул жагдайлар жөнүндө "Негизги жазмалар" бөлүмүнүн] сегизинчи бабы – "Гао-цзу тууралуу негизги жазма" – түзүлдү.

Хуэй-ди эрте каза болду, буга Люй уругунун баары капаланышты. [*Императрица Люй*[1]] анан *Люй Лу* менен *Люй Чаньдын*[2] мартабасын жогорулатып, алардын ыйгарым укуктарын көбөйтүп койду. Алар бектерди өлтүрүү максатында кутум (заговор) түзүштү. Императрица Люй *Чжао Инь-ванын*[3] өлтүртүп, *Чжао Ю-ваны Лю Юну*[4] зынданга салып жайлатат. Ордодогу сановниктер экиленип коркуп жүрүп, акыры Люй кланынын балээсине криптер болушту. [Бул жагдайлар жөнүндө "Негизги жазмалар" бөлүмүнүн] тогузунчу бабы – "Императрица Люй тууралуу негизги жазма" – түзүлдү.

Хань мамлекети жаңы гана курулгандан кийин император Хуэй-ди каза болуп, такты мураскору айкын эмес болуп турган учурда сановниктер *Дай-ваны Лю Хэнди*[5](Вэнь-ди) тактыга отургузушту. Асман астындагылар ага баш ийишти. Вэнь-ди денеге зыян келтирген жаза ыкмаларын жойду,

---

[1] Люй-тайхоу же Люй-хоу 呂太后 / 呂后 – (Б.з.ч. 241-180 жж). Өз аты Люй Чжи. Хань императору Лю Бандын аялы. Лю Бан өлгөн соң б.з.ч. 195 - 180 жылдары тул-императрица титулунда болгон. Кытай тарых жазмаларында эскерилген биринчи императрица жана биринчи тул-императрица.

[2] Люй Лу 呂祿, Люй Чань 呂产 – Императрица Люйдун өзүнүн туугандары.

[3] Чжао Инь-ван 赵隐王 – Өз аты Лю Жу-и. Хань императору Лю Бандын токолунан төрөлгөн уулу. Б.з.ч. 194-жылы императрица Люй киллер жиберип аны өлтүрткөн.

[4] Чжао Ю-ваны Лю Ю 赵幽王刘友 – Хань императору Лю Бандын токолунан төрөлгөн уулу.

[5] Дай-ваны Лю Хэн 代王刘恒 – Хань ордосунун бешинчи императору. Таанымал ысымы Вэнь-ди 文帝 (Агартуучу император). Маркум ысымы – Сяовэнь 孝文. Б.з.ч. 180 - 157 жылдары бийлик жүргүзгөн. Атасы – Лю Бан. Апасы – токол Бо 薄姬.

193

司马迁与李陵

Сыма Цянь жана Ли Лин

дарыяларда жана кургакта жаңы жолдорду курду, өзүнүн ырайымы менен жакшылык иштерин кеңири жайылтты. Өлгөндөн кийин Тай-цзун деген храм ысымына (храмовое имя) ээ болду. [Бул жагдайлар жөнүндө "Негизги жазмалар" бөлүмүнүн]онунчу бабы – "[Император] Сяо-вэнь тууралуу негизги жазма" – түзүлдү.

Бектер менменсинип, каалаганын кылышып, У беги козголоң чыгарат. Ошондо аларды жазалоо үчүн ордодон кошуун жөнөтүлөт. Козголоңчу жети бектик биринен кийин бири баш ийип, жазага моюн сунушту. Асман астында тынчтык орноп, бейпилдик менен молчулук келди. [Бул жагдайлар жөнүндө "Негизги жазмалар" бөлүмүнүн] он биринчи бабы – "[Император] *Сяоцзин*[1] тууралуу негизги жазма" – түзүлдү.

Хань мамлекети өнүгүп-өсүп, тактыда бешинчи өкүмдар отурган. Бул *Цзянь-юань*[2] жылдары эле. Сырттагы бөтөн элдер куулуп, ичкериде болсо мыйзамдар менен эрежелер бекемделди. Асман менен Жерге арналып түлөө өткөрүлүп, календарь өзгөртүлүп, кийим түсү алмаштырылды. [Бул жагдайлар жөнүндө "Негизги жазмалар" бөлүмүнүн] он экинчи бабы – "*Азыркы император*[3] тууралуу негизги жазма" – түзүлдү.

Ся, Шан жана Чжоу доорлору өтө узак жана байыркылардан. Алардын жылдарын так эсептеп чыгаруу мүмкүн эмес. Андыктан булар жөнүндө маалыматты муундан муунга өтүп келе жаткан генеалогиялык жазмалардан алып, ошолорго негизделип иштеп, андан ары чамалап жыйынтыктадык.

---

[1] Сяоцзин 孝景 – Хань ордосунун алтынчы императору. Таанымал ысымы – Цзин-ди 景帝. Башкарган жылдары: б.з.ч. 157-141 жж. Өз аты – Лю Ци. Маркум ысымы – Сяоцзин-хуанди же Сяоцзин-ди. Өмүр жылдары – б.з.ч. 188 - 141 жж.

[2] Цзянь-юань 建元 – У-ди императору б.з.ч. 140-135 жылдарда колдонгон башкаруу девиз.

[3] Хань императору У-ди 汉武帝.

194

[Бул жагдайлар жөнүндө "*Таблицалар*"[1] бөлүмүнүн]биринчи бабы – "Үч доордун генеалогиялык таблицасы" – түзүлдү.

Ю-ван жана Ли-вандан кийин Чжоу бийлиги бошошо баштап, бектиктер өз алдынча саясат жүргүзө башташкан. "Жаз-күздө" кээ бир нерселер жазылбаган, ал эми генеалогиялык жазмаларда болсо кыскача маалымдалган. *Беш гегемон*[2] биринен кийин бири гүлдөп өнүгүп, анан кайра начарлап кыйраган. Чжоу доорундагы бектиктердин кайсынысы мурун кайсынысы кийин болгондугун изилдөө максатында ["Таблицалар" бөлүмүнүн] экинчи бабы – "Он эки бектиктин ар жылдык хронологиялык таблицасы (ар жылы баяндалган таблицасы)" – түзүлдү.

Жаз-күз доорунан кийин бийликти бектердин чиновниктери басып алышып, күчтүү бектиктердин башчылары өздөрүн "ван" деп атай башташкан. Мындай абал Цинь ваны *Инчжэнге*[3] чейин өмүр сүргөн. Акыры ал (Инчжэн) бардык бектиктерди өзүнө каратып, энчиликке (уделдерди) берилген жерлерди жоюп, өкүмдар титулун жалгыз өзүнө гана ыйгарды. Бул боюнча ["Таблицалар" бөлүмүнүн] үчүнчү бабы – "*Алты бектиктин*[4] ар жылдык хронологиялык таблицасы" – түзүлдү.

Цинь императору тирандык кылды. Мындан улам Чулук *Чэнь*

---

[1] Таблицалар [бөлүмү] 表 – Сыма Цянь жазган "Тарыхый жазмалар"эмгегинин экинчи бөлүмү. Бул бөлүм он баптан турат.

[2] Беш гегемон 五霸 – Ци беги Хуань-гун 齐桓公, Цзинь беги Вэнь-гун 晋文公, Чу беги Чжуан-ван 楚庄王, Цинь беги Му-гун 秦穆公, Сун беги Сян-гун 宋襄公. Жаз-күз доорунда Чжоу ордосунун бийлиги солгундап, ар бир бек башка бектердин үстүнөн башчылык кылууга, үстөмдүк алууга умтулган. Жогоруда көргөзүлгөн беш бек ушундай гегемон макамына мурда-кийин жетишкен.

[3] Инчжэн 嬴政 – Цинь Шихуандын өз аты.

[4] Вэй 魏, Хань 韩, Чжао 赵, Чу 楚, Янь 燕, Ци 齐.

司马迁与李陵
Сыма Цянь жана Ли Лин

Шэн[1] көтөрүлүш чыгарып, Сян уругу козголоңду жетектеди. Хань ваны дароо адилеттикке таянып, жазалоо үчүн жортуулга чыкты. Сегиз жыл аралыгында Асман астында үч жолу бийлик алмашты. Башаламандык орун алып, көп өзгөрүштөр болду. Андыктан ["Таблицалар" бөлүмүнүн] төртүнчү бабы – "Цинь-Чу доорундагы [окуялардын]ар айлык хронологиялык таблицасы" – түзүлдү.

Хань бийлиги орногондон бери тартып *Тай-чу* жылдарына чейинки жүз жыл аралыгында бектер бирде кулап бирде көтөрүлүп, энчи жерлер бирде берилип, бирде кайра жоюлуп турду. Бул боюнча геналогиялык жазмаларда так маалымдалбаптыр, тиешелүү чиновниктер да баарын улантып жазышпаптыр. Бирок, алардын генеалогиясына таянып, алардын күчкө толуусунун жана/же начарлоосунун себептерин божомолдоп билүүгө болот. Андыктан ["Таблицалар" бөлүмүнүн] бешинчи бабы – "Хань бийлиги орногондон берки бектиктердин хронологиялык таблицасы" – түзүлдү.

Гао-йзу[2] *Асман астын алып жаткандагы жардам көрсөткөн чиновниктердин даражасын көтөргөн*, анын жакшылыгы балдары менен неберелерине чейин уланган. Бирок анын урпагы бийлик бабаларына кандай кыйынчылык менен келгенин унутушту: кээ бири өмүрүнөн ажырап, өлкөсүн да жок кылды. [Бул боюнча "Таблицалар" бөлүмүнүн] алтынчы бабы – "Гао-цзуга эмгек өтөп, бек титулуна жетишкен чиновниктердин хронологиялык таблицасы" – түзүлдү.

---

[1]   Чэнь Шэн 陈胜 – Цинь доорунун аягында Кытайда орун алган дыйкандар көтөрүлүшүнүн жетекчилеринин бири. Экинчи аты – Чэнь Шэ 陈涉.

[2]   Гао-цзу 高祖 (б.з.ч. 256 - 195 жж.) – Хань мамлекетинин биринчи императору Лю Бандын храм ысымы.

太史公自序第七十

Ордо историографынан соңку сөз

Хуэй-диден Цзин-диге чейинки жылдар аралыгында өкүмдарлар тарабынан башында эмгек өтөгөн чиновниктердин урпактарына өзгөчө көңүл буруу уланып, аларга титулдар жана энчи жерлер берилип турду. [Бул боюнча "Таблицалар" бөлүмүнүн] жетинчи бабы – "Хуэй-диден Цзин-диге чейинки доордо бек (*кыт.* хоу 侯) титулуна жетишкендердин хронологиялык таблицасы" – түзүлдү.

Түндүктөгү күчтүү хундарды талкалап, түштүктөгү кубаттуу юэлерди жазалап, төрт тараптагы *мань* жана *и* элдерине каршы жортуулга чыгып, көптөгөн адамдар согуштагы эрдиктери үчүн "бек" титулун алышты. [Бул боюнча "Таблицалар" бөлүмүнүн] сегизинчи бабы – "Цзянь-юань жылдарынан бери бек титулуна жетишкендердин хронологиялык таблицасы" – түзүлдү.

Бектиктер күндөн күнгө күч алып, У, Чу жана башкалар болуп түндүк-түштүктөгү жети бектик биригишти. А бирок бектердин балдары менен инилери абдан көп болгондуктан улам титулдар менен энчи жерлер баарына жеткен жок. Ордо буйрук кылып, өз камкордугун аларга жайылтып, бектердин балдары менен инилерине "бек" титулун ыйгарды. Мунун натыйжасында вандардын (бектик жетекчилери) күчү күндөн күнгө азайды, изгиликтүүлөрү ордого кайтып келишти. [Бул боюнча "Таблицалар" бөлүмүнүн] тогузунчу бабы – "Вандардын балдарынан бек титулуна жетишкендеринин хронологиялык таблицасы" – түзүлдү.

Мамлекеттин билги вазирлери менен мыкты кол башчылары жалпы калк үчүн үлгү болушат. Хань бийлиги орногондон кийинки кол башчылар, вазирлер жана атактуу чиновниктердин хронологиялык таблицалары болуусу абзел. Жакшы болсо, анын башкаруудагы ийгиликтерин жазып, жаман болсо, анда анын жаман жоруктарын көргөзүшүбүз керек.

197

司马迁与李陵

Сыма Цянь жана Ли Лин

Андыктан ["Таблицалар" бөлүмүнүн] онунчу бабы – "Хань бийлиги орногондон кийинки кол башчылар, вазирлер жана атактуу чиновниктердин хронологиялык таблицалары" – түзүлдү.

Ся, Шан жана Чжоу сыяктуу үч доордун ритуалдары азайып же көбөйүп, бири биринен айырмаланып турган. Бирок, жалпы жонунан алганда, алардын негизги маңызы – бул адамдын мүнөзүнө жакындыгы жана изгиликтүү өкүмдар (добродетельный правитель) жолун тааныптуусу. Ошон үчүн ритуалдар адамдын чыныгы табигий сапаттарына негизделип иштелип чыккан. Байыркы замандан азыркы күнгө чейин орун алган өзгөрүүлөрдү кыскача чагылдырышыбыз керек.[Бул боюнча "*Трактаттар*"[1] бөлүмүнүн"] биринчи бабы – "Ритуалдар трактаты" – түзүлдү.

Музыканын жардамы менен адеп-ахлак, үрп-адатты өзгөртсө болот. "*Одалар*"[2] менен "*Гимндер*"[3] тараган соң адамдар Чжэн жана Вэй [бектик-теринин] музыкасын жактырып калышты. Чжэн жана Вэй музыкасынын тарыхы терең. Музыка адам көңүлүн толкутат, алыскы бөтөн маданияттагы элдерди да өзүнө тартат. Мурун жазылган "Музыка трактатынан" үлгү алып, байыркы замандан азыркы заманга чейинки музыканын өнүккөнүн жана начарлаганын сүрөттөө керек. [Андыктан "Трактаттар бөлүмүнүн"]

---

[1] Трактаттар 书 – "Тарыхый жазмалар" эмгегинин үчүнчү бөлүмү. Баары болуп сегиз баптан куралган. Бул бөлүмдө ритуалдар, музыка, түлөө өткөрүү, астрология, календарь жана башка жагдайлар чагылдырылган.

[2] "Одалар"《雅》– "Ши цзин" ырлар жыйнагынын негизги үч курамасынын бири. Мында 74 кичи ода жана 31 ири ода камтылып, жалпы саны 105 түзөт. Негизинен Батыш Чжоу доорунун аягында жана Жаз-күз доорунда жазылган.

[3] "Гимндер"《颂》– Негизинен бабалардын жетишкендиктерин мактоочу жана даңазалоочу ырлар. "Ши цзин" ырлар жыйнагынын үч курамасынын бири. Жалпысынан кырк баптан турат: Чжоу гимндери 周颂 31 бап, Лу гимндери 鲁颂 4 бап, Шан гимндери 商颂 5 бап. Көбүнчө аристократия өкүлдөрү тарабынан жазылган.

太史公自序第七十

Ордо историографынан соңку сөз

экинчи бабы – "Музыка трактаты" – түзүлдү.

Армия болмоюнча мамлекет күчтүү боло албайт, изгиликтүү саясат болмоюнча өлкө өнүгө албайт. Хуан-ди, Шан Тан (Чэн Тан) жана Чжоулук У-ван акылмандык менен көтөрүлүштү. *Ся өкүмдары Цзе*[1], *Шан өкүмдары Чжоу-ван*[2] жана Цинь Эрши түркөйлүгүнөн кыйрашты. Эмнеге ушул жагына олуттуу көңүл бөлбөйбүз? *"Сыма фа"*[3] трактаты эчак эле жаралган. Цзян Тай-гун, Сунь У, У Ци жана Ван-цзы Чэн Фу ушул трактатты өздөштүр-үшкөндүктөн улам жаңы нерселерди ойлоп табууга жетишкен. Ал биздин учурдун талабына да жооп берет, себеби ал адамдын өзгөрүүсү менен тыгыз байланышта. [Андыктан "Трактаттар бөлүмүнүн"] үчүнчү бабы – "Музыкалык добуштар жана трубкалар жөнүндөгү трактат" – түзүлдү.

Добуш катары иньде жайгашып, янды түздөйт; календарь янда жайгашып, иньди түздөйт; добуш катары менен календарь кезек менен бири бирин түздөшөт. Аларда эч кандай мааниси нерсе же катачылык камтылбаган. Беш үйдүн (кландын) жылнамасы бири бирине каршы келет. Бир гана Тай-чунун биринчи жылы түзүлгөн календарь туура. [Андыктан "Трактаттар бөлүмүнүн"] төртүнчү бабы – "Календарь трактаты" – түзүлдү.

Жылдыздар жана булуттар трактатында жакшылык тилөө, жамандыктан

---

[1] Ся Цзе 夏桀 – Легендалуу Ся мамлекетинин акыркы башкаруучусу Сы Гуйдун 姒癸 маркум ысымы. Кытай салттуу историографиясына ылайык ал б.з.ч. 1600 – 1652 жылдары тактыда отурган.

[2] Чжоу-ван 纣王 – Шан доорунун акыркы өкүмдары. Өз фамилиясы Цзы 子, аты Шоу 受. Өмүр жылдары: б.з.ч. 1105 - 1046 жж. Башкарган жылдары: б.з.ч. 1075 - 1046 жж.

[3] "Сыма фа" 《司马法》– Сөзмө сөз которгондо Коргоо министринин эрежелери. Аскерий-согуштук идеяларды камтыган чыгарма.

199

куткарууну өтүнүү, жакшылык жамандык жышаандары жөнүндө төлгө салуулар камтылган. Абдан беймаани. Айрымдар андагы жазууларды изилдеп, иш жүзүнө ашкан ашпаганын текеришет. Мында эч кандай өзгөчөлүк жок. У-ди атайын адистерди топтоп, бул иштерди изилдетип, иреттетип, асман телолорун катары менен орбитасы жана градусуна ылайык системага салдырган. [Андыктан "Трактаттар бөлүмүнүн"] бешинчи бабы – "Асман көрүнүштөрү жөнүндөгү трактат" – түзүлдү.

Асман мандатын алып, өкүмдар болгон соң, Асман менен Жерге арналган түлөө көргөзгөн жышаналарды өтө сейрек колдонушат. Ал эми колдонгон кезде бардык духтарга курмандыктар чалынат. Белгилүү тоолорго, дарыя-сууларга жана бардык духтарга арнап курмандык чалуу ритуалынын башаты ачыкталды. [Андыктан "Трактаттар бөлүмүнүн"] алтынчы бабы – "Асман менен жерге түлөө берүү жөнүндө трактат" – түзүлдү.

Улуу Юй дарыяларды тазалап суу жүргүздү, тогуз облуста бейпилдик орнотту. Каналдарды, арыктарды жана дарыяларды жөнгө салуучу дамбаларды курду. [Андыктан "Трактаттар бөлүмүнүн"] жетинчи бабы – "Каналдар жана дарыялар жөнүндө трактат" – түзүлдү.

Акчанын колдонулушу айыл-чарба менен сооданы байланыштырды. Акчаны мыкты колдонуу үчүн баарын ийне-жибине чейин билүү керек жана чебер болуу керек. Бул сапаттарды айкалыштырганда гана байлыкка жол ачылат. Күрөш, эптүүлүк жана кылдаттык талап кылынат. Жер иштетүүдөн баш тартып, соодага умтулат. Жагдайдын өзгөрүүсүн жана өнүгүүсүн иликтөө үчүн ["Трактаттар бөлүмүнүн"] сегизинчи бабы – "[Чарбанын] туруктуулугу жөнүндө трактат" – түзүлдү.

太史公自序第七十

Ордо историографынан соңку сөз

Тай-бо[1] тактыны *Цзи Лиге*[2] бошотуп берип, өзү Янцзынын түштүгүндө жашаган мань жана и элдерине кетет. Вэнь-ван менен У-ван Гу-гундун жардамы менен көтөрүлүшөт. Хэ Лу У ваны Ляону өлтүрүп, ордун ээлеп, Чу бектигин багынтып алат. Фу Ча болсо Ци бектигин жеңип, У Цзысюйду тери капка салып өлтүрөт. *Бо Пи*[3] Юэ бектигине жан тарткандыгы үчүн У бектиги тарабынан өлтүрүлөт. Тай-бонун тактыны бошотуп берген ишин даңазалап. [Андыктан "*Тектүү кландар*"[4] бөлүмүнүн] биринчи бабы – "У[бектигинин] тектүү кландары" – түзүлдү.

Шэнь жана Люй бектиктери алсыздаңды. *Шанфу*[5] кара таман болуп жүрүп, акыры Батыш кожоюну [Вэнь-ванга] баш ийип, анан Вэнь-ван менен У-вандын насаатчысы болууга жетишкен. Сиңирген эмгегине ылайык ал вазирлердин сапбашында турган, жашырын пландарды көмүскө иштөөнү катырган. Чачын ак басып картайган кезде Ци жергесинен энчи жер алып, *Инцюда*[6] баш калаасын куруп, Ци бектигин негиздеген. Ци Хуань-гуну *Кэ*[7] жергесинде Лу бектиги менен түзгөн союздук келишимин бузбагандыктан улам гүлдөп өсүүгө жетишип, бектерди көп жолу жыйнап, гегемондук ийгиликтери менен даңкталды. Тянь Хэн менен Кань Чжи өкүмдардын

---

[1] Тай-бо 太伯 – У бектигинин биринчи өкүмдары. Чжоу элинин башчысы Гу-гун Даньфунун 古公亶父 уулу.

[2] Цзи Ли 季历 – Чжоулук Гу-гун Даньфунун үчүнчү уулу. Чжоу Вэнь-ванынын атасы.

[3] Бо Пи 伯嚭 – У бектигинин ири чиновниги.

[4] Тектүү кландар бөлүмү 世家 – "Тарыхый жазмалар" эмгегинин төртүнчү бөлүмү. 30 баптан турат.

[5] Шанфу 尚父 (Шан ата) – Ци бектигинин негиздөөчүсү Цзян Цзыянын 姜子牙 сый ысымы. Өмүр жылдары б.з.ч. 1156 - 1017 жылдарга туш келет.

[6] Инцю 营丘 – Азыркы Шаньдун провинциясынын Вэйфан шаарынын Чанлэ уезди 山东省潍坊市昌乐县. Ци бектигинин биринчи борбор калаасы.

[7] Кэ 柯 – Азыркы Шаньдун провинциясынын Янгу уездинин түндүк-чыгыш тарабында.

201

мээримин талашып күрөшүштү. Цзян тукумуна караган Ци бектиги ошону менен кыйроого кабылды. Ци бектигинин негиздөөчү-атасынын талантына тан берем. [Андыктан "Тектүү кландар" бөлүмүнүн] экинчи бабы – *"ЦиТай-гунунун*[1] *тектүү кланы"* – түзүлдү.

Бектер менен көз карандылардын Чжоу ордосуна баш ийгендерине да, каршылык көргөзгөндөрүнө да, баарына *Чжоу-гун*[2] тынчтык тартуулады. Анын (Чжоу-гундун) аракеттери менен билимдүүлүгү жана изгилиги даңазаланып, кеңири жайылды, Асман асты аны ээрчиди. Чжоу-гун Чэн-ванды колдоп-коргоду. Бектер Чжоулук Асман уулун Асман астынын өкүмдары катары таанышты. *Инь-гундан Хуань-гунга чейинки аралыкта*[3] мораль менен этикага туура келбеген иштер көп жолу орун алды. Бул эмне себептен? Хуань-гундун урпактарынан үчөө бийлик үчүн катуу күрөшкөндүктөн улам Лу бектиги андан ары өнүгө албады. Чжоу-гун Даньдын "темир илмектерин" макул табам. [Андыктан "Тектүү кландар" бөлүмүнүн] үчүнчү бабы – "Чжоу-гундун тектүү кланы" – түзүлдү.

У-ван Шандык Чжоу-синьди жеңсе да, бирок Асман асты али толук бириге электе ал (У-ван) дүйнө салды. Чэн Ван[бийликке келген кезде]эр

---

[1] Ци Тай-гун 齐太公 – Шанфу 尚父 (Шан ата) – Ци бектигинин негиздөөчүсү Цзян Цзыянын дагы бир ысымы.

[2] Чжоу-гун 周公 – Шан доорунун аягы Чжоу доорунун башында жашап өткөн ири саясий, аскерий жана идеологиялык фигура. Өз аты – Дань. Ал Чжоу Вэнь-ванынын төртүнчү уулу, У-вандын иниси. У-ван каза болуп, уулу Чэн-ван эр жетпей бийликке келген кезде Чжоу-гун жети жыл аталык (регентство) кылып, көптөгөн мааниүү иш-чараларды, саясаттарды ишке ашырып, Чжоу мамлекетинин түптөлүшүнө чоң салым кошкон.

[3] Инь-гун б.з.ч. 722-712 жылдары, Хуань-гун б.з.ч. 711-694 жылдары Лу бектигин башкарышкан.

太史公自序第七十

Ордо историографынан соңку сөз

жете элек болчу, *Гуань-шу менен Цай-шу*[1] [регент]Чжоу-гунга ишенишпей хуайлык *и* элинен кол топтоп козголоң чыгарышты. Ошондо *Шао-гун*[2] изгилик принцибине таянып, кошуун жетектеп келип Чжоу-гунга колдоо көргөзүү аркылуу бийликти бекемдеп, Чжоу-гундун чыгыштагы жеңиштерине өбөлгө жаратты. *Янь ваны Куай*[3] бийликти бошотуп бергендигинин натыйжасында баш-аламандык келип чыкты. "Алмурут дарагы" ырын даңазалап. [Андыктан "Тектүү кландар" бөлүмүнүн] төртүнчү бабы – "Янь[бектигинин] тектүү кландары" – түзүлдү.

Гуань менен Цай У-гэнге жардам берип, мурунку Шан жергесинде туруктуулукту сактап турушкан. Чжоу-гун бийликти колго алганда, Гуань менен Цай баш ийишпеди. Ошондо Чжоу-гун Гуаньды өлтүрүп, Цайды сүргүнгө жиберет. Чжоу-гун ант берип, Чэн-ванга кызмат кылган. *Да-жэнь*[4] он уул бала төрөдү, Чжоу бийлигинин кланы күчүнө толду. Цай Чжундун оңдолгонун даңазалап. [Андыктан "Тектүү кландар" бөлүмүнүн] бешинчи бабы – "Гуань, Цай тектүү кландары" – түзүлдү.

Ван урпагы үзүлбөйт – деп Шунь менен Юй абдан кубанышкан. Алардын жетишкендиктери изгиликтүү жана жарык, кийинки муундар алардын изги ишин улантып кетиши керек. Шунь менен Юйгө жүз муун түлөө берди. Чжоу доорунда *Чэнь*[5] жана Ци бектиктери түзүлүп, кийин Чу

---

[1] Гуань-шу (Гуань аба), Цай-шу (Цай аба) 管叔, 蔡叔 – У-вандын ага-инилери. У-ван өлүп, анын эр жете элек уулу Чэн-ван тактыга отурганда Гуань-шу менен Цай-шу козголоң чыгарышкан.

[2] Шао-гун 召公 – Өз аты-жөнү - Цзи Ши 姬奭. Б.з.ч. 11 - кылымда Янь бектигин негиздеген.

[3] Янь ваны Куай 燕王噲 – Б.з.ч. 320 - 318 жылдары Янь бектигин башкарган.

[4] Да-жэнь 太任 – Чжоу Вэнь-ванынын апасы.

[5] Чэнь бектиги 陈国 – Б.з.ч. 1046 - 478 жылдары өкүм сүргөн бектик. Борбор калаасы – Ваньцю 宛丘 – Азыркы Хэнань провинциясынын Хуайян районунун Чэнгуань шаарчасынын 淮阳城关镇 ордунда жайгашкан.

бектиги тарабынан алар такыр жоюлган. Цилик Тянь уругу Цини көтөрдү. Шунь ушунчалык улуу адам! [Андыктан "Тектүү кландар" бөлүмүнүн] алтынчы бабы – "Чэнь, Ци[бектиктеринин] тектүү кландары" – түзүлдү.

Инь (Шан) мамлекетинен калган калкты кабыл алган соң *Кан-шу*[1] өзүнүн ээлик жерин негиздеди. Чжоу-гун Шан доорунда тартипсиздиктен улам мамлекет кыйраткандыгынан сабак алууну насаат кылып, "Шарап үстүндө насаат", "Асыл дарак" жана башка ырларды жазып, ага эскертме кеңештерин берген.Вэй мураскору Шо төрөлгөн мезгилде Вэй бектиги бир аз туруксуз болуп калган эле. *Нань-цзы*[2] *Куай Куйду*[3] жек көрчү, жыйынтыгында ата-баланын аттары (социалдык абалы) алмашып калды. Чжоу бийлиги күндөн күнгө алсызданып, ал эми бектиктер күн санап күчтөнүп жатышты. А Вэй бектиги начарлап, маанисин жоготту. *Цзюэ*[4] каршы туруп, акыры кыйрады. "Кан насааттарын" мактоо менен. [Андыктан "Тектүү кландар" бөлүмүнүн] жетинчи бабы – "Вэй [бектигинин] тектүү кландары" – түзүлдү.

Кайран *Цзи-цзы*[5] ай! Кайран Цзи-цзы! Анын туура пикирлери кабыл алынбады, ошондо жинди болумуш болуп, кулдун кейпин кийди. *У Гэн*[6]

---

[1] Кан-шу (Кан аба) 康叔 – Вэй бектигинин негиздөөчү-өкүмдары. Чжоу Вэнь-ванынын уулу.

[2] Нань-цзы 南子 – Б.з.ч. 534-493 жылдары Вэй бектигинде бийлик жүргүзгөн Вэй Лин-гундун 卫灵公 аялы.

[3] Куай Куй 蒯聩 – Б.з.ч. 480 - 478 жылдары Вэй бектигин башкарган.

[4] Цзюэ 角 – Вэй бектигинин акыркы өкүмдары.

[5] Цзи-цзы 箕子 – Шан мамлекетинин аяк чендериндеги өкүмдары *Вэнь-диндин* 文丁 уулу.

[6] У Гэн 武庚 – Шан мамлекетинин ири сановниги. Шан акыркы өкүмдары Ди-синьдин уулу. Шан бийлиги кулап, Чжоу бийлиги орногондон кийин деле Шандын айрым сакталып калган аймактарын башкарууну уланткан.

太史公自序第七十

Ордо историографынан соңку сөз

өлгөн соң Чжоу ордосу *Вэй-цзыга*[1] Сун жергесинен энчи жер (бектик) берди. *Сун*[2] *Сян-гуну*[3] Хун дарыясынын жээгиндеги согушта жарадар болду. Дагы кайсыл өкүмдар мактана алат?! *Цзин-гун*[4] жөнөкөй болуп, элди сүйдү, ошондо Инхо жылдызы чегинди. *Ти-чэн*[5] зулум болуп, адилеттик жолунан тайгандыктан Сун бектиги кыйрады. Вэй-цзынын насаатчыдан кеңеш сураганын мактоо менен. [Андыктан "Тектүү кландар" бөлүмүнүн] сегизинчи бабы – "Сун [бектигинин] тектүү кландары" – түзүлдү.

У-ван өлгөн соң *Шу-юй*[6] Тан жергесин энчиликке алды. Цзюньцзылар (*ор*. благородный муж) *Цзинь*[7] беги *Му-гунду*[8] уулдарына койгон ысымдары үчүн сындашты. Акыры У-гун аны (Му-гундун Цзинь тактысында отурган урпагын) жок кылып, ордун ээледи. Сянь-гундун Ли-цзиге болгон сүйүүсү беш муунга бүлүк салды. *Чун-эр*[9] узак убакыт каалоосуна жете албай жүрүп, бирок акыры гегемонго айлана алды. Алты сановник бийликти узурпация кылган соң Цзинь бектиги кыйрады. Вэнь-гун (Чун-эн) ак эмгеги менен Асман уулунан скипетр жана курмандык шарабын алгандыгын мактоо

---

[1] Вэй-цзы 微子 – Сун бектигинин биринчи беги. Шан мамлекетинин акыркы өкүмдары Ди-синьдин эң улуу агасы.

[2] Сун бектиги 宋国 – Б.з.ч. XIк. 286 жылдары азыркы Хэнан провинциясынын Шанцю шаарынын ордунда өкүм сүргөн бектик.

[3] Сян-гун 襄公 – (б.з.ч. ? - 637 ж) Сун беги. Жаз-күз доорундагы беш гегемон-бектин бири.

[4] Цзин-гун 景公 – (б.з.ч. ? - 453 ж.) Сун беги. 64 жыл бою тактыда отурган.

[5] Ти-чэн 剔成 – б.з.ч. 369-329 жылдары бийликте отурган Сун беги.

[6] Шу-юй 叔虞 – Цзинь бектигинин негиздөөчү-өкүмдары. У-вандын уулу.

[7] Цзинь 晋 – Б.з.ч. 1033 - б.з.ч. 376 жылдары Кытай аймагында өмүр сүргөн бектик.

[8] Цзинь Му-гун 晋穆公 – Цзинь беги. Башка аталышы – Цзинь Му-хоу 晋穆侯. Б.з.ч. 811- 785 жылдары бийлик жүргүзгөн.

[9] Чун-эр 重耳 – Б.з.ч. 636-628 жылдары Цзинь бектигин башкарган бек. Цзинь Вэн-гун 晋文公 аты менен таанымал.

司马迁与李陵
Сыма Цянь жана Ли Лин

менен. [Андыктан "Тектүү кландар" бөлүмүнүн] тогузунчу бабы – "Цзинь [бектигинин] тектүү кландары" – түзүлдү.

Чжун-ли[1] ишмердүүлүктү баштап, У[-хуэй] аны улантып кетти. Инь (Шан) доорунун акыркы жылында өткөн иштердин санжырасын жазуу пайда болгон. Чжоу Чэн-ваны *Сюн Ини*[2] кызматка алып, Чу жергесин энчилеген. *Сюн Цюй*[3] анын ишин улантты. Чу *Чжуан-ваны*[4] акылман болгон жана Чэнь бектигин кайра тикелеген. Кийин Чжуан-ван Чжэн-бонун күнөөсүн кечирип, Хуа Юаньдын сөзүн угуп, колду кайра артка кайтарган. *Хуай-ван*[5] бөтөн Цинь жергесинде киши колдуу каза болгон; *Цзылань*[6] *Цюй Юаньды*[7] жек көрчү. Чу башчылары уккулуктуу кептерди сүйүп, ушактарга ишенгендиктен улам акыры Чу бектигин Цинь басып алды. Чжуан-вандын адилеттүүлүгүн мактоо менен. [Андыктан "Тектүү кландар" бөлүмүнүн] онунчу бабы – "Чу [бектигинин] тектүү кландары" – түзүлдү.

Шао Кандын урпактары Түштүк деңизинин жээгиндеги элдерди багындырды. Алардын (багынгандардын) денесинде жазуулар болуп, чачы кыска болгон, чоң таш бакалар менен коңшулаш жашап, Фэн-юй тоосун ээлеп, Улуу Юйгө курмандык чалып турушкан. *Гоу Цзянь*[8] кыйынчылыкка дуушар болгондо Вэнь Чжун менен Фань Лиге кайрылган. И жана мань

---

[1] Чжун-ли 重黎 – Чу өкүмдарларынын бабасы. Легендалуу император Ди-кунун алдында хожжэн (от башкаруу) кызматын аркалаган. Анын иниси У-хуэй бул кызматты уланткан.

[2] Сюн И 熊绎 – Чу бектигинин биринчи өкүмдары.

[3] Сюн Цюй 熊渠 – б.з.ч. 886 - 877 жылдары Чу бектигин башкарган.

[4] Чжуан-ван 庄王 – Б.з.ч. 613 - 591 жылдары Чу бектигин башкарган. Өз аты – Сюн Люй 熊旅.

[5] Хуай-ван 怀王 – Чу өкүмдары. Б.з.ч. 329-299 жылдары бийлик жүргүзгөн.

[6] Цзылань 子兰 – Хуай-вандын уулу.

[7] Цюй Юань 屈原 – Б.з.ч. 340-278 жылдары Чу бектигинде жашап өткөн атактуу акын.

[8] Гоу Цзянь 勾践 б.з.ч. 497-465 жылдары Юэ бектигин башкарган өкүмдар.

элдеринен чыккан Гоу Цзянь өзүнүн дэ-күчүн (*ор.* благая сила-дэ) чыңдап, кубаттуу У бектигин талкалап, Чжоу бийлигин урматтап тааныганын даңазалап. [Андыктан "Тектүү кландар" бөлүмүнүн] он биринчи бабы – "*Юэ*[1] ваны Гоу Цзяньдын тектүү кланы" – түзүлдү.

Тай-шинин кебине ишенип, Хуань-гун чыгышка багыт алды. Чжуан-гун аскер жөнөтүп Чжоу жерине кол салып, эгин-тегинди басып алганда Чжоу ванынын калкы каршылык көрсөттү. *Чжай Чжун*[2] Сун менен союз түзүүгө мажбур болду, бирок ушундан кийин *Чжэн бектиги*[3] узак убакыт өнүгө албады. *Цзы-чань*[4] гумандуу башкаргандыктан кийинки муундар аны акылман-билги деп макташты. Цзиньдик үч клан Чжэн менен согушушту, жыйынтыгында Чжэнди Хань бектиги (韩) басып алды. Чжэн *Ли-гуну*[5] Чжоу Хуэй-ванын кабыл алгандыгын даңазалап. [Андыктан "Тектүү кландар" бөлүмүнүн] он экинчи бабы – "Чжэн [бектигинин] тектүү кландары" – түзүлдү.

Асыл тукум жылкы кармагандыктан улам *Цзао-фунун*[6] атагы чыкты. *Чжао Су*[7] цзиньдик Сянь-гунга кызмат кылды, ал эми Чжао Цуй анын (Чжао Сунун) ишин улантып, цзиньдик Вэнь-гунга адил өкүмдар жолун

---

[1] Юэ 越 – Б.з.ч. 2032 - 222 жылдары Азыркы Кытай өлкөсүнүн түштүк-чыгыш бөлүгүндө жайгашкан бектик.

[2] Чжай Чжун 祭仲 – (Б.з.ч. ? - 682 ж.) Жаз-күз доорунунда жашап өткөн атактуу саясатчы жана стратег.

[3] Чжэн бектиги 郑国 – Б.з.ч. 806 -375 жылдар аралыгында Кытайда өмүр сүргөн бектиктер-дин бири. Акыры Хань бектиги тарабынан багындырылган.

[4] Цзы-чань 子产 – Б.з.ч. 554-499 жылдар аралыгында Чжэн бектигин башкарган бир катар өкүмдарлардын тушунда баш вазир кызматын аткарган. Жаз-күз доорунда жашап өткөн атактуу саясатчылардын жана идеологдордун бири.

[5] Ли-гун – Б.з.ч. 701-697 жылдары жана 680 - 673 жылдары Чжэн бектигин башкарган.

[6] Цзао-фу 造父 – Чжао [бектигинин] элинин бабасы.

[7] Чжао Су 赵夙 – Цзинь Сянь-гун тушундагы кол башчы.

司马迁与李陵
Сыма Цянь жана Ли Лин

жолдоого жардам берди. Акыры Цзинь бектигинин тирек вазири болду. *Чжао бектигиндеги*[1] *Сян-цзы*[2] кыйынчылыктар менен шылдыңдоолорго дуушар болсо да, бирок, Чжи-бону туткунга алууга жетишти. *Чжу-фу*[3] [сарайдагы] кызматчылардын курчоосунда калып, таранчы кармап курсак тойгозуп жүрүп, акыры тирүүлөй жатып ачтан өлдү. Чжао бектигиндеги Ван Цянь бузуку жана адепсиз болгондуктан жакшы кол башчыларды четке какты. Чжао *Ян-цзынын*[4] Чжоудогу козголоңду тынчытканын мактоо менен. [Андыктан "Тектүү кландар" бөлүмүнүн] он үчүнчү бабы – "Чжао [бектигинин] тектүү кландары" – түзүлдү.

Би Вань[5] титул жана Вэй жергесинен энчи жер алды. Төлгөчү анын урпактарынын сөзсүз көтөрүлүшү (өнүгүшү) жөнүндө кабар берген. Вэйлик Цзян Ян Ганьды шерменде кылып, жун жана и элдери менен тынчтык келишимин түздү. Вэнь-хоу адилеттүүлүккө умтулган, а Цзы Ся анын насаатчысы болгон.Хуэй-ван текеберленип менменсиди, бирок Ци жана Цзинь бектиктери тарабынан кол салууга дуушар болду. Ань Ли-ван Синьлин-цзюньдөн шектенгендиктен бектер *Вэй бектигинен*[6] алысташты. Вэй бектиги натыйжада Цинь бектиги тарабынан аннексияланды. Вэй ваны калп эле кызматчынын кейпин кийип алды. Вэйлик У-цзы цзиньдик Вэнь-гундун гегемон болуусуна көмөктөшкөнүн даңазалап. [Андыктан "Тектүү кландар" бөлүмүнүн] он төртүнчү бабы – "Вэй [бектигинин] тектүү

---

[1] Чжао бектиги 赵国 – Б.з.ч. 403 - 222 –жылдары Кытайда өмүр сүргөн бектик.

[2] Сян-цзы 襄子 – б.з.ч. 457-425 жылдары Чжао кланын жетектеген.

[3] Чжу-фу 主父 – Б.з.ч. 325-300 жылдары Улин-ван 武灵王 наамы менен Чжао бектигин башкарган өкүмдар.

[4] Чжао Ян-цзы 赵鞅子 – Б.з.ч. 518-458 жылдары бийликте отурган.

[5] Би Вань 毕万 – Цзинь Бектигинде жашаган ири сановник.

[6] Вэй бектиги 魏国 – Б.з.ч. 403 - 225 жылдар аралыгында Кытайда өкүмсүргөн бектик.

кландары" – түзүлдү.

Хань Цзюэ[1] изгиликтүү жана токтоо болгондуктан гана Чжао У көтөрүлө алды. Ал жоголуп бара жаткан бектикти кайра тикелеп, чөгүп баратканды кайра тургузду. Цзиньдиктер аны кадырлады. *Хань*[2] *Чжао-хоу*[3] бардык бектердин арасында эң көрүнүктүү болуп, *Шэнь Бухайды*[4] кайра кызматка алды. Хань ваны *Хань Фэйден*[5] шектенип, ишеним көргөзбөгөн. Цинь Ханьга кол салды.Хань ЦзюэЦзинь өкүмдарына Чжоу ордосунун аскердик милдеттерин жөндөө боюнча жардамдашты. Мен буга тан бердим. [Андыктан "Тектүү кландар" бөлүмүнүн] он бешинчи бабы – "Хань [бектигинин] тектүү кландары" – түзүлдү.

Вань-цзы[6] кыйын абалдан качып, Ци бектигине барып, колдоо сурайт.

Тянь уругу көмүскө жүрүп, акыры бешинчи мууну гана күчкө кирди. Аларды циликтер мактап ырдашты. Тянь Чэн-цзы Ци бектигинин бийлигин колго алды, Тянь Хэ бекке айланды. Цилик Ван Цзянь тынчсызданып, Гунга көчтү. Цилик *Вэй-ван* менен *Сюань-ван*[7] козголоң заманды тынчтандырып, Чжоу бийлигин сыйлаганына суктанам.[Андыктан "Тектүү кландар"

---

[1] Хань Цзюэ 韩阙 – Цзинь бектигинде кызмат өтөгөн ири сановник.

[2] Хань 韩 – б.з.ч. 403 - 230 жылдар аралыгында өкүм сүргөн бектик.

[3] Хань Чжао-хоу 韩昭侯 – Хань бектигинин алтынчы өкүмдары.

[4] Шэнь Бухай 申不害 – (б.з.ч. 385 - 337 жж) Жаз-күз доорунун көрүнүктүү ойчулу. Хань бектигинде баш вазир кызматын аркалап, кө эмгек сиңирген.

[5] Хань Фэй 韩非 – Б.з.ч. 280-233 жылдары Цинь бектигинде өмүр сүргөн ири легист-теорет-ик, Хань Фэй-цзы трактатынын автору, Цинь Ши-хуандын кеңешчиси.

[6] Чэньвань 陈完 – Тянь Цзинчжун 田敬仲 – Чэнь бегинин уулу. Кийин Чэнь бектиги кулаганда, ал Ци бектигине качып барып, Тянь 田 фамилиясын алган. Маркум ысымы Цзинчжун 敬仲.

[7] Ци бектери – Ци Вэй-ван 齐威王 (б.з.ч.378-320жж.) Ци Сюань-ван 齐宣王 (б.з.ч.?-320ж.).

司马迁与李陵

Сыма Цянь жана Ли Лин

бөлүмүнүн] он алтынчы бабы – "Тянь Цзинчжун тектүү кланы" – түзүлдү.

Чжоу ордосу кулаганда бектер өз алдынча саясат жүргөзө баштайт. *Конфуций*[1] ритуал менен музыка ордун жоготконуна абдан капаланып, анан өкүмдар *Даосун* (жолун) кайра куруу, козголоң заманды тынчтандыруу жана туура жолго кайтуу максатында канондук илимди изилдөөгө умтула баштайт. Ал өзүнүн эмгектерин жазып, Асман асты үчүн этикет нормаларын түзөт. Ошентип кийинки муундарга *Лю и*[2] канондорун калтырат.[Андыктан "Тектүү кландар" бөлүмүнүн] он жетинчи бабы – "Кун-цзынын (Конфуций) тектүү кланы" – түзүлдү.

Цзе[3] жана *Чжоу*[4] ван Даосунан (адил өкүмдар жолунан) тайганда Чэн Тан менен У-ван көтөрүлдү, Чжоу [ордосу]адил өкүмдар жолунан тайганда Жаз-күз доору келди. Цинь саясий жолдон тайганда *Чэнь Шэ*[5] Циньге каршы көтөрүлүштү баштады. Бектиктер козголоң салышып, шамал катууланып, булут карарып, акыры Цинь талкаланды. Асман астын тартипке келтирүү [жараяны] Чэнь Шэнин көтөрүлүшөн башталды. [Андыктан "Тектүү кландар" бөлүмүнүн] он сегизинчи бабы – "Чэнь Шэ тектүү кланы" – түзүлдү.

---

[1] Конфуций же Кун-цзы 孔夫子 / 孔子 – (б.з.ч.551 - 479 жж) Байыркы Кытай философу, ойчулу.

[2] Лю и 六艺 – И цзин 易经, Шицзин 诗经, Шуцзин 书经, Ли цзи 礼记, Чунь-цю 初秋, Юэцзин 乐经.

[3] Ся Цзе 夏桀 – Легендалуу Ся мамлекетинин акыркы башкаруучусу Сы Гуйдун 姒癸 марким ысымы. Кытай салттуу историографиясына ылайык ал б.з.ч. 1600 - 1652 жылдары тактыда отурган.

[4] Чжоу-ван 纣王 – Шан доорунун акыркы өкүмдары. Өз фамилиясы Цзы 子, аты Шоу 受. Өмүр жылдары: б.з.ч. 1105 - 1046 жж. Башкарган жылдары: б.з.ч. 1075 - 1046 жж.

[5] Чэнь Шэн 陈胜 – Цинь доорунун аягында Кытайда орун алган дыйкандар көтөрүлүшү-нүн жетекчилеринин бири. Экинчи аты – Чэнь Шэ 陈涉.

210

太史公自序第七十

Ордо историографынан соңку сөз

Чэнгао террасасы *Бо уругунан*[1] [чыккан айымдын] алга жылуусуна трамплин болду. *Доу-тайхоу*[2] мажбурлуктан Дай бектигине барып, Доу уругуна урмат-сый алып келди. *Ли-цзи*[3] өзүнүн коомдук жогорку абалына мактанып, өзүн башкалардан бийик койду, а Ван уругунан [чыккан айымдын] өз максаттарын орундатты. Чэнь императрица артыкча текеберленди, акыры *Цзы-фу*[4] сый-урматка бөлөндү. Вэйлик Цзы-фунун изгилигин баалайм. [Андыктан "Тектүү кландар" бөлүмүнүн] он тогузунчу бабы – "Аял (энеси же аялы тараптан) туугандардын тектүү кландары" – түзүлдү.

Хань Синь[5] арамза план түзгөндүгү үчүн Чэнь шаарында Хань Гао-цзу тарабынан кармалды. Юэ жана Чу жерлеринин калкы ыкчам жана чечкиндүү болгондуктан [Гао-цзу] өзүнүн иниси Лю Цзяого Чу ваны титулун ыйгарды, борбор шаары Пэнчэн болду. Хуайшуй жана Сышуй аймагындагы Хань бийлигин бекемдөөчү Хань ордосунун вассалы болуп калды. Чу ваны Лю У жаман иштерге батып, козголоңго аралашты. Лю Ли кайрадан Чу ваны титулун алып, ван ишин уланты. Лю Цзяонун Гао-цзуга көмөктөшкөнүнө баа бердим. [Андыктан "Тектүү кландар" бөлүмүнүн]

---

[1] Бо императрица, Вэнь-динин апасы. Ал узак убакыт бою император Гао-цзунун токолу болуп жүрүп, бирок анын көңүлүн өзүнө бура албаган. Кийин Гао-цзу Чэнгао террасасында эс алып отуруп башка эки токолу Бо жөнүндө сөз кылып жатканын уккан соң көңүл бурган.

[2] Доу Тай-хоу 竇太后 – Хань императору Вэнь-динин аялы.

[3] Ли-цзи 栗姬 – Хань императору Цзин-динин токолу.

[4] Цзы-фу 子夫 – Императрица.Хань императору У-динин аялы.

[5] Хань Синь 韩信 – (Б.з.ч. ? - 196-жыл) Батыш Хань доорунун башындагы кол башчылардын бири. Лю Бан (Хань ордосунун негиздөөчүсү) Сян Юйгө каршы күрөшүп жатканда, Хань Синь анын тарабына өтүп, Хань бектигин багындырып бергени үчүн, Хань Синьге Хань ваны титулу ыйгарылган. Мындан улам айрым тексттерде Хань ваны Синь (же Хань беги Синь) деп эскерилет.

211

жыйырманчы бабы – "*Чу Юаньванынын*[1] тектүү кланы" – түзүлдү.

Гао-цзу колду баштап Циньге каршы көтөрүлгөндө *Лю Цзя*[2] анын катарына кошулду. Андан соң Лю Цзя Ин Бунун чабуулуна кабылып, Цзин жана У жергелеринен ажырады. Инлин-хоу Лю императрицаны ынандырып, Лан-е ваны титулун алууга жетишти. *Лю Цзэ*[3] болсо Чжу Уга алданып Ци ванына ишенич көргөзүп, Ци бектигине барып, кайра келе албай жүрүп, айласын таап Циден качып, батышты көздөй жүрүп, заставага кирип, андан Сяовэнь-динин такка отуруу аземине катышып, Янь ваны титулуна жетишти. Асман асты бириге элегинде Лю Цзя менен Лю Цзэ Гао-цзунун тууган ага-инилери катары Хань бийлигинин тиреги болушту. [Андыктан "Тектүү кландар" бөлүмүнүн] жыйырма биринчи бабы – "Цзин жана Янь [бектиктеринин] тектүү кландары" – түзүлдү.

Асман асты бириктирилген учурда Гао-цзунун туугандары көп эмес болчу. *Ци Дао-хуэй-ван*[4] оболу күчкө толуп, чыгыштагы территорияларды коргоого алды. Ци Ай-ван Люй тукумуна катуу ачууланып, өз алдынча кол жетектеп чыкты. Сы Цзюнь өтө мыкаачы болгондуктан улам ордо анын император болуусуна жол бербеди. Ли-ван өз сарайында ойноштору менен бузукулукка барды, Чжу-фунун өмүрүн кырсык алды. Даохуэй-ван Лю Фэй Асман уулуна жардам берген тирек болгондугун даңазалап. [Андыктан "Тектүү кландар" бөлүмүнүн] жыйырма экинчи бабы – "Цилик Дао Хуэй-вандын тектүү кланы" – түзүлдү.

Чу бектигинин гегемон-ваны Ин-янда ханьдыктарды курчоого алып үч

---

[1] Чу Юань-ван 楚元王 – Гао Цзунун (Лю Бандын) аталаш иниси Лю Цзяонун 刘交 титулу.
[2] Лю Цзя 刘贾 – Цзин ваны 荆王.
[3] Лю Цзэ 刘泽 – Янь ваны 燕王.
[4] Ци Дао-хуэй-ван 齐悼惠王 –Гао-цзунун уулу.Б.з.ч.201 жылы Ци беги титулун алган.

太史公自序第七十

Ордо историографынан соңку сөз

жыл турду[1]. *Сяо-хэ*[2] тоонун батыш тарабындагы аймактарды тынч кармап турду: жоокерлерди аскерге жиберүү эсебин карады, азык-түлүк менен үзгүлтүксүз камсыз кылды, букара калктын Хань бийлигин сүйүүсүнө шарт түздү жана ошондой эле Чу ванынын күчтөнүүсүнө бөгөт койду. [Андыктан "Тектүү кландар" бөлүмүнүн] жыйырма үчүнчү бабы – "Сяо-сянго тектүү кланы" – түзүлдү.

[*Цао Шэнь*][3] Хань Синь менен бирге Вэй жергесин тынчттандырды, анан Чжао бектигин талкалады, Ци жергесин алды, Чу гегемон-ванынын таасирин жок кылды. Сяо-хэден кийин Хань ордосунун сянго (баш вазир) кызматын улантып аткарды, эчнерсени өзгөртпөдү, эл тынчтыкта өмүр сүрдү. Цао Шэнь өзүнүн жетишкедиктери жана таланты менен мактанбагандыгын жактырам. [Андыктан "Тектүү кландар" бөлүмүнүн] жыйырма төртүнчү бабы – "Цао-сянгонун тектүү кланы" – түзүлдү.

Штабта отуруп план түзүп, стратегия жасап, душманга капилеттен чабуул кылып, жеңип, *Цзы-фан*[4] өз аты таанымал болбосо да, эрдиктери менен атагы чыкпаса да, өз пландарын жана эсептөөлөрүн иш жүзүнө ашырган. Ал татаал маселеге жеңил жагынан кол салууну, жеңил иштен оор ишке өтүүнү жакшы билген. [Андыктан «Тектүү кландар» бөлүмүнүн] жыйырма бешинчи бабы – "Лю-хоу тектүү кланы" – түзүлдү.

---

[1] Мында Лю Бан менен Сян Юйдун ортосундагы б.з.ч. 206-203 жылдардагы согуш жөнүндө сөз болуп жатат.

[2] Сяо-хэ 萧何 же Сяо-сянго (Сяо баш вазир) 萧相国 – (Б.з.ч. 257-193жж) Батыш Хань доорунун башындагы атактуу саясатчы, Хань өкмөтүнүн биринчи баш вазири. Хань империясынын түптөлүшүнө салым кошкон сановник.

[3] Цао Шэнь 曹参 же Цао-сянго (Цао баш вазир) 曹相国 – Хань доорунун башындагы көрүнүктүү аскерий жана саясий ишмер. Хань өкмөтүнүн экинчи баш вазири.

[4] Цзы-фан 子房 – Тарыхта Лю-хоу 留侯 наамы менен таанымал. Белгилүү саясий ишмер. Хань империясынын түптөлүшүнө чоң салым кошкон ири сановниктердин бири.

司马迁与李陵
Сыма Цянь жана Ли Лин

Алты кыйтыр амалдын баары Гао-цзу тарабынан колдонулуп, бектер Хань бийлигине моюн сунушту. Люй кланынын маселесин чечүүдө *Чэнь Пин*[1] негизги кеңешчи болуп, акыры ордо менен мамлекетте туруктуулук пайда болду. [Андыктан "Тектүү кландар" бөлүмүнүн] жыйырма алтынчы бабы – "Чэнь-чэнсян тектүү кланы" – түзүлдү.

Люй кланынын бардык өкүлдөрү чогуу аракеттенишип, император бийлигин солгундатууну пландашкан. Ошондо *Чжоу Бо*[2] Люй маселесин жоюууда башкаруучуларга каршы чыгып, күчтүүлөр менен айыгышкан. У, Чу сыяктуу жети бектик козголоң чыгарганда, *Чжоу Яфу*[3] өз кошуунун Чан-иге токтотуп, Чжао менен Цинин кошуударын контролго алат. Жардам сураган Лян ванынан баш тартат. [Андыктан "Тектүү кландар" бөлүмүнүн] жыйырма жетинчи бабы – "Цзян-хоу тектүү кланы" – түзүлдү.

У, Чу сыяктуу жети бектик козголоң чыгарышты. Асман уулунун уругташтарынан бир гана *Лян Сяо-ван*[4] душмандарга каршы турду. Бирок ал текеберлене өзүнүн мурунку эмгектерине мактанып, кырсыкка кириптер болуусуна аз калды. Анын У-Чу козголоңчуларына каршы тургандыгын мактоо менен. [Андыктан "Тектүү кландар" бөлүмүнүн] жыйырма сегизинчи бабы – "Лян Сяо-вандын тектүү кланы" – түзүлдү.

---

[1] Чэнь Пин 陈平 же Чэнь-чэнсян (Чэнь биринчи министр) 陈丞相 – Хань империясынын курулушунда эмгек сиңирген ири сановник. Хань империясынын өкмөтүндө биринчи министр болуп иштеген.

[2] Чжоу Бо 周勃 – (Титулу – Цзян-хоу 绛侯) Хань империясынын курулушуна салым кошкон ири генерал, баш вазир. Чжоу Яфунун атасы. Ал Люй кланына каршы түзүлгөн заговорду жигердүү колдогон.

[3] Чжоу Яфу 周亚夫 – (Б.з.ч. 199-143 жж) Хань империясынын атактуу генералы, баш вазири.

[4] Лян Сяо-ван 梁孝王 – (Б.з.ч. ? - 144 ж) Хань Вэнь-динин уулу.

太史公自序第七十

Ордо историографынан соңку сөз

Асман уулунун беш тукуму[1] ван титулдарын алган соң,туугандар ынтымакта жашашты. Бектер чоң кичине дебей баары императордун вассалдары болушту, ар ким өз эмгегине жараша акысын алды, өз укуктарынан ашыкча колдонгондор акырындан начарлап, жерлери азайа берди.[Андыктан "Тектүү кландар" бөлүмүнүн] жыйырма тогузунчу бабы – "Беш тукумдун тектүү кландары" – түзүлдү.

Азыркы императордун (Хань У-ди) үч уулуна ван титулу ыйгарылды. Буйрук текстинин көркөмдүгү көңүл бурууга татыктуу. [Андыктан "Тектүү кландар" бөлүмүнүн] отузунчу бабы – "Үч вандын тектүү кландары" – түзүлдү.

Бийлик менен байлыкка умтулбас муун болбойт, бирок, ага-инилер *Бо И менен Шу Ци*[2] адилеттүүлүккө умтулушуп, тактыны бошотуп, ачарчылыкта өлүштү. Бирок, Асман астындагылар алардын бул изгилигин даңазалашат. [Бул боюнча "*Таржымалдар*" *бөлүмүнүн*][3] биринчи бабы – "Бо И жана Шу Цинин таржымалдары" – түзүлдү.

Янь-цзы[4] сарамжал болгон, ал эми *Гуань Чжун*[5] болсо ысырапкор болгон. Ци Хуань-гуну Гуань Чжундун жардамына таянып, гегемондукка жетти. Ци Цзин-гуну Янь-цзынын жардамы менен эл башкарды. [Булар

---

[1] Хань императору Цзин-динин беш аялынан тараган балдары.

[2] Бо И 伯夷, Шу Ци 叔齐 – Шан доорунун аяк чендериндеги Гучжу бектигинин 孤竹国 башчысынын уулдары.

[3] «Таржымалдар» (кыт. Лечжуань) 列传 – "Тарыхый жазмалар" эмгегинин бешинчи бөлүмү. Мында өкүмдарлардан сырткаркы башка айрым белгилүү инсандар жана бөтөн элдер, өлкөлөр тууралуу баяндар камтылган. Бөлүм жетимиш баптан турат.

[4] Янь-цзы 晏子 же Яньин 晏婴 – (Б.з.ч. ? - 500 ж) Ци бектигинде жашаган көрүнүктүү ойчул, саясатчы жана дипломат.

[5] Гуань Чжун 管仲 – (б.з.ч. 723-645жж) Ци бектигинде жашаган Байыркы кытай атактуу инсаны. Философ, экономист, саясий жана аскерий ишмер. Легист.

боюнча «Таржымалдар» бөлүмүнүн] экинчи бабы – "Гуань Чжун жана Яньиндин таржымалдары" – түзүлдү.

Ли Эр[1] букаралардын өзүн- өзү өнүктүрүүсүнө шарт түзүүчү аракетсиз башкарууга, букараларды чындыкка кайтаруучу телегейдин тегиздиги менен каалоолордун чектелүүсүнө үгүттөгөн.Хань Фэй окуялар менен фактылардын үстүнөн ой жүгүртүп, окуялардын өнүгүү тенденциясы менен принциптерин сактады. [Булар боюнча "Таржымалдар" бөлүмүнүн] үчүнчү бабы – "Лао-цзы жана Хань Фэйдин таржымалы" – түзүлдү.

Илгертен бери өкүмдарлардын баарынын "Сыма мыйзамы" болгон. Бирок *Жанцзюй*[2] гана аны түшүндүрүп айтты жана аткара алды. [Булар боюнча "Таржымалдар" бөлүмүнүн]төртүнчү бабы – "Сыма Жанцзюйдүн таржымалы" – түзүлдү.

Чынчылдыкка, адамгерчиликке жана эрдикке ишенбей туруп жоокер өнөрүнө үйрөтүү жана кылыч иштетүү чебердиги боюнча аңгеме куруу мүмкүн эмес. Жоокер өнөрү жана кылыч иштетүү чебердиги *Дао* принцибине шайкеш келиши керек. Өзүнүн үстүнөн өзү иштөө жана сырткы өзгөрүүлөргө ылайыкташуу абзел. Цзюнь-цзы (благородный муж) буга көңүл бөлөт жана изгиликке жетишет.[Булар боюнча "Таржымалдар" бөлүмүнүн] бешинчи бабы – "*Сунь-цзы*[3] менен *У Цинин*[4] таржымалы" – түзүлдү.

---

[1] Ли Эр 李耳 (*Лакап аты* - Лао-цзы 老子) – Б.з.ч. 6-5 – кылымдарда жашап өткөн кытай философу. Адатта Даосизм китеби Даодэцзин авторуу катары каралат.

[2] Сыма Жанцзюй 司马穰苴 – Жаз-күз доорунун аяк чендеринде Ци бектигинде жашап өткөн көрүнүктүү аскерий ишмер.

[3] Сунь-цзы 孙子 – (Б.з.ч. 545-470жж) Жаз-күз доорундагы атактуу саясий жана аскерий ишмер.

[4] У Ци 吴起 – (Б.з.ч. ?-381 жж) Атактуу реформатор, саясий жана аскерий ишмер.

216

太史公自序第七十

Ордо историографынан соңку сөз

Мураскор принц Цзянь ушак-айымга криптер болду, У Шэнин балдары кырсыкка кабылды. У Шан атасын куткарууга акырына чейин үмүттөндү, ал эми У Юань болсо У жергесине качты. [Булар боюнча "Таржымалдар" бөлүмүнүн] алтынчы бабы – "У Цзы-сюйдүн[1] таржымалы" – түзүлдү.

Устат Конфуций маданиятты жайылтты, ал эми шакирттери анын ишин улантышып, баары устат аталышына жетишип, элдерди адамгерчиликке жана үлгүлүү болууга үйрөтүштү. [Булар боюнча "Таржымалдар" бөлүмүнүн] жетинчи бабы – "Конфуцийдин шакирттеринин таржымалы" – түзүлдү.

Шан Ян[2] Вэй бектигинен кетип Циньге барып, өлкө башкаруу боюнча өз өнөрүн көргөзүп, Сяо-гундун күчтүү гегемон болуусуна шарт түздү. Кийинки муундар анын мыйзамына баш ийишти. [Булар боюнча "Таржымалдар" бөлүмүнүн] сегизинчи бабы – "Шан-цзюнь таржымалы" – түзүлдү.

Горизонталь союзуна бириккен Цинь генералдарынын ачкөздүгүнөн Асман асты запкы тартты. *Су Цинь*[3] бектердин кызыкчылыктарын камсыздап берип, вертикаль союзун түзүп, Цинь бектигинин ачкөздүгүнө жана өзүмбилемдигине бөгөт коюууну көздөдү. [Булар боюнча "Таржымалдар" бөлүмүнүн] тогузунчу бабы – "Су Циньдин таржымалы" – түзүлдү.

---

[1] У Цзысюй 伍子胥 – (Б.з.ч. 559-484жж) У бектигинин ири сановниги, аскерий ишмери, стратег.

[2] Шан Ян 商鞅 же Шан-цзюнь 商君 – (Б.з.ч.390-338жж) Согушчул бектиктер дооурунун көрүнүктүү инсандарынын бири. Ойчул, саясатчы, реформатор, легист. Цинь бектигинде кызмат өтөгөн.

[3] Су Цинь 苏秦 – (Б.з.ч. ? - 284 ж) Согушчул бектиктер доорунун көрүнүктүү стратеги жана дипломаты.

司马迁与李陵

Сыма Цянь жана Ли Лин

Алты бектик вертикаль союзуна биригип, өз ара мамилелери, бирок *Чжан И*[1] сөз менен баарын ынандырып, биригишкен бектердин кайра ажырап чачырашына түрткү берди. [Булар боюнча "Таржымалдар" бөлүмүнүн]онунчу бабы – "Чжан Ининтаржымалы" – түзүлдү.

Цинь бектигинин чыгышты басып алышынын жана гегемон чжухоу болууга жетишүүсүнүн негизги себеби бул анын (Цинь бектигинин) Чули менен Гань Маонун стратегиясын колдонгондугу.[Булар боюнча "Таржымалдар" бөлүмүнүн] он биринчи бабы – "*Чули*[2] менен *Гань Маонун*[3] таржымалы" – түзүлдү.

Хуанхэ менен анын айланасындагы тоолорду ээлөө, Далянды курчоого алуу, бектерди аралаштырбай, аларды Циньге кызмат кылууга мажбурлоо – мунун баары *Вэй Жаньдын*[4] эмгеги. [Булар боюнча "Таржымалдар" бөлүмүнүн] он экинчи бабы – "Жан-хоунун таржымалы" – түзүлдү.

[*Бай Ци*[5]] түштүктө Янь менен Инди багындырды, түндүктө [Чжао бектигинин] Чанпинди коргоочу колун кыйратты, андан соң Чжао борбору Ханьданьды курчоого алды. Мында генерал Уань-цзюнь жетектеди. *Ван Цзяньдын*[6] планына таянып, Чуну талкалап, Чжаону кыйратты. [Булар боюнча "Таржымалдар" бөлүмүнүн] он үчүнчү бабы – "Бай Ци менен Ван Цзяньдын таржымалы" – түзүлдү.

[Мен] конфуцийчилер менен моистерден калган жазмаларды

---

[1] Чжан И 张仪 – (Б.з.ч. ? – 309ж) Согушчул бектиктер дооруунун тааныймал дипломаты, стратеги, саясатчысы.

[2] Чули 樗里 – Цинь генералы.

[3] Гань Мао 甘茂 – Цинь генералы, вазири.

[4] Вэй Жань 魏冉 же Жан-хоу 穰侯 – (Б.з.ч. ? – 264-ж) Цинь ири сановниги.

[5] Бай Ци 白起 – (Б.з.ч. ? – 257ж) Цинь атактуу генералы.

[6] Ван Цзянь 王翦 – (Б.з.ч. ? – 208ж) Цинь генералы, аскерий ишмери.

太史公自序第七十
Ордо историографынан соңку сөз

изилдеп, церемония менен адилеттүүлүктүн негиздерин аңдап-билүүгө умтулдум. Ляндык Хуэй-вандын пайдага умтулуусунан баш тартып, мурунку муундардын көтөрүлүү жана кулоосунун[мыйзам ченемдүүлүгүн] сүрөттөдүм. [Булар боюнча "Таржымалдар" бөлүмүнүн] он төртүнчү бабы – "*Мэн-цзы*[1] менен *Сюнь Циндин*[2] таржымалы" – түзүлдү.

[*Мэнчан-цзюнь*][3] коноктор менен билимдүүлөрдү аздектеген. Билимдүүлөр Се-гунга тартылышыкан. Алардын жардамы менен Ци бектиги Чу менен Вэйден коргонгон. [Булар боюнча "Таржымалдар" бөлүмүнүн] он бешинчи бабы – "Мэнчан-цзюнь таржымалы" – түзүлдү.

[*Пин-юань-цзюнь*][4] Фэн Тин тартуулаган Шандан жергесин колго алуу максатында жана Ханьдандьды курчоодон куткаруу үчүн Чу жергесине барды, анын өкүмдарына гегемон статусун кайра алып берди. [Булар боюнча "Таржымалдар" бөлүмүнүн] он алтынчы бабы – "Пин-юань-цзюнь менен *Юй-циндин*[5] таржымалы" – түзүлдү.

[*Вэй-гунцзы*][6] өзү бай жана мартабалуу болсо да, кедей-кембагалды сыйлаганды билген, өзү акылман болгон, адепсиздерди урушкан. Бир гана Синьлин-цзюнь ушундай болгон. [Булар боюнча "Таржымалдар" бөлүмүнүн] он жетинчи бабы – "Вэй Гун-цзынын таржымалы" – түзүлдү.

---

[1] Мэн-цзы 孟子 – (Б.з.ч. 372-289жж) ойчул, философ, педагог, саясатчы жана конфуцийчи аалым. Конфуцийчилик илиминде Конфуцийден кийинки эле экинчи орунду ээлеп турган фигура.

[2] Сюнь Цин 荀卿 (Б.з.ч. 313-238жж) – ойчул, адабиятчы, философ, педагог, саясатчы.

[3] Мэнчан-цзюнь 孟尝君 же Се-гун 薛公 – (Б.з.ч. ?- 279ж) Ци бектигинин аристократиясынын өкүлү.

[4] Пин-юань-узюнь 平原君 – (Б.з.ч.308-251жж) Чжао бектигинин аристократиясынын өкүлү Чжао Шэн 赵胜.

[5] Юй-цин 虞卿 – Чжао бектигинен чыккан атактуу аалым.

[6] Вэй Гун-цзы 魏公子 же Синьлин-цзюнь 信陵君 – Вэй бекзаадасы.

219

司马迁与李陵

Сыма Цянь жана Ли Лин

Өз жанын курмандыкка чалып, өкүмдарын куткарып, акыры күчтүү Цинь бектигинен качып кутулуп, сөзмөр аалымдардын түштүккө карай Чу бектигине баруусуна шарт түздү. Мунун баары *Хуан Сенин*[1] мекенине берилгендигининин [белгиси]. [Булар боюнча "Таржымалдар" бөлүмүнүн] он сегизинчи бабы – "Чуньшэнь-цзюнь таржымалы" – түзүлдү.

Вэй Ци тарабынан болгон басмырлоолорго чыдап, бирок күчтүү Циньде даңкка жетишти, акылмандарды алдыга чыгарып, баш вазир ордун бошотуп берди. *Фань Суй, Цай Цзэ*[2] экөө тең ушундай изгиликтүү болушкан. [Булар боюнча "Таржымалдар" бөлүмүнүн] он тогузунчу бабы – "Фань Суй менен Цай Цзэнин таржымалы" – түзүлдү.

[*Юэ И*][3] башкы генерал катары айла-амалдарды иш жүзүнө ашырып, беш бектиктин армиясын бириктирип, алсыз Янь бектигинин күчтүү Ци бектигинен өч алуусуна шарт түздү. Ошентип Янь бектигинин мурунку өкүмдарынын төгүлгөн абийирин кайтарды. [Булар боюнча "Таржымалдар" бөлүмүнүн] жыйырманчы бабы – "Юэ И таржымалы" – түзүлдү.

[*Линь Сянжу*][4] күчтүү Циньдин ордосунда өз пикирин айтып, *Лянь Пону*[5] бой сундурду. Өз өкүмдары үчүн жанын аябады. Ушул кол башчы менен баш вазирдин атагы бүт бектиктерге тарады.[Булар боюнча "Таржымалдар" бөлүмүнүн] жыйырма биринчи бабы – "Лянь По менен

---

[1] Хуан Се 黄歇 же Чуньшэнь-цзюнь 春申君 – (Б.з.ч. 314-238жж) Чу бектигининин ири сановни-ги, баш вазири.

[2] Фань Суй 范雎 – Согушчул бектиктер доорундагы Цинь бектигинин аскерий жана саясий ишмери, стратеги, баш вазири. Цай Цзэ 蔡泽 – Цинь баш вазири.

[3] Юэ И 乐毅 – Согушчул бектиктер доорундагы көрүнүктүү аскерий ишмер.

[4] Линь Сянжу 蔺相如 – Саясатчы, дипломат. Согушчул бектиктер доорундагы Чжао бектигинин ири сановниги.

[5] Лянь По 廉颇 – Согушчул доордогу Чжао бектигинин атактуу генералы.

Линь Сянжунун таржымалы" – түзүлдү.

Ци Минь-ваны Линьцзыдан ажыраган соң Цзюйгө качты, бир гана *Тянь Дань*[1] Цзимодо туруп, жоого сокку уруп, *Ци Цзени*[2] кууп чыгуу менен Ци бектигинин жерин сактап калды. [Булар боюнча "Таржымалдар" бөлүмүнүн] жыйырма экинчи бабы – "Тянь Дань таржымалы" – түзүлдү.

[*Лу Чжунлянь*][3] амалдуу сөздү колдонуу менен калааны курчоодон бошотууга жетишкен, даража менен маянага маани бербеген, бирок өз эркин жана каалоосун толук аткарууну билген.[Бу боюнча "Таржымалдар" бөлүмүнүн] жыйырма үчүнчү бабы – "Лу Чжунлянь менен *Цзоу Яндын*[4] таржымалы" – түзүлдү.

[Цюй Юань] ыр менен каймана айтып, кеңеш берип, салыштыруу аркылуу адилеттүүлүккө жеткен. "Лисао" поэмасында ушундай өзгөчөлүктөр камтылган.[Бу боюнча "Таржымалдар" бөлүмүнүн] жыйырма төртүнчү бабы – "Цюй Юань менен *Цзя Шэндин*[5] таржымалы" – түзүлдү.

[*Люй Бувэй*][6] *Цзы Чу*[7] менен туугандашып, бектиктердин аалымдары бири бири менен атаандаша Циньге умтулуусуна жана ага (Циньге) кызмат кылуусуна өбөлгө түздү. [Бу боюнча "Таржымалдар" бөлүмүнүн] жыйырма бешинчи бабы – "Люй Бувэй таржымалы" – түзүлдү.

---

[1] Тянь Дань 田单 – Ци генералы.

[2] Ци Цзе 骑劫 – Янь кошуундарынын кол башчысы.

[3] Лу Чжунлянь 鲁仲连 – Согушчул бектиктер доорунун аяк чендериндеги Ци бектигинин аристократы.

[4] Цзоу Ян 邹阳 – (Б.з.ч. 206-129жж) Хань адабиятчысы.

[5] Цзя Шэн 贾生 – (Б.з.ч. 200-168жж) Хань аалымы, адабиятчысы.

[6] Люй Бувэй 吕不韦 – (Б.з.ч. ? - 235 ж). Цинь бектигинде жашап өткөн ири саясий ишмер жана Люй-ши чунь-цю философиялык прозасынын редколлективинин жетекчиси жана редактору.

[7] Цзы Чу 子楚 – Б.з.ч. 281-247 жылдары бийлик жүргүзгөн Цинь өкүмдары Чжуансян-ван 秦庄襄王.

司马迁与李陵

Сыма Цянь жана Ли Лин

Цао Мо[1] канжарына таянып Лу бектигинин жоготкон жерлерин кайра кайтарды, Ци өкүмдарын бектерге ишендирди. *Юй Жан*[2] кызматка кыянаттык кылбай, өз өкүмдарына берилип иштеп, эки жүздүүлк эч кылбаган. [Бу боюнча "Таржымалдар" бөлүмүнүн] жыйырма алтынчы бабы – "Жан кыйгычтар таржымалы" – түзүлдү.

[*Ли Сы*][3] өз пландарын так айтып, ыңгайлуу учурда Цинь бектигине өтүп, акыры Цинь бектиги деңиздер аралыгындагы өз максатын ишке ашыруусуна өбөлгө түздү. Ли Сы башкы стратег болду. [Бу боюнча "Таржымалдар" бөлүмүнүн] жыйырма жетинчи бабы – "Ли Сы таржымалы" – түзүлдү.

[*Мэн Тянь*][4] Цинь үчүн жаңы аймактарды өздөштүрүп, элдин санын көбөйтүп, түндүктө хундарды талкалап, Хуанхэ дарыясына таянып, чегара лниясын жана бекеттерди бекемдеп, тоо кыркаларына таянып, согуштук чептерди куруп, Юйчжунду курду. [Бу боюнча "Таржымалдар" бөлүмүнүн] жыйырма сегизинчи бабы – "Мэн Тянь таржымалы" – түзүлдү.

Чжао бектигинин Чаншань тоосундагы заставасын колго алып, Хэнэй аймагын кеңейтип, Батыш Чулук гегемон-вандын күчүн алсыздандырды. Асман астында Хань-ванга болгон ишенимдин бар экенин ачык көргөздү. [Бу боюнча "Таржымалдар" бөлүмүнүн] жыйырма тогузунчу бабы – "*Чжан Эр*

---

[1] Цао Мо 曹沫 – Лу бектигинин генералы.

[2] Юй Жан 豫让 – Цзинь бектигинде жашап кызмат өтөгөн.

[3] Ли Сы 李斯 – (Б.з.ч.284-208жж.) Цинь бектигинде жашап өткөн баш вазир, саясатчы, адаби-ятчы, каллиграф.

[4] Мэн Тянь 蒙恬 – Болжол менен б.з.ч. 259 - 210 жылдары өмүр сүргөн Цинь генералы. Ал б.з.ч. 215- жылы хундарга каршы ийгиликтүү жортуул жасаган соң, ага Улуу сепилди куруу жана чегараны бойлой жолдорду салуу буйурулган.

менен *Чэнь Юй*[1] таржымалы" – түзүлдү.

[Вэй Бао] Сихэ жана Шандан кошуундарын өзүнө моюн сундурган соң Гао-цзуну ээрчип Пэнчэнге барды. Пэн Юэ (болсо) Сян Юйду жүдөтүп чарчатуу үчүн Лян жергесине кол салды. [Бу боюнча "Таржымалдар" бөлүмүнүн] отузунчу бабы – "*Вэй Бао*[2] менен *Пэн Юэ*[3] таржымалы" – түзүлдү.

Цин Бу[4] (болсо) Хуайнань аймагында Чуга чыккынчылык кылып, Ханьга өттү. Хань ваны анын жардамы менен Чулук *дасыма Чжоу Иньди*[5] колго алды. Акыры Гайсяда Сян Юйду талкалады. [Бу боюнча "Таржымалдар" бөлүмүнүн] отуз биринчи бабы – "Цин Бу таржымалы" – түзүлдү.

Чу армиясы Цзин жана Со жергелеринде Хань армиясын кыйынчылыктарга дуушар кылды. Хань Синь (болсо) Вэй менен Чжао бектиктерин чаап алып, анан Янь жана Ци бектиктерин багындырды. Ошону менен Асман астынын үчтөн эки бөлүгү Ханьга тийип, Сян Юйду жок кылууга шарт түзүлдү. [Бу боюнча "Таржымалдар" бөлүмүнүн] отуз экинчи бабы – "Хуайинь-хоу (Хань Синь) таржымалы" – түзүлдү.

Гун жана Ло[6] жергелеринде Чу менен Хань бири бирине каршы турушту, ал эми Хань Синь болсо Хань үчүн Иньчуаньды коргоп берди. *Лу*

---

[1] Чжан Эр 张耳, Чэнь Юй 陈馀.

[2] Вэй Бао 魏豹.

[3] Пэн Юэ 彭越 – Атактуу каракчы, Сян Юйгө каршы согушка жигердүү катышып, мыкаачылыгы менен белгилүү болгон.

[4] Цин Бу 黥布 – Цинь доорунун аягы Хань доорунун башындагы атактуу генерал.

[5] Чжоу Инь 周殷 – Чу генералы. Цин Бунун аракети менен Хань тарапка өткөн.

[6] Гун 巩, Ло 洛 – Азыркы Лоян шаарынын чыгыш тарабында жайгашкан айылдар болгон.

司马迁与李陵
Сыма Цянь жана Ли Лин

Вань[1] болсо Сян Юйдун азык-түлүгүн үзгүлтүккө учуратты. [Бу боюнча "Таржымалдар" бөлүмүнүн] отуз үчүнчү бабы – "Хань Синь жана Лу Вань таржымалы" – түзүлдү.

Бектер Сян-ванга чыккынчылык кылганда бир гана *Ци ваны*[2] Чэн-ян жергесинде Сян Юйга бөгөт койду. [Бу боюнча "Таржымалдар" бөлүмүнүн] отуз төртүнчү бабы – "Тянь Дань таржымалы" – түзүлдү.

Калааларга чабуул салып, талааларда согуш кылып, атак-даңкка жетишти, сыйлык алды... *Фань Куай, Ли Шан*[3] – булар эң көп күч жумшаган кол башчылар. Алар Хань ваны жумшаганда ар дайым угушкан жана ошондой эле бир канча жолу Хань ваны менен бирге кооптуу жагдайлардан кутулушкан.[Бу боюнча "Таржымалдар" бөлүмүнүн] отуз бешинчи бабы – "Фань Куай, Ли Шан таржымалы" – түзүлдү.

Асман астында Хань бийлиги жаңы гана орноп, мыйзам-эрежелер али тактала элек учурда *Чжан Цан*[4] баш казыначы кызматын аткарып, ченем-өлчөм бирдиктерин унификациялады жана музыка менен календарьды бекитти. [Бу боюнча "Таржымалдар" бөлүмүнүн] отуз алтынчы бабы – "Чжан вазир таржымалы" – түзүлдү.

Кыдырып тараптыштарын издеп, элчилерди жиберип, бектерди өз тарабына тартышты жана тынчтандырышты. Бектердин баары Хань ордосуна баш ийип имерилди, Хань вассалына айланышты. [Бу боюнча "Таржымалдар" бөлүмүнүн] отуз жетинчи бабы – "*Ли-шэн, Лу Цзя*[5]

---

[1] Лу Вань 卢绾 – Хань ордосунун курулушунда эмгек сиңирген ири сановник.
[2] Ци ваны Тянь Дань 齐王田儋.
[3] Фань Куай 樊哙 – Хань империясынын курулушуна салым кошкон ири сановник, генерал. Ли Шан 郦商 – Хань доорунун баш чендериндеги кол башчы.
[4] Чжан Цан 张苍.
[5] Ли-шэн 郦生, Лу Цзя 陆贾.

таржымалы" – түзүлдү.

Цинь менен Чу ортосунда болгон окуялардын чоо-жайын ийне-жибине чейин бир гана Чжоу Се(Куайчэн-хоу) билген. Себеби ал дайыма Гао-цзуну ээрчип жүрүп, бектерди тынчтандыруу боюнча аскердик иш-чараларга катышкан. [Бу боюнча "Таржымалдар" бөлүмүнүн] отуз сегизинчи бабы – *"Фу Куань, Цзинь Се жана Куайчэн[-хоу]* [1] *таржымалы"* – түзүлдү.

[Лю Цзин] [2] күчтүү кландарды көчүрүп, Гуаньчжунда борбор салып, хундар менен жек-жааттык келишим түздү. *[Шусунь Тун]* [3] ордо ритуалдарын (жөрөлгөлөрүн) жана бабалар храмында өткөрүлүүчү каада-салттарды иштеп чыкты. [Бу боюнча "Таржымалдар" бөлүмүнүн] отуз тогузунчу бабы – "Лю Цзин, Шусунь Тун таржымалы" – түзүлдү.

Цзи Бу [4] ийилбести ийүүнү билген. Ал акыры Хань ордосунун атактуу сановниги боло алды. *Луань мырза* [5] эч качан бийлик үчүн сокку урбаган жана өз ынанымдары үчүн өлүүгө дайым даяр болгон. [Бу боюнча "Таржымалдар" бөлүмүнүн] кыркынчы бабы – "Цзи Бу, Луань мырза таржымалы" – түзүлдү.

[Алар] өкүмдардын катачылыктарын бетине айтып, адилеттүүлүктү орноткон, өзүнүн коопсуздугуна карабастан, мамлекет үчүн олуттуу долбоорлорду иштеп чыгашкан. [бул боюнча "Таржымалдар" бөлүмүнүн]

---

[1] Фу Куань 傅宽, Цзинь Се 靳歙, Куайчэн-хоу 蒯成侯（Чжоу Се 周緤）- Хань империясынын курулушунда эмгек сиңирген ири сановниктер.

[2] Лю Цзин 刘敬 – Хань сарайынын ички каалгаларын көзөмөлдөөчү сакчы кызматын ээлеген.

[3] Шусунь Тун 叔孙通 – Цинь-Хань доорундагы аалым.

[4] Цзи Бу 季布 – Хань ордосундагы ири сановник.

[5] Луань мырза 栾公 – Цинь-Хань доорлорундагы саясатчы.

кырк биринчи бабы – "*Юань Ань, Чао Цо*[1] таржымалы" – түзүлдү.

[Алар] негизги принциптерден кайтпастан туруп, мыйзамды коргошкон. Байыркы акылман-даанышиандар жөнүндө кеп куруп, өкүмдардын билимин көбөйтүшкөн. [бул боюнча "Таржымалдар" бөлүмүнүн] кырк экинчи бабы – "*Чжан Шичжи, Фэн Тан*[2] таржымалы" – түзүлдү.

[Алар] кең пейил, ак жүрөк болуп, ата-энесине мээримдүү жана сыйлуу мамиле кылышкан. Сөзгө чоркок, бирок жумушта ыкчам болушкан. Сылык-сыпайылыкка умтулушуп, *асылзат эр киши* (благородный муж) атына татыктуу болушкан. [бул боюнча "Таржымалдар" бөлүмүнүн] кырк үчүнчү бабы – "*Вань-дань, Чжан-шу*[3] таржымалы" – түзүлдү.

Ал жүрөгүнүн тазалыгын сактаган, [мүнөзү боюнча] ачык жана түз болгон. Кызматка берилгендиктен өз кызыкчылыгынан жогору койгон. Өзүнүн кыймыл-аракети менен акылман-билгилерди шыктандырган. Жогорку кызмат ордун ээлеп, адилетсиздикке эч качан жол бербеген. [бул боюнча "Таржымалдар" бөлүмүнүн] кырк төртүнчү бабы – "*Тянь Шу*[4] таржымалы" – түзүлдү.

Бянь Цяо эмдөөчүлүк жөнүндө аңгеме курган, эмчилер тарабынан урмат көргөн, эмдөөчүлүк жөндөмү абдан так жана жогору болгон. Кийинки муундар анын эрежелерин сактап, өзгөртүүлөргө же алмашырууга барышпады. Ал эми Цан-гун болсо Бянь Цяонун деңгээлине жакын жете алды деп айтсак болот. [бул боюнча "Таржымалдар" бөлүмүнүн] кырк

---

[1] Юань Ань 袁盎 (Б.з.ч.200-150жж) – Хань ороодосунун ири сановниги; Чао Цо 晁错 (Б.з.ч.200-154жж) – саясатчы, адабиятчы, аалым.

[2] Чжан Шичжи 张释之 – Атактуу юрист, сот. Фэн Тан 冯唐 – Ири сановник.

[3] Вань-дань 万石, Чжан-шу 张叔.

[4] Тянь Шу 田叔 – Ири сановник.

太史公自序第七十
Ордо историографынан соңку сөз

бешинчи бабы – "*Бянь Цяо, Цан-гун*[1] *таржымалы*" – түзүлдү.

Лю Чжундун ван даражасы алынып, анын уулу *Лю Би*[2] У ваны даражасына ээ болду. Хань бийлиги Асман астында жаңы гана орногон учур болгондуктан ага (Лю Би) Хуайхэ жана Янцзы дарыяларынын аралыгындагы аймакты башкартышты. [бул боюнча "Таржымалдар" бөлүмүнүн] кырк алтынчы бабы – "*У ваны Лю Бинин таржымалы*" – түзүлдү.

У менен Чу козголоң чыгарды. Императордун туугандарынан бир гана Доу Ин (Вэйци-хоу) акылмандыгын көргөзүп, аалымдарды өзүнө тартты. Аалымдар ага ыкташты. Ал армияны жетектеп Ин-янда козголоңчуларга каршы турду. [бул боюнча "Таржымалдар" бөлүмүнүн] кырк жетинчи бабы – "*Вэйци-хоу*[3] *жана Уань-хоу*[4] *таржымалы*" – түзүлдү.

Ал өзүнүн акылмандыгы жана табармандыгы менен учурдун өзгөрүүлөрүнө ыңгайлашчу, айкөлдүгү менен адамдарды өзүнө тартчу. [бул боюнча "Таржымалдар" бөлүмүнүн] кырк сегизинчи бабы – "*Хань Чанжу*[5] *таржымалы*" – түзүлдү.

Жоого каршы эрдик көргөзүп, солдаттарын барктап, кыска-нуска жана тажатпас буйруктарды берип, кол башчылар менен жөнөкөй солдаттардын жүрөгүн ээлеген. [Бу боюнча "Таржымалдар" бөлүмүнүн] кырк тогузунчу

---

[1] Бянь Цяо 扁鹊 – (Б.з.ч. 407-310жж) Атактуу эмдөөчү, дарыгер. Цан-гун 仓公 – (Б.з.ч. 215-140жж) Өз ысы Цунь Юйи 淳于意. Белгилүү эмчи, дарыген.

[2] Лю Би 刘濞 – (Б.з.ч. 215-154 жж) Хань башкаруучу кланынын өкүлү. Жети бектик козголоң-ун демилгелөө аркылуу таанымал.

[3] Вэйци-хоу 魏其侯 – Өз аты Доу Ин 窦婴. Хань ири сановниги. Жети бектик козголонун басууда чоң рол ойногон.

[4] Уань-хоу 武安侯 – Өз аты Тянь Фэнь 田蚡. Хань ордосунда баш вазир кызматына чейин эмгек кылган.

[5] Хань Чанжу 韩长孺 – Хань доорундагы атактуу сановник, кол башчы.

司马迁与李陵
Сыма Цянь жана Ли Лин

бабы – "*Ли кол башчынын*[1] таржымалы" – түзүлдү.

Ся, Шан жана Чжоу доорлорунан бери тарта хундар дайыма Орто түздүккө (Кытайга) кыйынчылыктарды алып келип турган. Алардын күчтүү жана алсыз жактарын билип, алардан коргонуу жана аларга каршы жортуул кылуу үчүн ["Таржымалдар" бөлүмүнүн] элүүнчү бабы – "Хундар таржымалы" – түзүлдү.

Ийри-буйру чегара сызыгын түздөп, Хуанхэнин түштүгүнө карай жер кеңейтип, Циляньшань тоосундагы салгылашта жеңишке жетип, Батыш чөлкөмдөгү өлкөлөр менен байланыштырган жол-маршрутун ачып, түндүктөгү хундарды талкалашты. [Бу боюнча "Таржымалдар" бөлүмүнүн] элүү биринчи бабы – "*Вэй кол башчы*"[2] жана жеңил кавалерия жетекчиси [*Хо Цюйбин*][3] таржымалы" – түзүлдү.

Ири сановиктер менен императордун туугандары ысырапкорчулукта жашашкан, бир гана *Гунсунь Хун*[4] кийим менен тамакты үнөмдөгөндүгүнөн улам бардык чиновниктерге үлгү боло алды. [Бу боюнча "Таржымалдар" бөлүмүнүн] элүү экинчи бабы – "Пинцзинь-хоу таржымалы" – түзүлдү.

Хань ордосу Ортолук мамлекетти (Кытайды) бириктиргенден кийин деле *Чжао То*[5] Ян-юэ жергесин көзөмөлдөп, түштүктөгү вассалдык аймакты

---

[1] Ли кол башчы 李将军 – Ли Гуан 李广 – Батыш Хань доорундагы атактуу кол башчы. Хань-Хун согуштарында чоң рол ойногон.

[2] Вэй кол башчы 卫将军 – Өз аты Вэй Цин 卫青 (б.з.ч.? - 106ж). Хань империясынын белги-лүү генералы, аскерий ишмери, улуттук баатыр. Хань-Хун согуштарында ири ийгиликтерге жетишкен.

[3] Хо Цюйбин 霍去病 – (Б.з.ч. 140 - 117 жж) Хань генералы, аскерий ишмер.

[4] Гунсунь Хун 公孙弘 – (Б.з.ч. 200-121жж) Хань ордосунда биринчи вазир кызматын аркала-ган. Пинцзинь-хоу 平津侯 наамын алган.

[5] Чжао То 赵佗 – Б.з.ч. 204-137 жылдары номиналдуу Түштүк Юэ бектигин негиздеп, башкарган.

коргоп жана алардан алым алып турган. [Бу боюнча "Таржымалдар" бөлүмүнүн] элүү үчүнчү бабы – *Түштүк Юэ*[1] *таржымалы"* – түзүлдү.

У бектиги козголоң чыгарган маалда Дун-оулуктар 东瓯 Лю Бини өлтүрүп, Фэн жана Юй тоолорун коргоого алып, акырында Хань бийлигине моюн сунушту. [Бу боюнча "Таржымалдар" бөлүмүнүн] элүү төртүнчү бабы – *"Чыгыш Юэ*[2] *таржымалы"* – түзүлдү.

Янь мураскору Дань Ляодун аймагында жеңилип, бытырады... *Вэй Мань*[3] качкан элди жыйнап, деңиздин чыгыш тарабындагы аймакты бириктирди, *чжэньфань* жана башка тайпаларды багынтты, чегараны коргоп, чагара сызыгынын сыртындагы букарага айланды. [Бу боюнча "Таржымалдар" бөлүмүнүн] элүү бешинчи бабы – *"Чаосянь*[4] *таржымалы"* – түзүлдү.

Тан Мэн түштүк-батыш аймактарын аралап өтүп, дипломатиялык мамиле түзүү үчүн Еланга барды, Цюн жана Цзо өкүмдарлары Хань ордосунун букаралыгына алууну өтүнүп, ордо жиберген чиновникти кабыл алышты. [Бу боюнча "Таржымалдар" бөлүмүнүн] элүү алтынчы бабы – *"Түштүк-батыши*[5] *таржымалы"* – түзүлдү.

---

[1] Түштүк Юэ 南越 – Б.з.ч. 204 - 112 жылдары Кытайдын Линнань 岭南 аймагында өкүм сүргөн режим же номиналдуу бектик.

[2] Чыгыш Юэ 东越 – Б.з.ч. 192-85 жылдары өкүм сүргөн бектик. Ал азыркы Чжэцзян провинциясынын түштүгүндө жайгашкан.

[3] Вэймань 卫满 – Янь бектигинде төрөлгөн. Б.з.ч. 2-кылымда Корея жарым-аралынын түндүк-батышында Вэймань Чаосянь мамлекетин (мамлекет б.з.ч.194-108 жылдары өкүм сүргөн) негиздеп башкарган.

[4] Чаосянь 朝鲜 – Кор. Чосон 조선 . Байыркы Чосон Корей мамлекети.

[5] Түштүк-батыш и 西南夷 – Кытай тарыхында азыркы Гуйжоу, Юньнань провинцияларында жана Сычуань провинциясынын түштүк-батыш бөлүгүндө жашаган бөтөн элдерди түштүк-батыш и элдери деп атаган.

司马迁与李陵
Сыма Цянь жана Ли Лин

Сыма Сян-жунун[1] "Цзы-сюй" жана "Улуу киши" одалары өкүмдарга абдан жакты. Текстиндеги сөздөр артыкча кооз жана апыртылганы менен, бирок, андагы кеп-кеңештер жана пикирлер "аракеттенбөө [принциби] аркылуу башкаруу" идеясына барып такалат. [Бу боюнча "Таржымалдар" бөлүмүнүн] элүү жетинчи бабы – "Сыма Сян-жу таржымалы" – түзүлдү.

Цин Бунун козголоңунан кийин Гао-цзунун кенже уулу *Лю Чан*[2] ал жактын ваны болуп дайындалып, Янцзы жана Хуайхэ дарыяларынын аралыгын көзөмөлгө алып, тайманбас Чу элин тынчтандырды. [Бу боюнча "Таржымалдар" бөлүмүнүн] элүү сегизинчи бабы – "Хуайнань жана Хэншань [вандарынын] таржымалы" – түзүлдү.

Мыйзамдарды сактап, принциптерге шайкеш иштеген чиновниктер эч качан өзүнүн жетишкендиктери менен мактанбайт. Жөнөкөй калк аларды көп көтөрмөлөбөйт, бирок алар катачылыктарды да кетиришпейт. [Бу боюнча "Таржымалдар" бөлүмүнүн] элүү тогузунчу бабы – "Татыктуу чиновниктер таржымалы" – түзүлдү.

[*Цзи Ань*][3] өзү чынчыл болгон. Ал салтанаттуу кийимчен ордодо турганда бир да чиновник салмаксыз же жалган сөздөрдү сүйлөөгө батына алган эмес. Жөндөмдүүлөргө түрткү берген, кадырлууларды мактаган; *Чжэн Чжуан*[4] айкөл жана принципиалдуу болгон. [Бу боюнча "Таржымалдар" бөлүмүнүн] алтымышынчы бабы – "Цзи [Ань], Чжэн [Чжуан] таржымалы" – түзүлдү.

---

[1] Сыма Сян-жу 司马相如 – Б.з.ч. 179-118 жылдары Хань мамлекетинде жашап өткөн акын-жазуучу жана адабиятчы.

[2] Лю Чан 刘长 – (Б.з.ч.198-174жж) Титулу – Хуайнань-ван 淮南王 .

[3] Цзи Ань 汲黯 – (Б.з.ч. ? - 112 ж) Хань ордосунун ири сановниги.

[4] Чжэн Чжуан 郑庄 – Хань ордосунун атактуу сановниги.

太史公自序第七十
Ордо историографынан соңку сөз

Конфуций өлгөндөн бери борбордогу мектеп билимине басым жасаган бир да адам болбоптур. Ошол бойдон Цзяньюань (б.з.ч. 140-135жж) – Юаньшоу (б.з.ч. 122-117жж) жылдар аралыгында гана билим берүү ишмердүүлүгү дүркүрөп өсүүгө жетишти. [Бу боюнча "Таржымалдар" бөлүмүнүн] алтымыш биринчи бабы – "Конфуцийцилер таржымалы" – түзүлдү.

Адамдар өздөрүнүн негизги иштерин таштап, көбүнчө алдамчылык менен алек болуп, кылмыш кылып, мыйзамдарды бурмалашты. Жакшы адамдар да аларга (жамандарга) таасир бере албай калышты. Бир гана мыйзам менен катуу жазалоо аркылуу аларды туура жолго салып, коомдук тартипти сактоого мажбурлоо мүмкүн. [Бу боюнча "Таржымалдар" бөлүмүнүн] алтымыш экинчи бабы – "Ырайымсыз чиновниктер таржымалы" – түзүлдү.

Хань ордосу *Дася*[1] менен элчи алмашкан соң алыскы батыштагы *мань* элдери үмүт менен ичкери тарапка көз салып, Ортолук мамлекеттин цивилизациясына суктанышты. [Бу боюнча "Таржымалдар" бөлүмүнүн] алтымыш үчүнчү бабы – "*Даюань*[2] таржымалы" – түзүлдү.

Бирөөнүн башына кыйынчылык түшкөндө жардам берип, кедейлерге материалдык жардам көргөзгөн адамгерчиликтүү кишилер бар. Аларга баары ишенишет. Алар сөздөрүн танышпайт. Колдоном десе достору да бар. [бул боюнча "Таржымалдар" бөлүмүнүн] алтымыш төртүнчү бабы – "Кыдырма рыцарлар таржымалы" – түзүлдү.

Өкүмдарга кызмат кылып, анын кулагын-көзүн кубандырган, жүздөрү

---

[1] Дася 大夏 – Бактрия.
[2] Даюань 大宛 – Давань, Паркан. Орто Азияда жайгашкан байыркы мамлекет.

司马迁与李陵

Сыма Цянь жана Ли Лин

сүйкүмдүү, аны менен бирге өкүмдардын жакшы мамилесине ээ болгондор бир гана сырткы сулуулугу менен эмес, андан башка кыйын жөндөмдөрү менен кишинин көңүлүн өзүнө тартышкан. [бул боюнча "Таржымалдар" бөлүмүнүн] алтымыш бешинчи бабы – "Фавориттер таржымалы" – түзүлдү.

Алар пенделик жашоодон жогору туруп, бийлик менен байлыкка умтулбаган. Жогорудан да, төмөндөн да, аларга тоскоолдук болбогон. Бир да киши аларга зыян келтире албаган. Аларды идеялары үчүн кызматка алышкан. [Бу боюнча "Таржымалдар" бөлүмүнүн] алтымыш алтынчы бабы – "Курч акылдуу кеңешчилер таржымалы" – түзүлдү.

Ци, Чу, Цинь жана Чжао бектиктеринде төлгөчүлөр бар. Алардын ар биринин өзүнүн колдонгон ыкмалары бар. бул ыкмалардын маңызы боюнча кыскача түшүнүк берүү үчүн ["Таржымалдар" бөлүмүнүн] алтымыш жетинчи бабы – "Төлгөчүлөр таржымалы" – түзүлдү.

Ся, Шан, Чжоу – ушул үч доордун өкүмдарларынын төлгө салуу ыкмалары ар башка болгон. Төрт тараптагы мань жана и элдеринин төлгө салуу адаттары да ар башкача. Бирок баары төлгө салып, жакшылык менен жамандыкты, бакыт менен балээни аныкташат. Төлгөчүлүктүн негиздерин жалпы жонунан изилдеп, ["Таржымалдар" бөлүмүнүн] алтымыш сегизинчи бабы – "Төлгөчүлүк таржымалы" – түзүлдү.

Карапайым адамдар мамлекеттик башкаруу иштерине зыян кылышпайт, катардагы букараларга да зыян келтиришпейт. Убагында алып, убагында сатып, байлыгын көбөйтүшөт. Акылдуулар алардан үлгү алса болот. [Бу боюнча "Таржымалдар" бөлүмүнүн] алтымыш тогузунчу бабы – "Байлык ашыруунун таржымалы" – түзүлдү.

Биздин Хань мамлекетибиз беш императордун салтын мураска алып, үч доордун үзүлүп калган улуу ишин улады. Чжоу ордосунун

太史公自序第七十

Ордо историографынан соңку сөз

изгилик башкаруусу начарлаганда, Цинь бийлиги байыркы классикалык трактаттарды кыйратып, жокко чыгарды. "Шицзин", "Шан Шу" эмгектери өрттөлүп, Минтан залындагы алтын шкафтар жана таш бөлмөлөрдөгү нефрит доскелер таштандыга ыргытылдып жок болду. Ушул учурда Хань мамлекети дүркүрөп көтөрүлүүнү баштап, [баш вазир] Сяо-хэ мыйзамдарга оңдоолорду киргизди, Хань Синь аскердик мыйзамдарды иштеп чыкты, Чжан Цан жоболорду түзду, Шусунь Тун ритуал менен жөрөлгөлөрдү жазды. Ошондо жогорку моралдык сапаттар менен илимди айкалыштырган аалымдар акырындап кызматка тартыла башташты. "Шицзин", "Шан Шу" трактаттары жер-жерлерде пайда боло башташты. Цао Шэнь сунуштаган *Гэ-гун*[1] Хуан-ди менен Лао-цзынын илими боюнча түшүндүрмө берип, ал эми Цзя Шэн менен Чао Цо болсо Шэнь Бухай, Шан Яндардын теориясын терең үйрөнүштү, Гунсунь Хун конфуцийчиликти жакшы түшүнгөнүнөн улам зоболосу көтөрүлдү. Жүз жыл аралыгында Асман астындагы мурда жоголгон жазмалардын бардыгы ордо историографы тарабынан жыйналып, иреттелди. Мына ушул ордо историографы кызматын ата-бала бири-бирине өткөрүп берип жүрүп аркалашты. Мен мындай демекчимин: "Ох-хо! Менин бабаларым учурунда бул кызматты аткарып, Яо жана Шунь заманында атак-даңкка ээ болуптур. Ошол бойдон Чжоу доорунда да алар кайрадан ушул ишке жоопкерчилик алыптыр. Ошентип Сыма тукуму муундан муунга өткөрүп, календарь түзүү жана асман телолорун байкоо иштерин жетектеп келиптир. Кантип эле бул салтты мен үзүп койоюн?! Урмат менен жүрөгүмдүн түпкүрүнө сактайм го!"[Бул эмгекте]Асман астында (Кытайда) мурун болуп өткөн окуялар "тор менен чогултулуп", өкүмдарлардын

---

[1] Гэ Гун 盖公 – Батыш Хань доорунун атактуу окумуштуусу.

233

司马迁与李陵
Сыма Цянь жана Ли Лин

көтөрүлүүсү жана кулоосуна баштан аяк назар салынды. Гүлдөп-өсүү да көргөзүлүп, кулоо-кыйроо да чагылдырылды. Ар бир доордогу кыймыл-аракеттер менен окуялар изилденилип, аларга баа берилди. Үч доор кыскача таанышытырылып, а Цинь-Хань доорлорундагы жагдайлар толук жазылып, Сюаньюаньдан (Хуан-диден) баштап бүгүнкү күнгө чейин камтылды. Он эки [бап] "Негизги жазмалар" [бөлүмү] жазылып, катарга түрүнө карап тизилди. Кээде бир учурда өлкөнүн ар кайсы жерлеринде өкүмдарлардын ар башка муундары бийлик жүргүзүп, алардын башкаруу жылдары айырмалангандыгына байланыштуу он [бап] "Хронологиялык таблицалар" түзүлдү. Ритуал жана музыка кээде көбөйүп, кээде азайды. Музыкалык тондор менен календарь өзгөрүп турду. Ал эми согуш өнөрү, жер-суулар, шайтандар жана пирлер, Асман менен Адамдын мамилеси – булардын баары мага чаржайыт түрдө жетип, мен аларды иреттеп, оңдоолорду киргизип, сегиз [бап] "Трактаттар" бөлүмүн түздүм. Жыйырма сегиз топ жылдызы Полярдык жылдызды курчап тургандай, өз огунда үзгүлтүксүз айланып отуз спица бир ступицада бириккендей болуп өкүмдардын жакын жардамчы сановниктери жүрүшөт. Алар өз ишине берилип аткарып, өкүмдарга кызмат кылышат. Булар боюнча отуз [бап] "Тектүү кландар" [бөлүмүн] жаздым. Кээ бирөөлөр адил эмгек кылып, келген ооматты колдон чыгарбай, эмгеги менен Асман астына атагы чыкты. Алар жөнүндө жетимиш [бап] "Таржымалдар" [бөлүмүн] жаздым. Жалпысынан беш жүз жыйырма алты миң беш жүз иероглифти камтыган бир жүз отуз бап. Аталышы - "Ордо историографынын китеби" 《太史公书》 [tai shi gong shu]. Мен кыскача соңку сөз жазып, унутулуп калган алты канонду коштум, ошону менен өзүмдүн оригиналдуу доктринамды түздүм. "Алты канондогу" 《六经》 [liu jing] айырмачылыктарды гармонияга киргизип,

234

太史公自序第七十

Ордо историографынан соңку сөз

ар кайсы мектептердин ар башка терминдерин иреттедим. Кол жазманы атактуу тоого бекиттим, ал эми көчүрмөсүн болсо борборго калтырып, кийинки муундардын акылмандары окусун деп арнадым. ошону менен ["Таржымалдар" бөлүмүнүн] жетимишинчи [бабын] аяктайм.

Мен, ордо историографы, мындай демекчимин: Мен Хуан-диден тартып Тай-чу жылдарына чейинки аралыкта орун алган тарыхый окуяларды ирети менен сүрөттөдүм. Баары биригип бир жүз отуз бап болду.

附:《史记》原文
Тиркемелер: "Тарыхый жазмаларнын" түпнуска тексти

李将军列传第四十九

李将军广者,陇西成纪人也。其先曰李信,秦时为将,逐得燕太子丹者也。故槐里,徙成纪。广家世世受射。孝文帝十四年,匈奴大入萧关,而广以良家子从军击胡,用善骑射,杀首虏多,为汉中郎。广从弟李蔡亦为郎,皆为武骑常侍,秩八百石。尝从行,有所冲陷折关及格猛兽,而文帝曰:"惜乎,子不遇时!如令子当高帝时,万户侯岂足道哉!"

及孝景初立,广为陇西都尉,徙为骑郎将。吴楚军时,广为骁骑都尉,从太尉亚夫击吴楚军,取旗,显功名昌邑下。以梁王授广将军印,还,赏不行。徙为上谷太守,匈奴日以合战。典属国公孙昆邪为上泣曰:"李广才气,天下无双,自负其能,数与虏敌战,恐亡之。"于是乃徙为上郡太守。后广转为边郡太守,徙上郡。尝为陇西、北地、雁门、代郡、云中太守,皆以力战为名。

匈奴大入上郡,天子使中贵人从广勒习兵击匈奴。中贵人将骑数十纵,见匈奴三人,与战。三人还射,伤中贵人,杀其骑且尽。中贵人走广。广曰:"是必射雕者也。"广乃遂从百骑往驰三人。三人亡马步行,行数十里。广令其骑张左右翼,而广身自射彼三人者,杀其二人,生得一人,果匈奴射雕者也。已缚之上马,望匈奴有数千骑,见广,以为诱骑,皆惊,上山陈。广之百骑皆大恐,欲驰还走。广曰:"吾去大军数十里,今如此以百骑走,匈奴追射我立尽。今我留,匈奴必以我为大军诱

李将军列传第四十九
Кол башчы (генерал) Ли тууралуу баян

之,必不敢击我。"广令诸骑曰:"前!"前未到匈奴陈二里所,止,令曰:"皆下马解鞍!"其骑曰:"虏多且近,即有急,奈何?"广曰:"彼虏以我为走,今皆解鞍以示不走,用坚其意。"于是胡骑遂不敢击。有白马将出护其兵,李广上马与十余骑奔射杀胡白马将,而复还至其骑中,解鞍,令士皆纵马卧。是时会暮,胡兵终怪之,不敢击。夜半时,胡兵亦以为汉有伏军于旁欲夜取之,胡皆引兵而去。平旦,李广乃归其大军。大军不知广所之,故弗从。

居久之,孝景崩,武帝立,左右以为广名将也,于是广以上郡太守为未央卫尉,而程不识亦为长乐卫尉。程不识故与李广俱以边太守将军屯。及出击胡,而广行无部伍行阵,就善水草屯,舍止,人人自便,不击刁斗以自卫,莫府省约文书籍事,然亦远斥候,未尝遇害。程不识正部曲行伍营陈,击刁斗,士吏治军簿至明,军不得休息,然亦未尝遇害。不识曰:"李广军极简易,然虏卒犯之,无以禁也;而其士卒亦佚乐,咸乐为之死。我军虽烦扰,然虏亦不得犯我。"是时汉边郡李广、程不识皆为名将,然匈奴畏李广之略,士卒亦多乐从李广而苦程不识。程不识孝景时以数直谏为太中大夫。为人廉,谨于文法。

后汉以马邑城诱单于,使大军伏马邑旁谷,而广为骁骑将军,领属护军将军。是时单于觉之,去,汉军皆无功。其后四岁,广以卫尉为将军,出雁门击匈奴。匈奴兵多,破败广军,生得广。单于素闻广贤,令曰:"得李广必生致之。"胡骑得广,广时伤病,置广两马间,络而盛卧广。行十余里,广详死,睨其旁有一胡儿骑善马,广暂腾而上胡儿马,因推堕儿,取其弓,鞭马南驰数十里,复得其余军,因引而入塞。匈奴捕者骑数百追之,广行取胡儿弓,射杀追骑,以故得脱。于是至汉,汉下广吏。吏当广所失亡多,为虏所生得,当斩,赎为庶人。

顷之,家居数岁。广家与故颍阴侯孙屏野居蓝田南山中射猎。尝夜从一骑出,从人田间饮。还至霸陵亭,霸陵尉醉,呵止广。广骑曰:"故

司马迁与李陵
Сыма Цянь жана Ли Лин

李将军。"尉曰："今将军尚不得夜行，何乃故也！"止广宿亭下。居无何，匈奴入杀辽西太守，败韩将军，后韩将军徙右北平。于是天子乃召拜广为右北平太守。广即请霸陵尉与俱，至军而斩之。

广居右北平，匈奴闻之，号曰"汉之飞将军"，避之数岁，不敢入右北平。

广出猎，见草中石，以为虎而射之，中石没镞，视之石也。因复更射之，终不能复入石矣。广所居郡闻有虎，尝自射之。及居右北平射虎，虎腾伤广，广亦竟射杀之。

广廉，得赏赐辄分其麾下，饮食与士共之。终广之身，为二千石四十余年，家无余财，终不言家产事。广为人长，猿臂，其善射亦天性也，虽其子孙他人学者，莫能及广。广讷口少言，与人居则画地为军阵，射阔狭以饮。专以射为戏，竟死。广之将兵，乏绝之处，见水，士卒不尽饮，广不近水，士卒不尽食，广不尝食。宽缓不苛，士以此爱乐为用。其射，见敌急，非在数十步之内，度不中不发，发即应弦而倒。用此，其将兵数困辱，其射猛兽亦为所伤云。

居顷之，石建卒，于是上召广代建为郎中令。元朔六年，广复为后将军，从大将军军出定襄，击匈奴。诸将多中首虏率，以功为侯者，而广军无功。后二岁，广以郎中令将四千骑出右北平，博望侯张骞将万骑与广俱，异道。行可数百里，匈奴左贤王将四万骑围广，广军士皆恐，广乃使其子敢往驰之。敢独与数十骑驰，直贯胡骑，出其左右而还，告广曰："胡虏易与耳。"军士乃安。广为圜陈外向，胡急击之，矢下如雨。汉兵死者过半，汉矢且尽。广乃令士持满毋发，而广身自以大黄射其裨将，杀数人，胡虏益解。会日暮，吏士皆无人色，而广意气自如，益治军。军中自是服其勇也。明日，复力战，而博望侯军亦至，匈奴军乃解去。汉军罢，弗能追。是时广军几没，罢归。汉法，博望侯留迟后期，当死，赎为庶人。广军功自如，无赏。

初，广之从弟李蔡与广俱事孝文帝。景帝时，蔡积功劳至二千石。孝武帝时，至代相。以元朔五年为轻车将军，从大将军击右贤王，有功中率，封为乐安侯。元狩二年中，代公孙弘为丞相。蔡为人在下中，名声出广下甚远，然广不得爵邑，官不过九卿，而蔡为列侯，位至三公。诸广之军吏及士卒或取封侯。广尝与望气王朔燕语，曰："自汉击匈奴而广未尝不在其中，而诸部校尉以下，才能不及中人，然以击胡军功取侯者数十人，而广不为后人，然无尺寸之功以得封邑者，何也？岂吾相不当侯邪？且固命也？"朔曰："将军自念，岂尝有所恨乎？"广曰："吾尝为陇西守，羌尝反，吾诱而降，降者八百余人，吾诈而同日杀之。至今大恨独此耳。"朔曰："祸莫大于杀已降，此乃将军所以不得侯者也。"

后二岁，大将军、骠骑将军大出击匈奴，广数自请行，天子以为老，弗许；良久乃许之，以为前将军。是岁，元狩四年也。

广既从大将军青击匈奴，既出塞，青捕虏知单于所居，乃自以精兵走之，而令广并于右将军军，出东道。东道少回远，而大军行水草少，其势不屯行。广自请曰："臣部为前将军，今大将军乃徙令臣出东道，且臣结发而与匈奴战，今乃一得当单于，臣愿居前，先死单于。"大将军青亦阴受上诫，以为李广老，数奇，毋令当单于，恐不得所欲。而是时公孙敖新失侯，为中将军从大将军，大将军亦欲使敖与俱当单于，故徙前将军广。广时知之，固自辞于大将军。大将军不听，令长史封书与广之莫府，曰："急诣部，如书。"广不谢大将军而起行，意甚愠怒而就部，引兵与右将军食其合军出东道。军亡导，或失道，后大将军。大将军与单于接战，单于遁走，弗能得而还。南绝幕，遇前将军、右将军。广已见大将军，还入军。大将军使长史持糒醪遗广，因问广、食其失道状，青欲上书报天子军曲折。广未对，大将军使长史急责广之幕府对簿。广曰："诸校尉无罪，乃我自失道。吾今自上簿。"

司马迁与李陵
Сыма Цянь жана Ли Лин

至莫府，广谓其麾下曰："广结发与匈奴大小七十余战，今幸从大将军出接单于兵，而大将军又徙广部行回远，而又迷失道，岂非天哉！且广年六十余矣，终不能复对刀笔之吏。"遂引刀自刭。广军士大夫一军皆哭。百姓闻之，知与不知，无老壮皆为垂涕。而右将军独下吏，当死，赎为庶人。

广子三人，曰当户、椒、敢，为郎。天子与韩嫣戏，嫣少不逊，当户击嫣，嫣走。于是天子以为勇。当户早死，拜椒为代郡太守，皆先广死。当户有遗腹子名陵。广死军时，敢从骠骑将军。广死明年，李蔡以丞相坐侵孝景园壖地，当下吏治，蔡亦自杀，不对狱，国除。李敢以校尉从骠骑将军击胡左贤王，力战，夺左贤王鼓旗，斩首多，赐爵关内侯，食邑二百户，代广为郎中令。顷之，怨大将军青之恨其父，乃击伤大将军，大将军匿讳之。居无何，敢从上雍，至甘泉宫猎。骠骑将军去病与青有亲，射杀敢。去病时方贵幸，上讳云鹿触杀之。居岁余，去病死。而敢有女为太子中人，爱幸，敢男禹有宠于太子，然好利，李氏陵迟衰微矣。

李陵既壮，选为建章监，监诸骑。善射，爱士卒。天子以为李氏世将，而使将八百骑。尝深入匈奴二千余里，过居延视地形，无所见虏而还。拜为骑都尉，将丹阳楚人五千人，教射酒泉、张掖以屯卫胡。

数岁，天汉二年秋，贰师将军李广利将三万骑击匈奴右贤王于祁连天山，而使陵将其射士步兵五千人出居延北可千余里，欲以分匈奴兵，毋令专走贰师也。陵既至期还，而单于以兵八万围击陵军。陵军五千人，兵矢既尽，士死者过半，而所杀伤匈奴亦万余人。且引且战，连斗八日，还未到居延百余里，匈奴遮狭绝道，陵食乏而救兵不到，虏急击招降陵。陵曰："无面目报陛下。"遂降匈奴。其兵尽没，余亡散得归汉者四百余人。

单于既得陵，素闻其家声，及战又壮，乃以其女妻陵而贵之。汉闻，族陵母妻子。自是之后，李氏名败，而陇西之士居门下者皆用为耻焉。

　　太史公曰：《传》曰："其身正，不令而行；其身不正，虽令不从"。其李将军之谓也？余睹李将军悛悛如鄙人，口不能道辞。及死之日，天下知与不知，皆为尽哀。彼其忠实心诚信于士大夫也？谚曰"桃李不言，下自成蹊"。此言虽小，可以谕大也。

匈奴列传第五十

匈奴，其先祖夏后氏之苗裔也，曰淳维。唐虞以上有山戎、猃狁、荤粥，居于北蛮，随畜牧而转移。其畜之所多则马、牛、羊，其奇畜则橐驼、驴、骡、駃騠、騊駼、驒騱。逐水草迁徙，毋城郭常处耕田之业，然亦各有分地。毋文书，以言语为约束。儿能骑羊，引弓射鸟鼠；少长则射狐兔；用为食。士力能毋弓，尽为甲骑。其俗，宽则随畜，因射猎禽兽为生业，急则人习战攻以侵伐，其天性也。其长兵则弓矢，短兵则刀铤。利则进，不利则退，不羞遁走。苟利所在，不知礼义。自君王以下，咸食畜肉，衣其皮革，被旃裘。壮者食肥美，老者食其余。贵壮健，贱老弱。父死，妻其后母；兄弟死，皆取其妻妻之。其俗有名不讳，而无姓字。

夏道衰，而公刘失其稷官，变于西戎，邑于豳。其后三百有余岁，戎狄攻大王亶父，亶父亡走岐下，而豳人悉从亶父而邑焉，作周。其后百有余岁，周西伯昌伐畎夷氏。后十有余年，武王伐纣而营雒邑，复居于酆鄗，放逐戎夷泾、洛之北，以时入贡，命曰"荒服"。其后二百有余年，周道衰，而穆王伐犬戎，得四白狼四白鹿以归。自是之后，荒服不至。于是周遂作甫刑之辟。穆王之后二百有余年，周幽王用宠姬褒姒之故，与申侯有郤。申侯怒而与犬戎共攻杀周幽王于骊山之下，遂取周之焦获，而居于泾渭之间，侵暴中国。秦襄公救周，于是周平王去酆鄗而东徙雒邑。当是之时，秦襄公伐戎至岐，始列为诸侯。是后六十有五年，而山戎越燕而伐齐，齐釐公与战于齐郊。其后四十四年，而山戎伐燕。燕告急于齐，齐桓公北伐山戎，山戎走。其后二十有余年，而戎狄至洛邑，伐周襄王，襄王奔于郑之氾邑。初，周襄王欲伐郑，故娶戎狄女为后，与戎狄兵共伐郑。已而黜狄后，狄后怨，而襄王后母曰惠后，有子子带，欲立之，于是惠后与狄后、子带为内应，开戎狄，戎狄以故得入，破逐周襄王，而立子带为天子。于是戎狄或居于陆浑，东至于卫，侵盗暴虐中国。中国疾之，故诗人歌之曰"戎狄是应"，"薄伐猃狁，至于大原"，"出舆彭彭，城彼朔方"。周襄王既居外四年，乃使使告急于晋。晋文公初立，欲修霸业，乃兴师伐逐戎翟，诛子带，迎内周襄王，居于雒邑。

当是之时，秦晋为彊国。晋文公攘戎翟，居于河西圁、洛之间，号曰赤翟、白翟。秦穆公得由余，西戎八国服于秦，故自陇以西有绵诸、绲戎、翟、獂之戎，岐、梁山、泾、漆之北有义渠、大荔、乌氏、朐衍之戎。而晋北有林胡、楼烦之戎，燕北有东胡、山戎。各分散居溪谷，自有君长，往往而聚者百有余戎，然莫能相一。

自是之后百有余年，晋悼公使魏绛和戎翟，戎翟朝晋。后百有余年，赵襄子逾句注而破并代以临胡貉。其后既与韩魏共灭智伯，分晋地而有之，则赵有代、句注之北，魏有河西、上郡，以与戎界边。其后义渠之戎筑城郭以自守，而秦稍蚕食，至于惠王，遂拔义渠二十五城。惠王击魏，魏尽入西河及上郡于秦。秦昭王时，义渠戎王与宣太后乱，有二子。宣太后诈而杀义渠戎王于甘泉，遂起兵伐残义渠。于是秦有陇西、北地、上郡，筑长城以拒胡。而赵武灵王亦变俗胡服，习骑射，北破林胡、楼烦。筑长城，自代并阴山下，至高阙为塞。而置云中、雁门、代郡。其后燕有贤将秦开，为质于胡，胡甚信之。归而袭破走东胡，东胡却千余里。与荆轲刺秦王秦舞阳者，开之孙也。燕亦筑长城，自造阳至襄平。置上谷、渔阳、右北平、辽西、辽东郡以拒胡。当是之时，冠带战国七，而三国边于匈奴。其后赵将李牧时，匈奴不敢入赵边。后秦灭六国，而始皇帝使蒙恬将十万之众北击胡，悉收河南地。因河为塞，筑四十四县

司马迁与李陵
Сыма Цянь жана Ли Лин

城临河，徙适戍以充之。而通直道，自九原至云阳，因边山险堑豀谷可缮者治之，起临洮至辽东万余里。又度河据阳山北假中。

当是之时，东胡彊而月氏盛。匈奴单于曰头曼，头曼不胜秦，北徙。十余年而蒙恬死，诸侯畔秦，中国扰乱，诸秦所徙適戍边者皆复去，于是匈奴得宽，复稍度河南与中国界于故塞。

单于有太子名冒顿。后有所爱阏氏，生少子，而单于欲废冒顿而立少子，乃使冒顿质于月氏。冒顿既质于月氏，而头曼急击月氏。月氏欲杀冒顿，冒顿盗其善马，骑之亡归。头曼以为壮，令将万骑。冒顿乃作为鸣镝，习勒其骑射，令曰："鸣镝所射而不悉射者，斩之。"行猎鸟兽，有不射鸣镝所射者，辄斩之。已而冒顿以鸣镝自射其善马，左右或不敢射者，冒顿立斩不射善马者。居顷之，复以鸣镝自射其爱妻，左右或颇恐，不敢射，冒顿又复斩之。居顷之，冒顿出猎，以鸣镝射单于善马，左右皆射之。于是冒顿知其左右皆可用。从其父单于头曼猎，以鸣镝射头曼，其左右亦皆随鸣镝而射杀单于头曼，遂尽诛其后母与弟及大臣不听从者。冒顿自立为单于。

冒顿既立，是时东胡彊盛，闻冒顿杀父自立，乃使使谓冒顿，欲得头曼时有千里马。冒顿问群臣，群臣皆曰："千里马，匈奴宝马也，勿与。"冒顿曰："奈何与人邻国而爱一马乎？"遂与之千里马。居顷之，东胡以为冒顿畏之，乃使使谓冒顿，欲得单于一阏氏。冒顿复问左右，左右皆怒曰："东胡无道，乃求阏氏！请击之。"冒顿曰："奈何与人邻国爱一女子乎？"遂取所爱阏氏予东胡。东胡王愈益骄，西侵。与匈奴间，中有弃地，莫居，千余里，各居其边为瓯脱。东胡使使谓冒顿曰："匈奴所与我界瓯脱外弃地，匈奴非能至也，吾欲有之。"冒顿问群臣，群臣或曰："此弃地，予之亦可，勿予亦可。"于是冒顿大怒曰："地者，国之本也，奈何予之！"诸言予之者，皆斩之。冒顿上马，令国中有后者斩，遂东袭击东胡。东胡初轻冒顿，不为备。及冒顿以兵至，击，大破灭东胡王，而虏其民人及畜产。既归，西击走月氏，南并楼烦、白羊河南王。悉复收秦所使蒙恬所夺匈奴地者，与汉关故河南塞，至朝䢸、肤施，遂侵燕、代。是时汉兵与项羽相距，中国罢于兵革，以故冒顿得自彊，控弦之士三十余万。

自淳维以至头曼千有余岁，时大时小，别散分离，尚矣，其世传不可得而次云。然至冒顿而匈奴最彊大，尽服从北夷，而南与中国为敌国，其世传国官号乃可得而记云。

置左右贤王，左右谷蠡王，左右大将，左右大都尉，左右大当户，左右骨都侯。匈奴谓贤曰"屠耆"，故常以太子为左屠耆王。自如左右贤王以下至当户，大者万骑，小者数千，凡二十四长，立号曰"万骑"。诸大臣皆世官。呼衍氏，兰氏，其后有须卜氏，此三姓其贵种也。诸左方王将居东方，直上谷以往者，东接秽貉、朝鲜；右方王将居西方，直上郡以西，接月氏、氐、羌；而单于之庭直代、云中：各有分地，逐水草移徙。而左右贤王、左右谷蠡王最为大国，左右骨都侯辅政。诸二十四长亦各自置千长、百长、什长、裨小王、相封、都尉、当户、且渠之属。

岁正月，诸长小会单于庭，祠。五月，大会茏城，祭其先、天地、鬼神。秋，马肥，大会蹛林，课校人畜计。其法，拔刃尺者死，坐盗者没入其家；有罪小者轧，大者死。狱久者不过十日，一国之囚不过数人。而单于朝出营，拜日之始生，夕拜月。其坐，长左而北乡。日上戊己。其送死，有棺椁金银衣裘，而无封树丧服；近幸臣妾从死者，多至数千百人。举事而候星月，月盛壮则攻战，月亏则退兵。其攻战，斩首虏赐一卮酒，而所得卤获因以予之，得人以为奴婢。故其战，人人自为趣利，善为诱兵以冒敌。故其见敌则逐利，如鸟之集；其困败，则瓦解云散矣。战而扶舆死者，尽得死者家财。

后北服浑庾、屈射、丁零、鬲昆、薪犁之国。于是匈奴贵人大臣皆

司马迁与李陵

Сыма Цянь жана Ли Лин

服，以冒顿单于为贤。

是时汉初定中国，徙韩王信于代，都马邑。匈奴大攻围马邑，韩王信降匈奴。匈奴得信，因引兵南逾句注，攻太原，至晋阳下。高帝自将兵往击之。会冬大寒雨雪，卒之堕指者十二三，于是冒顿详败走，诱汉兵。汉兵逐击冒顿，冒顿匿其精兵，见其羸弱，于是汉悉兵，多步兵，三十二万，北逐之。高帝先至平城，步兵未尽到，冒顿纵精兵四十万骑围高帝于白登，七日，汉兵中外不得相救饷。匈奴骑，其西方尽白马，东方尽青駹马，北方尽乌骊马，南方尽骍马。高帝乃使使间厚遗阏氏，阏氏乃谓冒顿曰："两主不相困。今得汉地，而单于终非能居之也。且汉王亦有神，单于察之。"冒顿与韩王信之将王黄、赵利期，而黄、利兵又不来，疑其与汉有谋，亦取阏氏之言，乃解围之一角。于是高帝令士皆持满傅矢外乡，从解角直出，竟与大军合，而冒顿遂引兵而去。汉亦引兵而罢，使刘敬结和亲之约。

是后韩王信为匈奴将，及赵利、王黄等数倍约，侵盗代、云中。居无几何，陈豨反，又与韩信合谋击代。汉使樊哙往击之，复拔代、雁门、云中郡县，不出塞。是时匈奴以汉将众往降，故冒顿常往来侵盗代地。于是汉患之，高帝乃使刘敬奉宗室女公主为单于阏氏，岁奉匈奴絮缯酒米食物各有数，约为昆弟以和亲，冒顿乃少止。后燕王卢绾反，率其党数千人降匈奴，往来苦上谷以东。

高祖崩，孝惠、吕太后时，汉初定，故匈奴以骄。冒顿乃为书遗高后，妄言。高后欲击之，诸将曰："以高帝贤武，然尚困于平城。"于是高后乃止，复与匈奴和亲。

至孝文帝初立，复修和亲之事。其三年五月，匈奴右贤王入居河南地，侵盗上郡葆塞蛮夷，杀略人民。于是孝文帝诏丞相灌婴发车骑八万五千，诣高奴，击右贤王。右贤王走出塞。文帝幸太原。是时济北王反，文帝归，罢丞相击胡之兵。

其明年，单于遗汉书曰："天所立匈奴大单于敬问皇帝无恙。前时皇帝言和亲事，称书意，合欢。汉边吏侵侮右贤王，右贤王不请，听后义卢侯难氏等计，与汉吏相距，绝二主之约，离兄弟之亲。皇帝让书再至，发使以书报，不来，汉使不至，汉以其故不和，邻国不附。今以小吏之败约故，罚右贤王，使之西求月氏击之。以天之福，吏卒良，马彊力，以夷灭月氏，尽斩杀降下之。定楼兰、乌孙、呼揭及其旁二十六国，皆以为匈奴。诸引弓之民，并为一家。北州已定，愿寝兵休士卒养马，除前事，复故约，以安边民，以应始古，使少者得成其长，老者安其处，世世平乐。未得皇帝之志也，故使郎中系雩浅奉书请，献橐他一匹，骑马二匹，驾二驷。皇帝即不欲匈奴近塞，则且诏吏民远舍。使者至，即遣之。"以六月中来至薪望之地。书至，汉议击与和亲孰便。公卿皆曰："单于新破月氏，乘胜，不可击。且得匈奴地，泽卤，非可居也。和亲甚便。"汉许之。

孝文皇帝前六年，汉遗匈奴书曰："皇帝敬问匈奴大单于无恙。使郎中系雩浅遗朕书曰：'右贤王不请，听后义卢侯难氏等计，绝二主之约，离兄弟之亲，汉以故不和，邻国不附。今以小吏败约，故罚右贤王使西击月氏，尽定之。愿寝兵休士卒养马，除前事，复故约，以安边民，使少者得成其长，老者安其处，世世平乐。'朕甚嘉之，此古圣主之意也。汉与匈奴约为兄弟，所以遗单于甚厚。倍约离兄弟之亲者，常在匈奴。然右贤王事已在赦前，单于勿深诛。单于若称书意，明告诸吏，使无负约，有信，敬如单于书。使者言单于自将伐国有功，甚苦兵事。服绣袷绮衣、绣袷长襦、锦袷袍各一，比余一，黄金饰具带一，黄金胥纰一，绣十匹，锦三十匹，赤绨、绿缯各四十匹，使中大夫意、谒者令肩遗单于。"

后顷之，冒顿死，子稽粥立，号曰老上单于。

老上稽粥单于初立，孝文皇帝复遣宗室女公主为单于阏氏，使宦者

司马迁与李陵
Сыма Цянь жана Ли Лин

燕人中行说傅公主。说不欲行，汉彊使之。说曰："必我行也，为汉患者。"中行说既至，因降单于，单于甚亲幸之。

初，匈奴好汉缯絮食物，中行说曰："匈奴人众不能当汉之一郡，然所以彊者，以衣食异，无仰于汉也。今单于变俗好汉物，汉物不过什二，则匈奴尽归于汉矣。其得汉缯絮，以驰草棘中，衣袴皆裂敝，以示不如旃裘之完善也。得汉食物皆去之，以示不如湩酪之便美也。"于是说教单于左右疏记，以计课其人众畜物。

汉遗单于书，牍以尺一寸，辞曰"皇帝敬问匈奴大单于无恙"，所遗物及言语云云。中行说令单于遗汉书以尺二寸牍，及印封皆令广大长，倨傲其辞曰"天地所生日月所置匈奴大单于敬问汉皇帝无恙"，所以遗物言语亦云云。

汉使或言曰："匈奴俗贱老。"中行说穷汉使曰："而汉俗屯戍从军当发者，其老亲岂有不自脱温厚肥美以赍送饮食行戍乎？"汉使曰："然。"中行说曰："匈奴明以战攻为事，其老弱不能斗，故以其肥美饮食壮健者，盖以自为守卫，如此父子各得久相保，何以言匈奴轻老也？"汉使曰："匈奴父子乃同穹庐而卧。父死，妻其后母；兄弟死，尽取其妻妻之。无冠带之饰，阙庭之礼。"中行说曰："匈奴之俗，人食畜肉，饮其汁，衣其皮；畜食草饮水，随时转移。故其急则人习骑射，宽则人乐无事，其约束轻，易行也。君臣简易，一国之政犹一身也。父子兄弟死，取其妻妻之，恶种姓之失也。故匈奴虽乱，必立宗种。今中国虽详不取其父兄之妻，亲属益疏则相杀，至乃易姓，皆从此类。且礼义之敝，上下交怨望，而室屋之极，生力必屈。夫力耕桑以求衣食，筑城郭以自备，故其民急则不习战功，缓则罢于作业。嗟土室之人，顾无多辞，令喋喋而佔佔，冠固何当？"

自是之后，汉使欲辩论者，中行说辄曰："汉使无多言，顾汉所输匈奴缯絮米糵，令其量中，必善美而已矣，何以为言乎？且所给备善则已；

不备,苦恶,则候秋孰,以骑驰蹂而稼穑耳。"日夜教单于候利害处。

汉孝文皇帝十四年,匈奴单于十四万骑入朝邶、萧关,杀北地都尉卬,虏人民畜产甚多,遂至彭阳。使奇兵入烧回中宫,候骑至雍甘泉。于是文帝以中尉周舍、郎中令张武为将军,发车千乘,骑十万,军长安旁以备胡寇。而拜昌侯卢卿为上郡将军,甯侯魏遫为北地将军,隆虑侯周竃为陇西将军,东阳侯张相如为大将军,成侯董赤为前将军,大发车骑往击胡。单于留塞内月余乃去,汉逐出塞即还,不能有所杀。匈奴日已骄,岁入边,杀略人民畜产甚多,云中、辽东最甚,至代郡万余人。汉患之,乃使使遗匈奴书。单于亦使当户报谢,复言和亲事。

孝文帝后二年,使使遗匈奴书曰:"皇帝敬问匈奴大单于无恙。使当户且居雕渠难、郎中韩辽遗朕马二匹,已至,敬受。先帝制:长城以北,引弓之国,受命单于;长城以内,冠带之室,朕亦制之。使万民耕织射猎衣食,父子无离,臣主相安,俱无暴逆。今闻渫恶民贪降其进取之利,倍义绝约,忘万民之命,离两主之驩,然其事已在前矣。书曰:'二国已和亲,两主驩说,寝兵休卒养马,世世昌乐,阕然更始。'朕甚嘉之。圣人者日新,改作更始,使老者得息,幼者得长,各保其首领而终其天年。朕与单于俱由此道,顺天恤民,世世相传,施之无穷,天下莫不咸便。汉与匈奴邻国之敌,匈奴处北地,寒,杀气早降,故诏吏遗单于秫糵金帛丝絮佗物岁有数。今天下大安,万民熙熙,朕与单于为之父母。朕追念前事,薄物细故,谋臣计失,皆不足以离兄弟之驩。朕闻天不颇覆,地不偏载。朕与单于皆捐往细故,俱蹈大道,堕坏前恶,以图长久,使两国之民若一家子。元元万民,下及鱼鳖,上及飞鸟,跂行喙息蠕动之类,莫不就安利而辟危殆。故来者不止,天之道也。俱去前事:朕释逃虏民,单于无言章尼等。朕闻古之帝王,约分明而无食言。单于留志,天下大安,和亲之后,汉过不先。单于其察之。"

单于既约和亲,于是制诏御史曰:"匈奴大单于遗朕书,言和亲已

司马迁与李陵
Сыма Цянь жана Ли Лин

定,亡人不足以益众广地,匈奴无入塞,汉无出塞,犯今约者杀之,可以久亲,后无咎,俱便。朕已许之。其布告天下,使明知之。"

后四岁,老上稽粥单于死,子军臣立为单于。既立,孝文皇帝复与匈奴和亲。而中行说复事之。

军臣单于立四岁,匈奴复绝和亲,大入上郡、云中各三万骑,所杀略甚众而去。于是汉使三将军军屯北地,代屯句注,赵屯飞狐口,缘边亦各坚守以备胡寇。又置三将军,军长安西细柳、渭北棘门、霸上以备胡。胡骑入代句注边,烽火通于甘泉、长安。数月,汉兵至边,匈奴亦去远塞,汉兵亦罢。后岁余,孝文帝崩,孝景帝立,而赵王遂乃阴使人于匈奴。吴楚反,欲与赵合谋入边。汉围破赵,匈奴亦止。自是之后,孝景帝复与匈奴和亲,通关市,给遗匈奴,遣公主,如故约。终孝景时,时小入盗边,无大寇。

今帝即位,明和亲约束,厚遇,通关市,饶给之。匈奴自单于以下皆亲汉,往来长城下。

汉使马邑下人聂翁壹奸兰出物与匈奴交,详为卖马邑城以诱单于。单于信之,而贪马邑财物,乃以十万骑入武州塞。汉伏兵三十余万马邑旁,御史大夫韩安国为护军,护四将军以伏单于。单于既入汉塞,未至马邑百余里,见畜布野而无人牧者,怪之,乃攻亭。是时雁门尉史行徼,见寇,葆此亭,知汉兵谋,单于得,欲杀之,尉史乃告单于汉兵所居。单于大惊曰:"吾固疑之。"乃引兵还。出曰:"吾得尉史,天也,天使若言。"以尉史为"天王"。汉兵约单于入马邑而纵,单于不至,以故汉兵无所得。汉将军王恢部出代击胡辎重,闻单于还,兵多,不敢出。汉以恢本造兵谋而不进,斩恢。自是之后,匈奴绝和亲,攻当路塞,往往入盗于汉边,不可胜数。然匈奴贪,尚乐关市,嗜汉财物,汉亦尚关市不绝以中之。

自马邑军后五年之秋,汉使四将军各万骑击胡关市下。将军卫青出上谷，至茏城，得胡首虏七百人。公孙贺出云中，无所得。公孙敖出代郡，为胡所败七千余人。李广出雁门，为胡所败，而匈奴生得广，广后得亡归。汉囚敖、广，敖、广赎为庶人。其冬，匈奴数入盗边，渔阳尤甚。汉使将军韩安国屯渔阳备胡。其明年秋，匈奴二万骑入汉，杀辽西太守，略二千余人。胡又入败渔阳太守军千余人，围汉将军安国，安国时千余骑亦且尽，会燕救至，匈奴乃去。匈奴又入雁门，杀略千余人。于是汉使将军卫青将三万骑出雁门，李息出代郡，击胡。得首虏数千人。其明年，卫青复出云中以西至陇西，击胡之楼烦、白羊王于河南，得胡首虏数千，牛羊百余万。于是汉遂取河南地，筑朔方，复缮故秦时蒙恬所为塞，因河为固。汉亦弃上谷之什辟县造阳地以予胡。是岁，汉之元朔二年也。

其后冬，匈奴军臣单于死。军臣单于弟左谷蠡王伊稚斜自立为单于，攻破军臣单于太子於单。於单亡降汉，汉封於单为涉安侯，数月而死。

伊稚斜单于既立，其夏，匈奴数万骑入杀代郡太守恭友，略千余人。其秋，匈奴又入雁门，杀略千余人。其明年，匈奴又复复入代郡、定襄、上郡，各三万骑，杀略数千人。匈奴右贤王怨汉夺之河南地而筑朔方，数为寇，盗边，及入河南，侵扰朔方，杀略吏民甚众。

其明年春，汉以卫青为大将军，将六将军，十余万人，出朔方、高阙击胡。右贤王以为汉兵不能至，饮酒醉，汉兵出塞六七百里，夜围右贤王。右贤王大惊，脱身逃走，诸精骑往往随后去。汉得右贤王众男女万五千人，裨小王十余人。其秋，匈奴万骑入杀代郡都尉朱英，略千余人。

其明年春，汉复遣大将军卫青将六将军，兵十余万骑，乃再出定襄数百里击匈奴，得首虏前后凡万九千余级，而汉亦亡两将军，军三千余骑。右将军建得以身脱，而前将军翕侯赵信兵不利，降匈奴。赵信者，故胡小王，降汉，汉封为翕侯，以前将军与右将军并军分行，独遇单于

司马迁与李陵
Сыма Цянь жана Ли Лин

兵，故尽没。单于既得翕侯，以为自次王，用其姊妻之，与谋汉。信教单于益北绝幕，以诱罢汉兵，徼极而取之，无近塞。单于从其计。其明年，胡骑万人入上谷，杀数百人。

其明年春，汉使骠骑将军去病将万骑出陇西，过焉支山千余里，击匈奴，得胡首虏骑万八千余级，破得休屠王祭天金人。其夏，骠骑将军复与合骑侯数万骑出陇西、北地二千里，击匈奴。过居延，攻祁连山，得胡首虏三万余人，裨小王以下七十余人。是时匈奴亦来入代郡、雁门，杀略数百人。汉使博望侯及李将军广出右北平，击匈奴左贤王。左贤王围李将军，卒可四千人，且尽，杀虏亦过当。会博望侯军救至，李将军得脱。汉失亡数千人，合骑侯后骠骑将军期，及与博望侯皆当死，赎为庶人。

其秋，单于怒浑邪王、休屠王居西方为汉所杀虏数万人，欲召诛之。浑邪王与休屠王恐，谋降汉，汉使骠骑将军往迎之。浑邪王杀休屠王，并将其众降汉。凡四万余人，号十万。于是汉已得浑邪王，则陇西、北地、河西益少胡寇，徙关东贫民处所夺匈奴河南、新秦中以实之，而减北地以西戍卒半。其明年，匈奴入右北平、定襄各数万骑，杀略千余人而去。

其明年春，汉谋曰"翕侯信为单于计，居幕北，以为汉兵不能至"。乃粟马，发十万骑，负私从马凡十四万匹，粮重不与焉。令大将军青、骠骑将军去病中分军，大将军出定襄，骠骑将军出代，咸约绝幕击匈奴。单于闻之，远其辎重，以精兵待于幕北。与汉大将军接战一日，会暮，大风起，汉兵纵左右翼围单于。单于自度战不能如汉兵，单于遂独身与壮骑数百溃汉围西北遁走。汉兵夜追不得。行斩捕匈奴首虏万九千级，北至阗颜山赵信城而还。

单于之遁走，其兵往往与汉兵相乱而随单于。单于久不与其大众相得，其右谷蠡王以为单于死，乃自立为单于。真单于复得其众，而右谷

匈奴列传第五十
Хун[дар] баяны

蠡王乃去其单于号，复为右谷蠡王。

汉骠骑将军之出代二千余里，与左贤王接战，汉兵得胡首虏凡七万余级，左贤王将皆遁走。骠骑封于狼居胥山，禅姑衍，临翰海而还。

是后匈奴远遁，而幕南无王庭。汉度河自朔方以西至令居，往往通渠置田，官吏卒五六万人，稍蚕食，地接匈奴以北。

初，汉两将军大出围单于，所杀虏八九万，而汉士卒物故亦数万，汉马死者十余万。匈奴虽病，远去，而汉亦马少，无以复往。匈奴用赵信之计，遣使于汉，好辞请和亲。天子下其议，或言和亲，或言遂臣之。丞相长史任敞曰："匈奴新破，困，宜可使为外臣，朝请于边。"汉使任敞于单于。单于闻敞计，大怒，留之不遣。先是汉亦有所降匈奴使者，单于亦辄留汉使相当。汉方复收士马，会骠骑将军去病死，于是汉久不北击胡。

数岁，伊稚斜单于立十三年死，子乌维立为单于。是岁，汉元鼎三年也。乌维单于立，而汉天子始出巡郡县。其后汉方南诛两越，不击匈奴，匈奴亦不侵入边。

乌维单于立三年，汉已灭南越，遣故太仆贺将万五千骑出九原二千余里，至浮苴井而还，不见匈奴一人。汉又遣故从骠侯赵破奴万余骑出令居数千里，至匈河水而还，亦不见匈奴一人。

是时天子巡边，至朔方，勒兵十八万骑以见武节，而使郭吉风告单于。郭吉既至匈奴，匈奴主客问所使，郭吉礼卑言好，曰："吾见单于而口言。"单于见吉，吉曰："南越王头已悬于汉北阙。今单于即能前与汉战，天子自将兵待边；单于即不能，即南面而臣于汉。何徒远走，亡匿于幕北寒苦无水草之地，毋为也。"语卒而单于大怒，立斩主客见者，而留郭吉不归，迁之北海上。而单于终不肯为寇于汉边，休养息士马，习射猎，数使使于汉，好辞甘言求请和亲。

汉使王乌等窥匈奴。匈奴法，汉使非去节而以墨黥其面者不得入穹

司马迁与李陵
Сыма Цянь жана Ли Лин

庐。王乌,北地人,习胡俗,去其节,黥面,得入穹庐。单于爱之,详许甘言,为遣其太子入汉为质,以求和亲。

汉使杨信于匈奴。是时汉东拔秽貉、朝鲜以为郡,而西置酒泉郡以鬲绝胡与羌通之路。汉又西通月氏、大夏,又以公主妻乌孙王,以分匈奴西方之援国。又北益广田至胘雷为塞,而匈奴终不敢以为言。是岁,翕侯信死,汉用事者以匈奴为已弱,可臣从也。杨信为人刚直屈彊,素非贵臣,单于不亲。单于欲召入,不肯去节,单于乃坐穹庐外见杨信。杨信既见单于,说曰:"即欲和亲,以单于太子为质于汉。"单于曰:"非故约。故约,汉常遣翁主,给缯絮食物有品,以和亲,而匈奴亦不扰边。今乃欲反古,令吾太子为质,无几矣。"匈奴俗,见汉使非中贵人,其儒先,以为欲说,折其辩;其少年,以为欲刺,折其气。每汉使入匈奴,匈奴辄报偿。汉留匈奴使,匈奴亦留汉使,必得当乃肯止。

杨信既归,汉使王乌,而单于复䛕以甘言,欲多得汉财物,绐谓王乌曰:"吾欲入汉见天子,面相约为兄弟。"王乌归报汉,汉为单于筑邸于长安。匈奴曰:"非得汉贵人使,吾不与诚语。"匈奴使其贵人至汉,病,汉予药,欲愈之,不幸而死。而汉使路充国佩二千石印绶往使,因送其丧,厚葬直数千金,曰"此汉贵人也"。单于以为汉杀吾贵使者,乃留路充国不归。诸所言者,单于特空绐王乌,殊无意入汉及遣太子来质。于是匈奴数使奇兵侵犯边。汉乃拜郭昌为拔胡将军,及浞野侯屯朔方以东,备胡。路充国留匈奴三岁,单于死。

乌维单于立十岁而死,子乌师庐立为单于。年少,号为兒单于。是岁元封六年也。自此之后,单于益西北,左方兵直云中,右方直酒泉、炖煌郡。

兒单于立,汉使两使者,一吊单于,一吊右贤王,欲以乖其国。使者入匈奴,匈奴悉将致单于。单于怒而尽留汉使。汉使留匈奴者前后十馀辈,而匈奴使来,汉亦辄留相当。

是岁，汉使贰师将军广利西伐大宛，而令因杅将军敖筑受降城。其冬，匈奴大雨雪，畜多饥寒死。儿单于年少，好杀伐，国人多不安。左大都尉欲杀单于，使人间告汉曰："我欲杀单于降汉，汉远，即兵来迎我，我即发。"初，汉闻此言，故筑受降城，犹以为远。

其明年春，汉使浞野侯破奴将二万余骑出朔方西北二千余里，期至浚稽山而还。浞野侯既至期而还，左大都尉欲发而觉，单于诛之，发左方兵击浞野。浞野侯行捕首虏得数千人。还，未至受降城四百里，匈奴兵八万骑围之。浞野侯夜自出求水，匈奴间捕，生得浞野侯，因急击其军。军中郭纵为护，维王为渠，相与谋曰："及诸校尉畏亡将军而诛之，莫相劝归。"军遂没于匈奴。匈奴儿单于大喜，遂遣奇兵攻受降城。不能下，乃寇入边而去。其明年，单于欲自攻受降城，未至，病死。

儿单于立三岁而死。子年少，匈奴乃立其季父乌维单于弟右贤王呴犁湖为单于。是岁太初三年也。

呴犁湖单于立，汉使光禄徐自为出五原塞数百里，远者千余里，筑城鄣列亭至庐朐，而使游击将军韩说、长平侯卫伉屯其旁，使彊弩都尉路博德筑居延泽上。

其秋，匈奴大入定襄、云中，杀略数千人，败数二千石而去，行破坏光禄所筑城列亭鄣。又使右贤王入酒泉、张掖，略数千人。会任文击救，尽复失所得而去。是岁，贰师将军破大宛，斩其王而还。匈奴欲遮之，不能至。其冬，欲攻受降城，会单于病死。

呴犁湖单于立一岁死。匈奴乃立其弟左大都尉且鞮侯为单于。

汉既诛大宛，威震外国。天子意欲遂困胡，乃下诏曰："高皇帝遗朕平城之忧，高后时单于书绝悖逆。昔齐襄公复九世之雠，春秋大之。"是岁太初四年也。

且鞮侯单于既立，尽归汉使之不降者。路充国等得归。单于初立，恐汉袭之，乃自谓"我儿子，安敢望汉天子！汉天子，我丈人行也"。汉

司马迁与李陵
Сыма Цянь жана Ли Лин

遣中郎将苏武厚币赂遗单于。单于益骄,礼甚倨,非汉所望也。其明年,浞野侯破奴得亡归汉。

其明年,汉使贰师将军广利以三万骑出酒泉,击右贤王于天山,得胡首虏万馀级而还。匈奴大围贰师将军,几不脱。汉兵物故什六七。汉复使因杆将军敖出西河,与强弩都尉会涿涂山,毋所得。又使骑都尉李陵将步骑五千人,出居延北千馀里,与单于会,合战,陵所杀伤万馀人,兵及食尽,欲解归,匈奴围陵,陵降匈奴,其兵遂没,得还者四百人。单于乃贵陵,以其女妻之。

后二岁,复使贰师将军将六万骑,步兵十万,出朔方。强弩都尉路博德将万馀人,与贰师会。游击将军说将步骑三万人,出五原。因杆将军敖将万骑步兵三万人,出雁门。匈奴闻,悉远其累重于余吾水北,而单于以十万骑待水南,与贰师将军接战。贰师乃解而引归,与单于连战十馀日。贰师闻其家以巫蛊族灭,因并众降匈奴,得来还千人一两人耳。游击说无所得。因杆敖与左贤王战,不利,引归。是岁汉兵之出击匈奴者不得言功多少,功不得御。有诏捕太医令随但,言贰师将军家室族灭,使广利得降匈奴。

太史公曰:孔氏著春秋,隐桓之间则章,至定哀之际则微,为其切当世之文而罔襃,忌讳之辞也。世俗之言匈奴者,患其徼一时之权,而务谄纳其说,以便偏指,不参彼己;将率席中国广大,气奋,人主因以决策,是以建功不深。尧虽贤,兴事业不成,得禹而九州宁。且欲兴圣统,唯在择任将相哉!唯在择任将相哉!

太史公自序第七十

昔在颛顼，命南正重以司天，北正黎以司地。唐虞之际，绍重黎之后，使复典之，至于夏商，故重黎氏世序天地。其在周，程伯休甫其后也。当周宣王时，失其守而为司马氏。司马氏世典周史。惠襄之间，司马氏去周适晋。晋中军随会奔秦，而司马氏入少梁。

自司马氏去周适晋，分散，或在卫，或在赵，或在秦。其在卫者，相中山。在赵者，以传剑论显，蒯聩其后也。在秦者名错，与张仪争论，于是惠王使错将伐蜀，遂拔，因而守之。错孙靳，事武安君白起。而少梁更名曰夏阳。靳与武安君坑赵长平军，还而与之俱赐死杜邮，葬于华池。靳孙昌，昌为秦主铁官，当始皇之时。蒯聩玄孙卬为武信君将而徇朝歌。诸侯之相王，王卬于殷。汉之伐楚，卬归汉，以其地为河内郡。昌生无泽，无泽为汉市长。无泽生喜，喜为五大夫，卒，皆葬高门。喜生谈，谈为太史公。

太史公学天官于唐都，受易于杨何，习道论于黄子。太史公仕于建元元封之间，愍学者之不达其意而师悖，乃论六家之要指曰：

《易·大传》："天下一致而百虑，同归而殊涂。"夫阴阳、儒、墨、名、法、道德，此务为治者也，直所从言之异路，有省不省耳。尝窃观阴阳之术，大祥而众忌讳，使人拘而多所畏；然其序四时之大顺，不可失也。儒者博而寡要，劳而少功，是以其事难尽从；然其序君臣父子之礼，列夫妇长幼之别，不可易也。墨者俭而难遵，是以其事不可遍循；然其彊本节用，不可废也。法家严而少恩；然其正君臣上下之分，不可改矣。名家使人俭而善失真；然其正名实，不可不察也。道家使人精神

司马迁与李陵
Сыма Цянь жана Ли Лин

专一,动合无形,赡足万物。其为术也,因阴阳之大顺,采儒墨之善,撮名法之要,与时迁移,应物变化,立俗施事,无所不宜,指约而易操,事少而功多。儒者则不然。以为人主天下之仪表也,主倡而臣和,主先而臣随。如此则主劳而臣逸。至于大道之要,去健羡,绌聪明,释此而任术。夫神大用则竭,形大劳则敝。形神骚动,欲与天地长久,非所闻也。

夫阴阳四时、八位、十二度、二十四节各有教令,顺之者昌,逆之者不死则亡,未必然也,故曰"使人拘而多畏"。夫春生夏长,秋收冬藏,此天道之大经也,弗顺则无以为天下纲纪,故曰"四时之大顺,不可失也"。

夫儒者以《六蓺》为法。《六蓺》经传以千万数,累世不能通其学,当年不能究其礼,故曰"博而寡要,劳而少功"。若夫列君臣父子之礼,序夫妇长幼之别,虽百家弗能易也。

墨者亦尚尧舜道,言其德行曰:"堂高三尺,土阶三等,茅茨不剪,采椽不刮。食土簋,啜土刑,粝粱之食,藜藿之羹。夏日葛衣,冬日鹿裘。"其送死,桐棺三寸,举音不尽其哀。教丧礼,必以此为万民之率。使天下法若此,则尊卑无别也。夫世异时移,事业不必同,故曰"俭而难遵"。要曰彊本节用,则人给家足之道也。此墨子之所长,虽百家弗能废也。

法家不别亲疏,不殊贵贱,一断于法,则亲亲尊尊之恩绝矣。可以行一时之计,而不可长用也,故曰"严而少恩"。若尊主卑臣,明分职不得相逾越,虽百家弗能改也。

名家苛察缴绕,使人不得反其意,专决于名而失人情,故曰"使人俭而善失真"。若夫控名责实,参伍不失,此不可不察也。

道家无为,又曰无不为,其实易行,其辞难知。其术以虚无为本,以因循为用。无成埶,无常形,故能究万物之情。不为物先,不为物后,

太史公自序第七十

故能为万物主。有法无法，因时为业；有度无度，因物与合。故曰"圣人不朽，时变是守。虚者道之常也，因者君之纲"也。群臣并至，使各自明也。其实中其声者谓之端，实不中其声者谓之窾。窾言不听，奸乃不生，贤不肖自分，白黑乃形。在所欲用耳，何事不成。乃合大道，混混冥冥。光耀天下，复反无名。凡人所生者神也，所托者形也。神大用则竭，形大劳则敝，形神离则死。死者不可复生，离者不可复反，故圣人重之。由是观之，神者生之本也，形者生之具也。不先定其神形，而曰"我有以治天下"，何由哉？

太史公既掌天官，不治民。有子曰迁。

迁生龙门，耕牧河山之阳。年十岁则诵古文。二十而南游江、淮，上会稽，探禹穴，闚九疑，浮于沅、湘；北涉汶、泗，讲业齐、鲁之都，观孔子之遗风，乡射邹、峄；厄困鄱、薛、彭城，过梁、楚以归。于是迁仕为郎中，奉使西征巴、蜀以南，南略邛、笮、昆明，还报命。

是岁天子始建汉家之封，而太史公留滞周南，不得与从事，故发愤且卒。而子迁适使反，见父于河洛之间。太史公执迁手而泣曰："余先周室之太史也。自上世尝显功名于虞夏，典天官事。后世中衰，绝于予乎？汝复为太史，则续吾祖矣。今天子接千岁之统，封泰山，而余不得从行，是命也夫，命也夫！余死，汝必为太史；为太史，无忘吾所欲论著矣。且夫孝始于事亲，中于事君，终于立身。扬名于后世，以显父母，此孝之大者。夫天下称诵周公，言其能论歌文武之德，宣周邵之风，达太王王季之思虑，爰及公刘，以尊后稷也。幽厉之后，王道缺，礼乐衰，孔子修旧起废，论诗书，作春秋，则学者至今则之。自获麟以来四百有余岁，而诸侯相兼，史记放绝。今汉兴，海内一统，明主贤君忠臣死义之士，余为太史而弗论载，废天下之史文，余甚惧焉，汝其念哉！"迁俯首流涕曰："小子不敏，请悉论先人所次旧闻，弗敢阙。"

卒三岁而迁为太史令，䌷史记石室金匮之书。五年而当太初元年，

司马迁与李陵
Сыма Цянь жана Ли Лин

十一月甲子朔旦冬至,天历始改,建于明堂,诸神受纪。

太史公曰:"先人有言:'自周公卒五百岁而有孔子。孔子卒后至于今五百岁,有能绍明世,正易传,继春秋,本诗书礼乐之际?'意在斯乎!意在斯乎!小子何敢让焉。"

上大夫壶遂曰:"昔孔子何为而作《春秋》哉"?太史公曰:"余闻董生曰:'周道衰废,孔子为鲁司寇,诸侯害之,大夫壅之。孔子知言之不用,道之不行也,是非二百四十二年之中,以为天下仪表,贬天子,退诸侯,讨大夫,以达王事而已矣。'子曰:'我欲载之空言,不如见之于行事之深切著明也。'夫《春秋》,上明三王之道,下辨人事之纪,别嫌疑,明是非,定犹豫,善善恶恶,贤贤贱不肖,存亡国,继绝世,补弊起废,王道之大者也。《易》著天地阴阳、四时五行,故长于变;《礼》经纪人伦,故长于行;《书》记先王之事,故长于政;《诗》记山川溪谷禽兽草木牝牡雌雄,故长于风;《乐》乐所以立,故长于和;《春秋》辨是非,故长于治人。是故《礼》以节人,《乐》以发和,《书》以道事,《诗》以达意,《易》以道化,《春秋》以道义。拨乱世反之正,莫近于《春秋》。《春秋》文成数万,其指数千。万物之散聚皆在《春秋》。《春秋》之中,弑君三十六,亡国五十二,诸侯奔走不得保其社稷者不可胜数。察其所以,皆失其本已。故《易》曰'失之毫厘,差之千里。'故曰'臣弑君,子弑父,非一旦一夕之故也,其渐久矣'。故有国者不可以不知《春秋》,前有谗而弗见,后有贼而不知。为人臣者不可以不知《春秋》,守经事而不知其宜,遭变事而不知其权。为人君父而不通于《春秋》之义者,必蒙首恶之名。为人臣子而不通于《春秋》之义者,必陷篡弑之诛,死罪之名。其实皆以为善,为之不知其义,被之空言而不敢辞。夫不通礼义之旨,至于君不君,臣不臣,父不父,子不子。夫君不君则犯,臣不臣则诛,父不父则无道,子不子则不孝。此四行者,天下之大过也。以天下之大过予之,则受而弗敢辞。故《春秋》者,礼义之

太史公自序第七十

大宗也。夫礼禁未然之前，法施已然之后；法之所为用者易见，而礼之所为禁者难知。"

壶遂曰："孔子之时，上无明君，下不得任用，故作《春秋》，垂空文以断礼义，当一王之法。今夫子上遇明天子，下得守职，万事既具，咸各序其宜，夫子所论，欲以何明？"

太史公曰："唯唯，否否，不然。余闻之先人曰：'伏羲至纯厚，作《易·八卦》。尧舜之盛，《尚书》载之，礼乐作焉。汤武之隆，诗人歌之。《春秋》采善贬恶，推三代之德，褒周室，非独刺讥而已也。'汉兴以来，至明天子，获符瑞，封禅，改正朔，易服色，受命於穆清，泽流罔极，海外殊俗，重译款塞，请来献见者，不可胜道。臣下百官力诵圣德，犹不能宣尽其意。且士贤能而不用，有国者之耻；主上明圣而德不布闻，有司之过也。且余尝掌其官，废明圣盛德不载，灭功臣世家贤大夫之业不述，堕先人所言，罪莫大焉。余所谓述故事，整齐其世传，非所谓作也，而君比之于春秋，谬矣。"

于是论次其文。七年而太史公遭李陵之祸，幽于缧绁。乃喟然而叹曰："是余之罪也夫？是余之罪也夫！身毁不用矣。"退而深惟曰："夫诗书隐约者，欲遂其志之思也。昔西伯拘羑里，演《周易》；孔子厄陈蔡，作《春秋》；屈原放逐，著《离骚》；左丘失明，厥有《国语》；孙子膑脚，而论兵法；不韦迁蜀，世传《吕览》；韩非囚秦，《说难》、《孤愤》；《诗》三百篇，大抵贤圣发愤之所为作也。此人皆意有所郁结，不得通其道也，故述往事，思来者。"于是卒述陶唐以来，至于麟止，自黄帝始。

维昔黄帝，法天则地，四圣遵序，各成法度；唐尧逊位，虞舜不台；厥美帝功，万世载之。作《五帝本纪》第一。

维禹之功，九州攸同，光唐虞际，德流苗裔；夏桀淫骄，乃放鸣条。作《夏本纪》第二。

维契作商，爰及成汤；太甲居桐，德盛阿衡；武丁得说，乃称高宗；

司马迁与李陵
Сыма Цянь жана Ли Лин

帝辛湛湎，诸侯不享。作《殷本纪》第三。

维弃作稷，德盛西伯；武王牧野，实抚天下；幽厉昏乱，既丧酆镐；陵迟至赧，洛邑不祀。作《周本纪》第四。

维秦之先，伯翳佐禹；穆公思义，悼豪之旅；以人为殉，诗歌《黄鸟》；昭襄业帝。作《秦本纪》第五。

始皇既立，并兼六国，销锋铸镰，维偃干革，尊号称帝，矜武任力；二世受运，子婴降虏。作《始皇本纪》第六。

秦失其道，豪桀并扰；项梁业之，子羽接之；杀庆救赵，诸侯立之；诛婴背怀，天下非之。作《项羽本纪》第七。

子羽暴虐，汉行功德；愤发蜀汉，还定三秦；诛籍业帝，天下惟宁，改制易俗。作《高祖本纪》第八。

惠之早霣，诸吕不台；崇彊禄、产，诸侯谋之；杀隐幽友，大臣洞疑，遂及宗祸。作《吕太后本纪》第九。

汉既初兴，继嗣不明，迎王践阼，天下归心；蠲除肉刑，开通关梁，广恩博施，厥称太宗。作《孝文本纪》第十。

诸侯骄恣，吴首为乱，京师行诛，七国伏辜，天下翕然，大安殷富。作《孝景本纪》第十一。

汉兴五世，隆在建元，外攘夷狄，内修法度，封禅，改正朔，易服色。作《今上本纪》第十二。

维三代尚矣，年纪不可考，盖取之谱牒旧闻，本于兹，于是略推，作《三代世表》第一。

幽厉之后，周室衰微，诸侯专政，春秋有所不纪；而谱牒经略，五霸更盛衰，欲睹周世相先后之意，作《十二诸侯年表》第二。

春秋之后，陪臣秉政，彊国相王；以至于秦，卒并诸夏，灭封地，擅其号。作《六国年表》第三。

秦既暴虐，楚人发难，项氏遂乱，汉乃扶义征伐；八年之间，天下三嬗，事繁变众，故详著《秦楚之际月表》第四。

汉兴已来，至于太初百年，诸侯废立分削，谱纪不明，有司靡踵，彊弱之原云以也。作《汉兴已来诸侯年表》第五。

维高祖元功，辅臣股肱，剖符而爵，泽流苗裔，忘其昭穆，或杀身陨国。作《高祖功臣侯者年表》第六。

惠景之间，维申功臣宗属爵邑，作《惠景间侯者年表》第七。

北讨彊胡，南诛劲越，征伐夷蛮，武功爰列。作《建元以来侯者年表》第八。

诸侯既彊，七国为从，子弟众多，无爵封邑，推恩行义，其埶销弱，德归京师。作《王子侯者年表》第九。

国有贤相良将，民之师表也。维见汉兴以来将相名臣年表，贤者记其治，不贤者彰其事。作《汉兴以来将相名臣年表》第十。

维三代之礼，所损益各殊务，然要以近性情，通王道，故礼因人质为之节文，略协古今之变。作《礼书》第一。

乐者，所以移风易俗也。自雅颂声兴，则已好郑卫之音，郑卫之音所从来久矣。人情之所感，远俗则怀。比乐书以述来古，作《乐书》第二。

非兵不彊，非德不昌，黄帝、汤、武以兴，桀、纣、二世以崩，可不慎欤？司马法所从来尚矣，太公、孙、吴、王子能绍而明之，切近世，极人变。作《律书》第三。

律居阴而治阳，历居阳而治阴，律历更相治，间不容翲忽。五家之文怫异，维太初之元论。作《历书》第四。

星气之书，多杂机祥，不经；推其文，考其应，不殊。比集论其行事，验于轨度以次，作《天官书》第五。

受命而王，封禅之符罕用，用则万灵罔不禋祀。追本诸神名山大川礼，作《封禅书》第六。

维禹浚川，九州攸宁；爰及宣防，决渎通沟。作《河渠书》第七。

司马迁与李陵
Сыма Цянь жана Ли Лин

维币之行，以通农商；其极则玩巧，并兼兹殖，争于机利，去本趋末。作《平准书》以观事变，第八。

太伯避历，江蛮是适；文武攸兴，古公王迹。阖庐弑僚，宾服荆楚；夫差克齐，子胥鸱夷；信嚭亲越，吴国既灭。嘉伯之让，作《吴世家》第一。

申、吕肖矣，尚父侧微，卒归西伯，文武是师；功冠群公，缪权于幽；番番黄发，爰飨营丘。不背柯盟，桓公以昌，九合诸侯，霸功显彰。田阚争宠，姜姓解亡。嘉父之谋，作《齐太公世家》第二。

依之违之，周公绥之；愤发文德，天下和之；辅翼成王，诸侯宗周。隐桓之际，是独何哉？三桓争彊，鲁乃不昌。嘉旦金滕，作《周公世家》第三。

武王克纣，天下未协而崩。成王既幼，管蔡疑之，淮夷叛之，于是召公率德，安集王室，以宁东土。燕（易）〔哙〕之禅，乃成祸乱。嘉《甘棠》之诗，作《燕世家》第四。

管蔡相武庚，将宁旧商；及旦摄政，二叔不飨；杀鲜放度，周公为盟；大任十子，周以宗彊。嘉仲悔过，作《管蔡世家》第五。

王后不绝，舜禹是说；维德休明，苗裔蒙烈。百世享祀，爰周陈杞，楚实灭之。齐田既起，舜何人哉？作《陈杞世家》第六。

收殷馀民，叔封始邑，申以商乱，酒材是告，及朔之生，卫顷不宁；南子恶蒯聩，子父易名。周德卑微，战国既彊，卫以小弱，角独后亡。嘉彼康诰，作《卫世家》第七。

嗟箕子乎！嗟箕子乎！正言不用，乃反为奴。武庚既死，周封微子。襄公伤于泓，君子孰称。景公谦德，荧惑退行。剔成暴虐，宋乃灭亡。嘉微子问太师，作《宋世家》第八。

武王既崩，叔虞邑唐。君子讥名，卒灭武公。骊姬之爱，乱者五世；重耳不得意，乃能成霸。六卿专权，晋国以耗。嘉文公锡珪鬯，作《晋世家》第九。

　　重黎业之,吴回接之;殷之季世,粥子牒之。周用熊绎,熊渠是续。庄王之贤,乃复国陈;既赦郑伯,班师华元。怀王客死,兰咎屈原;好谀信谗,楚并于秦。嘉庄王之义,作《楚世家》第十。

　　少康之子,实宾南海,文身断发,鼋鳝与处,既守封禺,奉禹之祀。勾践困彼,乃用种、蠡。嘉勾践夷蛮能修其德,灭疆吴以尊周室,作《越王勾践世家》第十一。

　　桓公之东,太史是庸。及侵周禾,王人是议。祭仲要盟,郑久不昌。子产之仁,绍世称贤。三晋侵伐,郑纳于韩。嘉厉公纳惠王,作《郑世家》第十二。

　　维骥騄耳,乃章造父。赵夙事献,衰续厥绪。佐文尊王,卒为晋辅。襄子困辱,乃禽智伯。主父生缚,饿死探爵。王迁辟淫,良将是斥。嘉鞅讨周乱,作《赵世家》第十三。

　　毕万爵魏,卜人知之。及绛戮干,戎翟和之。文侯慕义,子夏师之。惠王自矜,齐秦攻之。既疑信陵,诸侯罢之。卒亡大梁,王假厮之。嘉武佐晋文申霸道,作《魏世家》第十四。

　　韩厥阴德,赵武攸兴。绍绝立废,晋人宗之。昭侯显列,申子庸之。疑非不信,秦人袭之。嘉厥辅晋匡周天子之赋,作《韩世家》第十五。

　　完子避难,适齐为援,阴施五世,齐人歌之。成子得政,田和为侯。王建动心,乃迁于共。嘉威、宣能拨浊世而独宗周,作《田敬仲完世家》第十六。

　　周室既衰,诸侯恣行。仲尼悼礼废乐崩,追修经术,以达王道,匡乱世反之于正,见其文辞,为天下制仪法,垂六艺之统纪于后世。作《孔子世家》第十七。

　　桀、纣失其道而汤、武作,周失其道而春秋作。秦失其政,而陈涉发迹,诸侯作难,风起云蒸,卒亡秦族。天下之端,自涉发难。作《陈

司马迁与李陵
Сыма Цянь жана Ли Лин

涉世家》第十八。

成皋之台，薄氏始基。诎意適代，厥崇诸窦。栗姬偩贵，王氏乃遂。陈后太骄，卒尊子夫。嘉夫德若斯，作《外戚世家》第十九。

汉既谲谋，禽信于陈；越荆剽轻，乃封弟交为楚王，爱都彭城，以彊淮泗，为汉宗藩。戊溺于邪，礼复绍之。嘉游辅祖，作《楚元王世家》第二十。

维祖师旅，刘贾是与；为布所袭，丧其荆、吴。营陵激吕，乃王琅邪；怵午信齐，往而不归，遂西入关，遭立孝文，获复王燕。天下未集，贾、泽以族，为汉藩辅。作《荆燕世家》第二十一。

天下已平，亲属既寡；悼惠先壮，实镇东土。哀王擅兴，发怒诸吕，驷钧暴戾，京师弗许。厉之内淫，祸成主父。嘉肥股肱，作《齐悼惠王世家》第二十二。

楚人围我荥阳，相守三年；萧何填抚山西，推计踵兵，给粮食不绝，使百姓爱汉，不乐为楚。作《萧相国世家》第二十三。

与信定魏，破赵拔齐，遂弱楚人。续何相国，不变不革，黎庶攸宁。嘉参不伐功矜能，作《曹相国世家》第二十四。

运筹帷幄之中，制胜于无形，子房计谋其事，无知名，无勇功，图难于易，为大于细。作《留侯世家》第二十五。

六奇既用，诸侯宾从于汉；吕氏之事，平为本谋，终安宗庙，定社稷。作《陈丞相世家》第二十六。

诸吕为从，谋弱京师，而勃反经合于权；吴楚之兵，亚夫驻于昌邑，以厄齐赵，而出委以梁。作《绛侯世家》第二十七。

七国叛逆，蕃屏京师，唯梁为扞；偩爱矜功，几获于祸。嘉其能距吴楚，作《梁孝王世家》第二十八。

五宗既王，亲属洽和，诸侯大小为藩，爱得其宜，僭拟之事稍衰贬矣。作《五宗世家》第二十九。

太史公自序第七十

三子之王，文辞可观。作《三王世家》第三十。

末世争利，维彼奔义；让国饿死，天下称之。作《伯夷列传》第一。

晏子俭矣，夷吾则奢；齐桓以霸，景公以治。作《管晏列传》第二。

李耳无为自化，清净自正；韩非揣事情，循执理。作《老子韩非列传》第三。

自古王者而有司马法，穰苴能申明之。作《司马穰苴列传》第四。

非信廉仁勇不能传兵论剑，与道同符，内可以治身，外可以应变，君子比德焉。作《孙子吴起列传》第五。

维建遇谗，爰及子奢，尚既匡父，伍员奔吴。作《伍子胥列传》第六。

孔氏述文，弟子兴业，咸为师傅，崇仁厉义。作《仲尼弟子列传》第七。

鞅去卫适秦，能明其术，彊霸孝公，后世遵其法。作《商君列传》第八。

天下患衡秦毋厌，而苏子能存诸侯，约从以抑贪彊。作《苏秦列传》第九。

六国既从亲，而张仪能明其说，复散解诸侯。作《张仪列传》第十。

秦所以东攘雄诸侯，樗里、甘茂之策。作《樗里甘茂列传》第十一。

苞河山，围大梁，使诸侯敛手而事秦者，魏冄之功。作《穰侯列传》第十二。

南拔鄢郢，北摧长平，遂围邯郸，武安为率；破荆灭赵，王翦之计。作《白起王翦列传》第十三。

猎儒墨之遗文，明礼义之统纪，绝惠王利端，列往世兴衰。作《孟子荀卿列传》第十四。

好客喜士，士归于薛，为齐扞楚魏。作《孟尝君列传》第十五。

争冯亭以权，如楚以救邯郸之围，使其君复称于诸侯。作《平原君

司马迁与李陵
Сыма Цянь жана Ли Лин

虞卿列传》第十六。

能以富贵下贫贱，贤能诎于不肖，唯信陵君为能行之。作《魏公子列传》第十七。

以身徇君，遂脱彊秦，使驰说之士南乡走楚者，黄歇之义。作《春申君列传》第十八。

能忍诟于魏齐，而信威于彊秦，推贤让位，二子有之。作《范睢蔡泽列传》第十九。

率行其谋，连五国兵，为弱燕报彊齐之雠，雪其先君之耻。作《乐毅列传》第二十。

能信意彊秦，而屈体廉子，用徇其君，俱重于诸侯。作《廉颇蔺相如列传》第二十一。

湣王既失临淄而奔莒，唯田单用即墨破走骑劫，遂存齐社稷。作《田单列传》第二十二。

能设诡说解患于围城，轻爵禄，乐肆志。作《鲁仲连邹阳列传》第二十三。

作辞以讽谏，连类以争义，离骚有之。作《屈原贾生列传》第二十四。

结子楚亲，使诸侯之士斐然争入事秦。作《吕不韦列传》第二十五。

曹子匕首，鲁获其田，齐明其信；豫让义不为二心。作《刺客列传》第二十六。

能明其画，因时推秦，遂得意于海内，斯为谋首。作《李斯列传》第二十七。

为秦开地益众，北靡匈奴，据河为塞，因山为固，建榆中。作《蒙恬列传》第二十八。

填赵塞常山以广河内，弱楚权，明汉王之信于天下。作《张耳陈馀列传》第二十九。

收西河、上党之兵，从至彭城；越之侵掠梁地以苦项羽。作《魏豹彭越列传》第三十。

以淮南叛楚归汉，汉用得大司马殷，卒破子羽于垓下。作《黥布列传》第三十一。

楚人迫我京索，而信拔魏赵，定燕齐，使汉三分天下有其二，以灭项籍。作《淮阴侯列传》第三十二。

楚汉相距巩洛，而韩信为填颍川，卢绾绝籍粮饷。作《韩信卢绾列传》第三十三。

诸侯畔项王，唯齐连子羽城阳，汉得以间遂入彭城。作《田儋列传》第三十四。

攻城野战，获功归报，哙、商有力焉，非独鞭策，又与之脱难。作《樊郦列传》第三十五。

汉既初定，文理未明，苍为主计，整齐度量，序律历。作《张丞相列传》第三十六。

结言通使，约怀诸侯；诸侯咸亲，归汉为藩辅。作《郦生陆贾列传》第三十七。

欲详知秦楚之事，维周𬘬常从高祖，平定诸侯。作《傅靳蒯成列传》第三十八。

徙彊族，都关中，和约匈奴；明朝廷礼，次宗庙仪法。作《刘敬叔孙通列传》第三十九。

能摧刚作柔，卒为列臣；栾公不劫于埶而倍死。作《季布栾布列传》第四十。

敢犯颜色以达主义，不顾其身，为国家树长画。作《袁盎朝错列传》第四十一。

守法不失大理，言古贤人，增主之明。作《张释之冯唐列传》第四十二。

司马迁与李陵
Сыма Цянь жана Ли Лин

敦厚慈孝，讷于言，敏于行，务在鞠躬，君子长者。作《万石张叔列传》第四十三。

守节切直，义足以言廉，行足以厉贤，任重权不可以非理挠。作《田叔列传》第四十四。

扁鹊言医，为方者宗，守数精明；后世（修）〔循〕序，弗能易也，而仓公可谓近之矣。作《扁鹊仓公列传》第四十五。

维仲之省，厥濞王吴，遭汉初定，以填抚江淮之间。作《吴王濞列传》第四十六。

吴楚为乱，宗属唯婴贤而喜士，士乡之，率师抗山东荥阳。作《魏其武安列传》第四十七。

智足以应近世之变，宽足用得人。作《韩长孺列传》第四十八。

勇于当敌，仁爱士卒，号令不烦，师徒乡之。作《李将军列传》第四十九。

自三代以来，匈奴常为中国患害；欲知彊弱之时，设备征讨，作《匈奴列传》第五十。

直曲塞，广河南，破祁连，通西国，靡北胡。作《卫将军骠骑列传》第五十一。

大臣宗室以侈靡相高，唯弘用节衣食为百吏先。作《平津侯列传》第五十二。

汉既平中国，而佗能集杨越以保南藩，纳贡职。作《南越列传》第五十三。

吴之叛逆，瓯人斩濞，葆守封禺为臣。作《东越列传》第五十四。

燕丹散乱辽间，满收其亡民，厥聚海东，以集真藩，葆塞为外臣。作《朝鲜列传》第五十五。

唐蒙使略通夜郎，而邛笮之君请为内臣受吏。作《西南夷列传》第五十六。

子虚之事，大人赋说，靡丽多夸，然其指风谏，归于无为。作《司马相如列传》第五十七。

黥布叛逆，子长国之，以填江淮之南，安剽楚庶民。作《淮南衡山列传》第五十八。

奉法循理之吏，不伐功矜能，百姓无称，亦无过行。作《循吏列传》第五十九。

正衣冠立于朝廷，而群臣莫敢言浮说，长孺矜焉；好荐人，称长者，壮有溉。作《汲郑列传》第六十。

自孔子卒，京师莫崇庠序，唯建元元狩之间，文辞粲如也。作《儒林列传》第六十一。

民倍本多巧，奸轨弄法，善人不能化，唯一切严削为能齐之。作《酷吏列传》第六十二。

汉既通使大夏，而西极远蛮，引领内向，欲观中国。作《大宛列传》第六十三。

救人于厄，振人不赡，仁者有乎；不既信，不倍言，义者有取焉。作《游侠列传》第六十四。

夫事人君能说主耳目，和主颜色，而获亲近，非独色爱，能亦各有所长。作《佞幸列传》第六十五。

不流世俗，不争埶利，上下无所凝滞，人莫之害，以道之用。作《滑稽列传》第六十六。

齐、楚、秦、赵为日者，各有俗所用。欲循观其大旨，作《日者列传》第六十七。

三王不同龟，四夷各异卜，然各以决吉凶。略窥其要，作《龟策列传》第六十八。

布衣匹夫之人，不害于政，不妨百姓，取与以时而息财富，智者有采焉。作《货殖列传》第六十九。

司马迁与李陵
Сыма Цянь жана Ли Лин

维我汉继五帝末流，接三代（统）〔绝〕业。周道废，秦拨去古文，焚灭诗书，故明堂石室金匮玉版图籍散乱。于是汉兴，萧何次律令，韩信申军法，张苍为章程，叔孙通定礼仪，则文学彬彬稍进，诗书往往间出矣。自曹参荐盖公言黄老，而贾生、晁错明申、商，公孙弘以儒显，百年之间，天下遗文古事靡不毕集太史公。太史公仍父子相续纂其职。曰："於戏！余维先人尝掌斯事，显于唐虞，至于周，复典之，故司马氏世主天官。至于余乎，钦念哉！钦念哉！"罔罗天下放失旧闻，王迹所兴，原始察终，见盛观衰，论考之行事，略推三代，录秦汉，上记轩辕，下至于兹，著十二本纪，既科条之矣。并时异世，年差不明，作十表。礼乐损益，律历改易，兵权山川鬼神，天人之际，承敝通变，作八书。二十八宿环北辰，三十辐共一毂，运行无穷，辅拂股肱之臣配焉，忠信行道，以奉主上，作三十世家。扶义俶傥，不令己失时，立功名于天下，作七十列传。凡百三十篇，五十二万六千五百字，为太史公书。序略，以拾遗补蓺，成一家之言，厥协六经异传，整齐百家杂语，藏之名山，副在京师，俟后世圣人君子。第七十。

太史公曰：余述历黄帝以来至太初而讫，百三十篇。